近代立憲主義と現代国家［新装版］

樋口陽一
Higuchi Yoichi

勁草書房

故　石崎政一郎　先生

故　René Capitant 先生

に本書をささげる

はしがき

本書の第一部は、フランス憲法学に即して「憲法学の方法」の検討を行ない(第一章)、それをふまえたうえで、自分なりの比較憲法学の体系的な見とおしを提示しようとした(第二章)ものである。「体系」的なものを示すのは、本来ならば、十分に成熟した蓄積を持つ大家のすべきことであろう。そのことを自覚しながらあえて蛮勇をふるったのは、自分の考えをできるだけ直截かつ明快に定式化しておくことによって批判を触発できれば、私の学問の前進にとって大きな意味があろうと考えたからである。第二部は、憲法学の基礎的な諸観念を、イデオロギー批判の観点から再検討しようとしたものであり、「憲法の規範性」といわれている事がらを問題の中心にすえ、それに関連して、「国民主権」「憲法保障」「違憲審査制」「抵抗権」「憲法慣習または憲法変遷」などの伝統的な観念について、これまでの内外の学界の議論に対し、多かれ少なかれポレミークを提起することをこころみた。

第一部と第二部をとおして、著者の基本的なねらいは、現代国家における憲法のありかたについて、醒めたイデオロギー批判の観点をつらぬいた分析をしようというところにある。科学は、いかなる意味でも「護教の学」であってはならないし、科学の名において何事かを proposer し、まして imposer してはならず、exposer することに自己を限局しなければならない。そしてまた、そうだからこそ、現代国家の憲法現象をイデオロギー批判の目にさらすといっても、だからといって、それを実践的に軽んじ、まして否定すべきことにはならない。わが国の憲法学者にとっては、憲法の解釈論や立法論のうえでの提言をどう行なうべきかという課題と関連して、日本国憲法をどのように評価するかという問題があるが、それについては、本書の付論で言及しておいた。そのさい、私は、近代立憲主義というものについて、――もとより、それを単純に理想として物神化してしまうのでなく、それ自身をイデオロギー批判の対象としながらも――その価値を再評価しなければならない、と考えており、本書の書名を『近代立憲主義と現代国家』としたゆえんも、そこにある。そのような意図が本書のなかでどこまで実際につらぬかれているかについて、また、そのような問題意識そのものが適当なのかどうかについて、著者としては、本書が読者のかたがたの批判に値するものであることを願うだけである。

本書の骨格となっているのは、私が雑誌『法学』に発表した二つの論稿（第一部は同誌二九巻一、二、三号、第二部は同誌三五巻一号）であるが、他のさまざまの機会に公にした諸論稿で用いた文献資料やその論旨をくみ入れて補完している。その意味で、本書は論文集ではなく、現在時点での著者の思考をまとめたものとなっている。旧稿について批評あるいはコメントしていただいた点に関しては、可能な範囲で答える努力をしたが、著者の研究がまだ充分に進まなかったために、他日の機会に留保した論点もあることを、お詫びしなければならない。なお、本書を書くにあたって利用した旧稿は数多いが、そのうち、第二部補章第一節（『公法研究』三三号所収）および付論（『ジュリスト五一五号所収）は、学会報告の記録である旧稿をそのまま収録したものであり、第一部第一章第三節(『現代法ジャーナル』一巻四号）は、旧稿をほぼそのまま利用したものであることを、おことわりしておく。

私にとって最初の単行著書である本書を世に送るにあたって、何よりも、ささやかなものではあっても私の仕事が、本文にも引用されているような数多くの内外の先学の学恩に実に多くのものを負うていることを、痛感している。とりわけ、私は、すぐれた恩師・先輩・同僚から、学問のうえでも研究者の生きかたのうえでも、惜しみない教えを直接にあたえられてきた点で、本当に恵まれている。清宮四郎先生は、後進に対する徹底したレッセ・フェールの指導をつらぬかれるとともに、時流に流されぬ憲法学者としてのすがたを、かつての困難な時代から今日にいたるまで一貫して、みずから示されている。故石崎政一郎先生はフランス法の世界へと私を導かれ、たえず、研究者として生きるためのはげましを暖かくあたえて下さったし、故ルネ・カピタン先生は、私のフランス留学中の指導教授として親身にお世話いただいただけでなく、社会正義への情熱とタブーを知らぬ精神の独立の化体として、西欧知識人の誠実な生きかたのひとつの典型を、身をもって教えて下さった。また、東北大学法学部の自由な学問的雰囲気は、学問形成途上にある私にとって空気と水のように必要不可欠なものであったし、なかでも、祖川武夫先生からは法イデオロギーの批判的分析について、世良晃志郎先生からは社会科学における歴史的アプローチについて、はかり知れぬほどの学恩をいただいてきている。それに、小田滋先生は、大学院当時の共訳の仕事以来、たえず私の目をヨーロッパの学界に開いたものにして下さっている。また、私の比較憲法学の研究は、つねに日本の憲法状況から問題意識をくみとりながらも、フランスをおもな素材として行なわれてきたが、比較的世代を近くする先達、深瀬忠一、杉原泰雄、稲本洋之助、ジャック・ロベールの諸教授から、さまざまの学問的刺戟をあたえられてきた。これらのかたがたをはじめとする多くの先学に、ここであらためて、心から謝意を表させていただきたい。

最後に、本書出版の機縁をあたえられた勁草書房の石橋雄二氏、校正その他でゆきとどいたお世話をいただいた同書房の郡司東男氏および東北大学法学部学生・樋口由利恵さんのご援助に、お礼を申しあげる。

一九七三年四月一二日

仙台にて　著　者

目次

第一部　憲法学の方法

第一章　フランスにおける憲法学の政治学的傾向

序　節

一　戦後のわが国の法学界における論点のひとつとして、「科学としての法学」(1)、「社会科学としての法学」をめぐる問題がある。本章では、憲法の科学の前進のための基礎作業のひとつたるべきものとして、フランスの憲法学の検討を行なうことにしたい。周知のとおり、フランスは、ひとつの典型的な市民革命の過程のなかから、ヨーロッパで最初の成典近代憲法を生み出し（一七九一年憲法と一七九三年憲法）、それ以来、フランスの憲法史は、「実定的な憲法自身が、相対立する政治的な立場の抗争の結果、そのいずれかの絶対的な勝利を以て、もしくは両者の妥協を以て終ったということを、文書によって確認したものに外ならない(2)」ということを、如実に示してきた。そういう諸憲法を対象とするフランスの憲法学がどんなすがたを見せているかということは、その事実だけからしても、立入った検討に値するものであろう。そして、よく指摘されるとおり、フランスでは、わが国と違って、民法学より憲法学において、いわゆる社会学的傾向──総じて法の科学への志向──がいちじるしい(3)。特に第二次大戦後のフランスについて憲法学の政治学的傾向と呼ばれる現象は、そのことを示している。制度的な問題として見れば、一九五四年以来、法学部における憲法の講義は「憲法および政治制度」droit constitutionnel et *institutions politiques* と称されているし、大学博士課程 doctorat d'université の憲法の部門は「憲法および政治学」として構成されている。学問そのものとして見ても、──内容の問題としては本論でとりあげるが──外見だけとりあげても、例えばモリス・デュヴェルジェは一九四八年にすでに憲法教科書に Manuel de droit constitutionnel et de *science politique* という書名を与えているし、ジョルジュ・ビュルドーは、やはり四八年に出版した Traité de science politique の第一巻の冒頭で、自著の題名として Traité de droit constitutionnel ではなくあえて Traité de *science politique* を選んだということを書いている。そして、そのような傾向については、わが国でも関心が示されはじめてきており[(4)]、従来の日本の憲法学に圧倒的な影響を及ぼしてきたものがかつてのドイツ国法学であったという事情があるだけに、今後の開拓を待つ研究対象として注目されるのである[(5)]。くわえて、最近のフランスでは、それなりの現代社会論を自覚的に前提とした憲法学の体系が提示されており、憲法学の「政治学的傾向」に関連して「それではいかなる政治学か」を問題にするさいに、好個の検討素材を提供してくれている。私がこの章でフランスの憲法学を主要な対象として選んだことの理由は、そこにある。

右のような意図のもとに、私は、戦後フランスにおける「憲法学の政治学的傾向」といわれている事がらの正確な意味を確認したうえで、憲法学の科学性を論ずるための前提である憲法解釈と憲法科学の区別[(6)]という視点からそれをどう受けとめることができるか、という検討をくわえることとし（第二節）、また、それに先立って、戦後フランスの憲法学を理解するのに必要なかぎりで、戦前のフランス憲法学における政治学的傾向について概観を与えておくことにしよう（第一節）。そして、そのうえで、いかなる政治学＝いかなる憲法の科学が問題になっているのかという観点から、現代フランス憲法科学の方法的特質について検討し（第三節）、憲法の科学のための私なりの摸索（第二章）の手がかりを得たいと考える。

(1)　科学という言葉を私自身が使う場合、私は、科学というものの基本的な目的と手続を、観察に基いてもろもろの事実を整理・記述し、それに基いて諸事実相互のあいだの因果関係についての仮説をたて、それを経験によって検証して法則を導き出し——より正確にいうなら、経験によって反証されないかぎりにおいて、そのようなものとしての法則を構成し——、そうすることによって、最終的にはできるだけ広い範囲の事実を包括的に説明できるようにする、というところにあると考えている（もちろん、右にのべた手続は論理的な順序であって、時間的な順序とは必らずしも一致しないし、また、個々の科学上の仕事が右の手続の全部をカバーする必要はない）。それゆえ、科学の諸方法のあいだの優劣は、そのような目的と手続にとっての道具としての有効性をどれだけもっているかという観点から、したがって、具体的な仕事に即して経験的に判定されなければならない性質のものである。それでは、その「有効性」の判定基準はどのようなものであろうか？　それについては、二つのような場面を区別して考えることが適当である。すなわち、(1)無限に多数の（憲法）現象のうち、どのようなものについてどのようなことを明らかにしてくれる方法が有効な方法といえるか、という問に対する答は、——さしあたっては、より広汎な事実についてより包括的な説明をなしうる法則を導き出せるような方法がより有効な方法だ、という量的基準があるにしても——、最終的には、研究者の主体的な問題関心によって決まるであろう。(2)科学作業の素材蒐集である事実認識の局面、さらに、それを基礎として定立された仮説を検証する——より正確には、反証のテストにさらす——場面では、論理に対する忠実と事実に対する率直という客観的基準があらわれる。そのさい、反証のテストに関連して、科学上の命題は、論理的に明快に定式化されていることによって反証可能性が高ければ高いほど、反証に堪えたかぎりでの価値は高いであろう。

したがって、(2)の場面ではひとは自己の主体的関心の混入を禁欲しなければならないが、それと同時に、(1)の場面では、ひとは自覚的に主体的であり、その意味で実践的でなければならない。そうでないと、しばしば、「事実をもって語らしめる」という仕方で実践的主張の密輸入が行なわれることになる。ところで、主体的であるということは、さしあたり主体によって差異があることを意味するが、私自身にとっては、およそ社会科学の最大の任務は、社会の現実を陰蔽する諸々のイデオロギーのイデオロギー性を摘出し科学の立場からの批判をくわえるところにあると考えられる。この点に関連して、すでに四〇年ちかく前のわが国のアカデミズム憲法学のなかで、そのような主張がなされていたことは、——主張者自身を含め日本の憲法学が実際にどれだけのことを行なってきたかは別に検討されるべき事がらであるが（さしあたり参照、杉原泰雄＝奥平康弘＝樋口陽一＝影山日出弥＝阿部照哉「シンポジウム・憲法学の方法」法律時報四〇巻一一号）——、大いに注目されてよい。一九三四年に宮沢俊義氏は、イデオロギー——「その本質上現実と一致しなくてはならぬ科学的概念として自らを主張する表象であって実は現実と一致しないもの」――の本質的な反科学性ということを説き、つぎのように主張した。『それ〔イデオロギー〕は、何より現実を蔽う機能を持つ。それは現実と一致しない表象、すなわち、非支配層の希望・欲求に対して現実の仮面を与えることによって、現実の改革を無用だと考えさせる。非支配層の抱懐する理想社会は今すでにここに実現されている。かように考えさせることは、何より現実の存続を欲する支配層の利益に役立つ。イデオロギーは、すなわち、常にある社会における支配層に奉仕する。……イデオロギー的性格をもつ諸概念のイデオロギー的性格を指摘し、その現実との不一致を暴露すること……は、真理のみに仕える科学の当然の任務でなくてはならぬ」(『国民代表の概念』、『憲法の原理』岩波一九六七年所収)。ところで、この主張は、純粋法学におけるイデオロギー批判と共通の視点に立っているように思われる。実際、法学界においては、イデオロギー批判の任務を自覚的に課すものとして登場してきたのは、マルクス主義法学と純粋法学とであった。ケルゼン自身、そのことをはっきりと意識しながらつぎのようにのべている――「……経験的に与えられた法素材のかような理解は、しかしながら、それを倫理的に正当化し、美化し、かつ、そのような正当化の試みのたいていは無意識的な前提となっている基本価値とそれが矛盾するかぎりにおいてそれを陰蔽する、という傾向と結びつくことがある。ここに、狭義かつ固有の意味の『イデオロギー』があり、イデオロギーとは言葉のその意味においてのみ、語られるべきものである。法理論のかような機能は、たとえ、当然のことながらそのようなものとして自認はされていないにしても、おそらくはその最も重要な機能なのであるが、唯物史観の批判は、その機能に向けられているのだ。純粋法学もまた、ブルジョワ法理論のかような傾向を批判するのであり、純粋法学は、まさにあらゆるイデオロギー的陰蔽から自由な法認識であろうとするがゆえに、『純粋』なものと名づけられるのである」(Hans Kelsen, Allgemeine Rechtslehre im Lichte materialistischer Geschichtsauffassung, *Archiv für Sozialwissenschaft und Sozialphilosophie*, 1931, S. 454)。純粋法学が紹介・輸入されたとき、かようなイデオロギー批判の側面は日本の法学界ではほとんど継受されないでしまった(この点については、鵜飼信成「ウィーン学派」〔『日本近代法発達史』第七巻、勁草書房一九五九年〕一四〇頁以下の指摘を参照せよ)が、その問題提起は、戦後西ドイツの実質的憲法論や新自然法論が純粋法学を「克服」したといわれているにもかかわらず、依然として新鮮なものを含んでいる。

ところで、社会科学の最大の任務――少なくともそのひとつ――がイデオロギー批判にあるとする以上、何よりも、「支配層」の利害関心から自己を解放する主体的立場の確立ということが求められることは、いうまでもない。しかし同時に、科学の任務は、「非支配層」のイデオロギーを基準として「支配層」のイデオロギーを批判することにあるのではないから、研究者の主体的立場は、「非支配層」のその場その場のその時々の利害――とりわけみずからの立場と親近関係にある諸利害――に対しても距離と緊張を失なわないことが、必要である。

なお、「科学」というものの理解のしかたについて、高柳信一「法の理論の擬制性と現実性」(社会科学の方法四巻一号・二四―二五頁)が、「法学に限られず、他の社会科学についてもいいうること」として、「理論を、対象を説明するフィクションの体系であるとして、その複数の並存を認め、その間の優劣を決定するものは、説明原理としての有効性にある」とのべ、「見る者の視座を離れて、自然や社会がそのものとしてそこに――論理的に整序されて――存在しているわけではなく、見る者が一定の視座から対象をとらえよう――体系的に認識しよう――としたから、自然や社会は、混沌としてではなくて、整序されて、そこに――観念の世界において――存在しているわけであ」り、「社会科学の場合には、その視座は志向ときりはなしえない」としているのが注目され、私としても全面的に同意するところである。(ただし、「法の理論」という場合、法解釈論の特殊な性格についての同氏の見解の提示が明らかでないということについては、藤田宙靖「柳瀬教授の行政法学」〔柳瀬博士退職記念『行政行為と憲法』有斐閣一九七二年〕七四一頁以下の補註の指摘を見よ。)

(2)　鵜飼信成『憲法』岩波一九五六年・二頁。

(3)　一九六二年法社会学会での川島武宜氏の発言(日本法社会学会『憲法意識の定着』一九六三年・一五六頁)。フランスの民法学者カルボニエも、公法学では政治学の存在によって社会学的研究が成果をあげているのに、「社会学と気質が特に合わないことをはっきり示している法学があるとしたら、それはとりわけ民法学である」、といっている。(Jean Carbonnier, La méthode sociologique dans les études de droit contemporain, *Méthode sociologique et droit*, Paris, 1958, p. 191)。また、憲法学に隣接する行政法学の分野でも、「行政判例の概念構成の吟味を事とする研究態度」がとられ、法社会学的ないし行政学的研究は「行政法学者本来の研究領域に入ってこない」(兼子仁『現代フランス行政法』有斐閣一九七〇年、二六―二七頁)ことが注目される。

(4)　例えば、宮沢俊義「現代フランスの公法学について」公法研究七号・一六〇頁、同「フランスにおける憲法学と政治学」

一九六六年発表（『公法の原理』有斐閣一九六七年所収）、野田良之「フランス憲法」ジュリスト一四六号・八頁、小林直樹『憲法の構成原理』東大出版会一九六一年・二五、三二頁、野村敬造『憲法要説』有信堂一九六〇年・はしがき、「戦後の外国文献紹介」国家学会雑誌六六巻四号・五四頁。また、一八八〇年代から今日にいたるフランスの憲法学の全体像にとりくむ総合的研究が、深瀬忠一氏によって企てられており（「A・エスマンの憲法学――フランス現代憲法学の形成（一）――」北大法学論集一五巻二号、「デュギィの行政法論と福祉国家」北大法学論集一六巻二・三号、四号）、そのほか、高橋和之「フランス憲法学説史研究序説――伝統的国家理論と社会学的国家理論――」（国家学会雑誌八五巻一・二号以下連載）が発表されつつある。

（5）　関連して、フランス憲法そのものについての研究も、戦後のわが国では、急速に開拓されつつある（長谷川正安「比較憲法の方法についての再論」名古屋大学法政論集五〇号の整理と展望を見よ）。とりわけ長谷川『フランス憲法の発展と特質』（日本評論社『法学理論篇』一九五二年）『フランス革命と憲法（上・下）』（同上一九五三年）「テルミドール反動と九五年憲法」（戸沢還暦記念『ブルジョア革命の研究』一九五四年）、深瀬忠一「一七八九年人権宣言研究序説」（北大法学論集一四巻三・四号、一五巻一号、一八巻三号）、杉原泰雄『国民主権の研究』（岩波書店一九七一年）、稲本洋之助「一七八九年の『人および市民の権利の宣言』――その市民革命における位置づけ――」（『基本的人権の研究』第三巻、東大出版会一九六八年）など、日本の憲法状況に触発された問題意識をふまえた、しかもあくまでフランス革命憲法史そのものに即した諸業績が、注目される。なお、そのような志向の一環をなす基礎資料の確立を目標とした仕事として、稲本洋之助＝高橋清徳＝島田和夫の諸氏と私の共同研究『一七九一年憲法の資料的研究』（東京大学社会科学研究所資料第五集、一九七二年）がある。

（6）　そのような視点ないし問題意識については、そのそもそもの意味についての根本的な疑問が、おそらく二通りのがわから示されるのではないかと思う。ひとつは、法の科学を（法解釈という）法実践から切断しようとすることは実践に背をむけた逃避的・有閑的な科学観ではないか、という疑問であり、もうひとつは、逆に、そのようなことはあまりにも自明の事がらであって今さらとりあげるのはいわば時節外れではないのか、という疑問である。そのうち前者については、効果的な実践行動は幻想や希望的観測の上には絶対に存立しえないということ、科学は科学に徹することによってはじめて主体的な責任を伴う実践行動にそれとして寄与しうるということ、だけを指摘しておけば十分であろう。それに反し、後者については、簡単にでも私の考え方を示しておく必要がある。

たしかに、科学の科学性の貫徹ということは、法学以外の社会諸科学では、敗戦によって特殊日本的タブーが消滅するとともに、少なくとも建前上は自明のこととなっている。しかし、法解釈という法実践をも学問の名において行なってきたという伝統を持つ法学の領域では、事がらはそれほど簡単・自明のこととはされていない。法学の中でも私法学とくらべて憲法学では特にそうであり、かつて（一九四八年）公法の問題については科学的研究の提唱も企図もなされていないと批判（『日本の法学』日本評論新社一九五〇年・二四九―二五〇頁での、辻・鵜飼・末弘・川島諸氏の発言）された時点にくらべれば、憲法の科学の方法論も実質作業も比較にならないほど集積されていることは確かであり、多くの貴重な業績が積み重ねられているけれども、やはりそうである。

日本国憲法のもとでは、憲法の科学の処理すべき問題はきわめて多くかつ大きい。そして、それは、一連の公権解釈によってつくられている制定憲法不適合の憲法実例をめぐる問題を科学の眼で精確に追求しなくてはならない、という意味においてはいうまでもない。しかし、それはまた、解釈者として日本国憲法から可能な最大限のものを引き出そうとする法実践――それは、ふつうの場合、自覚的に改良的なものでなければならない――からいったん切り離して、一九四六年憲法を冷たくつきはなし、その制定憲法としての正確な位置づけをしなくてはならない、という意味においてもである。われわれは、現憲法と大日本帝国憲法との対照性を――正当に――強調する反面、現憲法をそれ自体正当性の淵源であるかのように受けとってしまってはならないであろうし、――そのことと関連して――日本国憲法への積極的評価があってはじめて成立しうる事がらを憲法の一般論として構成してしまうことがないようにしなくてはならない。科学は護教の学であることはできないが、旧憲法のもとでは、憲法の領域では、科学の存立が、正面から極度に困難とされていた（例えば科学学説の公定）のに対し、現憲法のもとでは、いわば逆説的に、現憲法が明治憲法との対比において、また現在改正されようとしている方向との対比において、さらに、現在つみ重ねられつつある公権解釈との対比において高度に立憲主義的な性格を持っているというまさにそのことゆえに、制定憲法の徹底的に科学的な検討ということが無意識的に緩められる傾向があった。かように見てくると、法解釈という実践行為と法の科学を区別すべきことは、依然として今日的な意味を持っているといわなければならない。そしてまた、法実践と法の科学との論理的断絶――このことの意味については、後出一一三頁を見よ――があいまいにされていると、日本国憲法を冷たくつきはなして科学の眼にさらすべきだということから、それを解釈論（さらには立法論＝憲法改正論）の次元で実践的に否定してしまう議論が導き出される傾向がある、ということにも注意を要する。なお、その点については、本書の付論を参照されたい。

二　ところで、以下の本論の前提として、「憲法学」および「政治学」という言葉のもとに私自身が何を理解しているのかを、はっきりさせておく必要がある。「憲法学」にせよ「政治学」にせよひとつの言葉であるから、それらに適当な意味を盛り込みさえすれば、両者の関係という問題にしても、どのような議論を構成することもできようが、それでは、およそあらゆる議論が混乱し不毛のものとなってしまうであろう。それゆえ、これらの言葉の用法について、また、他のいくらかの基本的用語について、――のちに改めて詳述することになるけれども――本論に入る前に、必要最少限度の説明をしておかなくてはならない。

(A)　まず、憲法学という言葉でもって、私は、憲法解釈および憲法科学の二つを、両者を明確に区別しながら、本章での問題としてとりあげる。そのことを、もう少し説明すれば、こうである。

第一に、憲法解釈が、――むしろ、まずそれが――普通、憲法学の名のもとに呼ばれている。私も、現実に大学の講壇で、またコメンタール・教科書・判例評釈などのなかで行なわれているところの、一定の事案に対し所与の制定憲法――フランスをおもな素材とする本章の論述は、多少とも硬性の成文憲法を持つ国の場合を念頭においている――を素材として法的解決を見出そうとする人間行動を、憲法解釈と呼んで憲法学のなかに含める。その場合、「一定の事案」とは、場合によっては具体的・現実的に提出された事案であり（例えば判例批評の場合）、場合によっては抽象的・観念的に措定された事案でもありうる（例えばコメンタールの場合）。また、後者の場合、さらに抽象化が高められたとき、しばしば「解釈理論」と称せられることがある（例えば、教科書における「体系的・理論的」叙述の多く）。ここでは、そういうものを一切含めて憲法解釈という名で呼ぶことにする。なお、適用ということと切り離して制定法をそれとして認識する作業も、しばしば「解釈」という名で指されることがあるが、私の用語としては、それを、右にあげた解釈と区別して、「制定法認識」という名で呼び、つぎにのべる憲法科学のなかに含めることにする。

私は、第二に、憲法解釈以外の、憲法についての学問一般をとりあげ、特に、そのなかで、憲法についての科学を、憲法学のもう一つの中身として本章での問題とする。法学者は、みずから一定の解釈を提示するのとは別に、解釈という人間行動をも含めて一切の法現象一般を対象とする科学に携わることができ、携わらなくてはならないし、また現に携わってもいる。ところで、法現象についての科学はしばしば法社会学と呼ばれるが、多くの法社会学者自身がのべているとおり、法社会学という名称は、何らか特殊の社会学に関わるものでなく、法の社会科学という意味のものである。また、ここでは、およそ自然現象としてのではなく社会現象としての法現象が問題なのであるからして、より簡単に、以下では、憲法現象についての科学を一般的に憲法科学と呼ぶことにする。

ところで、憲法科学が対象とする憲法現象としては、つぎのものが含まれる。——(i)所与の国で所与の時点に憲法制定者によって定立され、憲法の法源とされているところの制定憲法。(ii)所与の制定憲法のもとでの憲法実例、すなわち、制定憲法の解釈適用の結果として憲法適用者により、法律、命令、判決、行政処分など一般的および個別的な下位規範の形をとって定立された規範。現に適用され、実効性を発揮しているという意味で、その規範の総体を実効的憲法とよぶ。それぞれの憲法実例は、その国の最終的な公権的解釈権者（たとえばわが国では最高裁判所）によって違憲だと判定されていないかぎりにおいて、その時点での実効的憲法の一部をなす。(iii)憲法意識。憲法制定者や、立法・行政・司法権の構成者たる憲法適用者の意識（それが実際に制定憲法や実効的憲法として規範化されたときは、(i)(ii)の問題となる）、それらにはたらきかける法律家とりわけ憲法学者の意識（個々の解釈論上の主張であれ、体系化されて「理論」とよばれるような解釈論上の主張であれ、さらには、科学上の学説であれ）、国民各層の意識（「憲法感覚」や「憲法世論」）などがある。(iv)ある社会関係からさまざまの憲法意識を媒介として制定憲法が生み出され、その制定憲法が、憲法適用者を一定の社会関係のもとで多かれ少なかれ拘束しながらもかれらによって解釈適用されることをつうじて社会関係にはたらきかける、という憲法的社会過程全般。

(B)　つぎに、政治学という言葉でもって、私は、政治現象すなわち権力現象を対象とする科学を念頭におく。そのことは、もう少しくわしくいえば、つぎのことを意味する。

第一に、それは、政策の定立——より一般的にいって政治そのもの——ではない。だから、政治学的という言葉と政治的という言葉とは、明瞭に区別されなくてはならない。このことは、全く自明のことのようでありながら、後に見るように、過去においては必らずしも確認されていなかった。第二に、それは、政治についての価値判断を下すことではなく、いわゆる政治哲学ではない。この点は、過去において、第一点以上に曖昧にされてきた。第三に、その対象は権力現象であり、国家だけには限られない。実際には、近代社会では権力が最終的には国家に集中しているから、近代社会を問題とするかぎり政治学の中心的な対象は国家ということになろう。しかし、前近代社会を対象とする場合は事情は全く別であろうし、そもそも近代社会の政治権力の存在形態の特殊歴史的性格を明らかにするためにも、政治学の対象を最初から国家に限定してしまうことは不都合を生ずる。第四に、それは、既成の何らかの学派・学風としての政治学を特に指すのではない。第五に、それと他の諸科学との境界は、先験的・固定的なものではなく便宜的・流動的なものにすぎない。だから、それは、他の諸科学との分業および協業が可能かつ必要な性質の科学として考えられている。

第一節　戦前のフランス憲法学の潮流
——その概観

I　前　史

三　フランスで憲法学の講座が大学にはじめて設けられたのは、七月王制のもとでギゾーによってであった（一八三四年）。ギゾーはそのとき、憲法がひとつの制定法規として私法と同様に解説・註釈されうるものであり、そうされねばならぬものであることを強調した。彼は国王への報告のなかで、「憲法はもはやひとびとの議論に委ねられた単なる哲学体系ではない。それは、成文の承認された法律なのであって、民法や他の分野でのわれわれの制定法と同様に説明され註釈されうるものであり、またそうされなくてはならない」[1]、といっているのである。

ところで、そこで引き合いに出された私法学の状況は、註釈学派[2]として知られているものにほかならない。周知のとおり、この学派は、一八〇四年フランス民法典の成立から十九世紀末にかけて、特に一八三〇年から一八八〇年までの半世紀を最盛期として、フランスの私法学界を支配した。それは、議会制定法すなわち法律 loi だけを法源とし、法律の最大限に厳格な適用を保障することを法学の任務とした。いいかえれば、法律の排他的法源性、いわゆる幾何学的解釈理解、法解釈と法学の同視、がその特徴であった。それゆえ、そこには、法現象をひとつの社会現象として科学の対象とするという志向はなかった。かように特徴づけられる註釈学派は、法形式的には立法権＝法律への絶対的な信頼を前提としていた。フランス革命期の法思想が法律を「一般意思」の表現として「書かれた理性」と見たことは、しばしば指摘されるとおりである。それはまた、法内容的には、フランス民法典への基本的には絶対的な信頼を前提としていた。たしかに、民法典は、本来の産業革命以前の主として農業的なフランスを前提として作成されたものではあったが、にもかかわらず、それは、法的主体・私的所有・契約という三つの軸を基本要素として構成されたことによって、資本制社会の発展にとって適合的な枠組を設定したのである。(3) こうして、註釈学派は、経済の自由放任と予測可能性を最大限に保障しうるものとして、また、民法典に内在する基本的原理を最大限に支持し展開させうるものとして、フランスにおける自由主義的ないし産業資本的資本制の成長に、奉仕しえたのであった。

さきに引いたギゾーの言は、憲法の領域でも制定法に内在する原理を強い安定的なものにしようという期待に基いたものだったわけである。にもかかわらず、また、第二帝制のあいだ中断された講座の復活の際（一八八九年）にも同様なことが強調されたにもかかわらず、事態が私法における註釈学派のように完全なかたちで実現したことはなかった。最初の講座担当者だったロッシ自身、むしろ政治哲学的な講義を行なっていたといわれる。そして、のちに見てゆくように、その傾向は、――ロッシにおいて哲学的だったものから科学的なものへ、というきわめて重要な変化を伴いながら――、第三共和制以後のフランス憲法学をも特色づけてゆくことになる。

ところで、その理由はいくつか考えられる。第一に、憲法の制定法としての簡略性ということがある。註釈学派的解釈理解の前提だった制定法の自足性が、簡略な制定法のもとでは疑問とされることになるからである。第二に、憲法解釈は、私法の場合とちがって、裁判規範の解釈という場ではなく、もっぱらいわゆる政治的機関の場で争われたが、いわゆる政治的機関の解釈は、裁判所による解釈――あるいはそれを説得するためになされる解釈――にくらべて、論理的な精緻さを欠くことが多い。第三に、そしてとりわけ、憲法の場合、大革命の変転期を別にしても、第一帝制・王制復古・七月王制・第二共和制・第二帝制がそれぞれの憲法を持ったのであり、そのことによって示されるとおり、制定憲法に内在する原理自体が、常に、そして激しく争われていた。註釈学派的学風は、実質的に見れば、制定法に内在する原理が相争う解釈者たちによって共通の前提として受け入れられている時にはじめて成立しうるが、憲法については、民法典が ratio scripta 視されたのとはまさに反対の事情があったのである。

(1) Marcel Prélot, Introduction à l'étude du droit constitutionnel, *Introduction à l'étude du droit* II, Paris, 1953, p. 103 に拠る。

(2) 註釈学派については、とりわけ、野田良之「註釈学派と自由法」(『法哲学講座』三巻・有斐閣一九五六年) 一九九頁以下を参照のこと。

(3) フランス民法典が農業社会の法としての特色を持つものであると同時に、資本主義発展を可能にする経済生活の枠組であった、という性格については、つとに、野田良之「総論」(江川英文編『フランス民法の一五〇年(上)』有斐閣一九五七年) 特に一二四—一二六頁による指摘があるが、民法典の性格理解をめぐる方法的に立ち入った問題提起、および実証的研究として、稲本洋之助『近代相続法の研究——フランスにおけるその歴史的展開』(岩波一九六八年) を参照せよ。

四　他方、この時期には、一般的にいって、政治学という言葉でもって、十分な意味での科学ではなく、政策の定立そのものあるいは政治に対する価値判断の定立が、しばしば考えられていた。政治学を指した science *morale* et politique という言葉も、——この言葉は、一七九二年にコンドルセによって初めて用いられたとされている——そのことを反映している。また、ポール・ジャネの大著『政治学史』の初版は一八五九年に出されているが、初版の表題は Histoire de la *philosophie morale* et politique とされていたのであり、表題の示すように、そこでは、政治学が科学というより哲学として扱われており、また倫理と結びつけられて扱われていた。(1) つまり、倫理が政治の目的を決定し、政治学が公共善という目的を実現する学である、とされていた。十九世紀はそのような政治学から科学としての政治学への移行期であるといわれ、実際、政治現象を事実として扱う科学の立場からの処理が次第に問題になってくるが、十九世紀を通じて——そして二十世紀に入ってからもなお——政治学という名のもとに政治科学ではなく政策の定立や政治への価値判断の定立を指す用語法がなおひろく行なわれていた、ということを十分注意しておく必要がある。[2] 特に戦後のフランスで問題とされ、したがってまたわれわれが問題としているところの政治学すなわち政治科学は、二十世紀に入ってからもなお、政治学という名ではなく社会学という名で議論されていたことが少なくない、ということにもここで注意しておきたい。[3]

（1）Paul Jannet, *Histoire de la science politique dans ses rapports avec la morale*, I, 3 éd., Paris, 1887, p. LXXV et s.

（2）Maurice Duverger, *Méthodes de la science politique*, Paris, 1959, p. 34 et s.

（3）そのことは、デランドルやカレ・ド・マルベールについて後に見る機会がある。なお、ここでつけ加えておくなら、例えばドイツでも事情は同じであった。イエリネックの用語法によれば、国家学が説明的・理論的な学であって認識判断を行なうのに対し、政治学は応用的・実際的な学であって価値判断を行なう（Georg Jellinek, *Allgemeine Staatslehre*, 3. Aufl., 7. Neudruck, 1960, S. 6 ff., S. 13）。後者はなるほど政治的実践そのものとは区別されて考えられているけれども、それ自身政策定立的なものであることには変わりない（S. 14 (2) のであり、要するに「あるところのものの学ではなくて、あるべきところのものの学」なのである（S. 15）。また、ケルゼンの用語法において、国家学が「国家とはなにか……どのように存するか」を問うのに対し、政治学は、「社会倫理学」であり、「国家は存すべきかいなか、なにゆえにまたどのように存すべきか」を問うところの「最良、『真実』及び『正当』な国家の学」であり、「主観的＝形而上学的範域」に導くものであった（ケルゼン・清宮四郎訳『一般国家学』岩波、一九七一年改版、七五―七六頁）。

II　近代憲法学の成立

五　右に見てきた時期において、フランスの憲法学は、政治哲学的な色彩をおびていた。それは、したがって、私法における註釈学派の学風とはきわめて異なるものであったと同時に、科学としての憲法学という視点から見ればきわめて未成熟のものであった。エミール・ブトミーの Etudes de droit constitutionnel（初版一八八五年）はひとつの橋渡しだったといえるが、フランスの憲法学にとって最初の大きな時点を画したものは、一八九五年初版の、エスマンの Eléments de droit constitutionnel français et comparé であった。(1) この書物は、第三共和制下における近代立憲主義の安定に対応する解釈論を提示するとともに、憲法現象を対象とする科学的考察の方向を示したものであり、そのようなものとして、フランスにおける近代憲法学の成立を意味するものだったといえる。

エスマンの構想は、初版の序文で明言されているとおり、(2) その第一部で、近代西欧自由主義憲法の源流をイギリス憲法とフランス革命にたずねながら、歴史と比較法に基く憲法理論を展開し、第二部で、フランスの第三共和制憲法を扱う、というところにあった。われわれにとって問題は、まず、エスマンが第二部で展開している憲法解釈の仕方である。ひとつの例についてそれを見れば、彼は、「大臣は両議院 les chambres に対し、政府の一般政策については連帯して、大臣個々の行為については個別的に、責任を負う」という一八七五年二月二五日憲法第六条の文言にかかわらず、対上院責任性を否定する解釈を展開しており、「理論的に」、および「議会慣習によってそれまでに示されている先例」の検討によって、その論証を試みている。

エスマンによるその説明は、簡単にいえばこうである。(3) 内閣不安定を避け内閣がそもそも一定の政策を持つことを可能にするためには、イギリス流の対下院責任制だけが合理的である。そのうえ、フランス憲法の解釈からいっても、それが是認されるべきである。たしかに、問題の第六条の文言を単純にとりあげて、民法典について行なわれてきたような解釈方法をそれに適用するとしたら、反対の結論が導かれるであろう。しかし、そのような解釈方法は、議院制の微妙な習律にかかわる規定には適用できないのであり、第六条は絶対的・命令的なものとは考えられない。ところで、一八七五年の制憲議会に影響を与えたド・ブロイやプレヴォ゠パラドルは上院の倒閣権限を承認していなかったし、それまでのフランスの学説も、この点については完全な連続性を保っており、第六条がそれらすべてを変えて新らしい制度を定めたと解するだけの制憲過程の資料はない。第六条は、議院制の採用を明らかにしただけであり、その細部を伝統的なルール——すなわち対下院責任制——にゆだねたものである。解散されないばかりか下院解散についての同意権をも持つ上院に倒閣の権限を与えることは、対上院責任肯定論者の援用する両院の平等をまさしく破壊してしまうだろうが、制憲議会は、国民主権をのみつくす権力を上院に与えようとはしなかったはずである。また、かような解釈はフランス上院によって二十年このかた採られてきたところであり、一見して反対に見える実例も、事実上辞職を余儀なくさせる **pouvoir** を示しているだけのことであって **droit** を示しているわけではない。

エスマンのかような第六条解釈は、制定憲法の文言として定着している制憲者の法的価値判断——対両院責任制——と実は矛盾する自己の法的価値判断——対下院責任制——を主張しているのであるが、その場合、自説の説得力を裏打ちするものとして、右に見たように、比較法・歴史・実例などを豊富に引いたのであった。そうして、エスマンの憲法学は、これら諸事実の認識作業に、きわめて大きな比重をかけている。

そこで、つぎに、そのような作業が問題となる。エスマンは、右に見たように、まずもって、解釈論の論拠の収集という動機でそれを必要としたのであり、第二部でまさに解釈の論拠として示しているけれども、第一部では、それとしてその作業を行なっている。その方法は、さきに彼自身の言について見たように、歴史と比較法に立脚する事実認識の方法であり、一言をもっていえば憲法の「経験科学的研究」方法であった。[4] 比較法は事実認識作業として歴史と同質のものであり、その意味で、歴史的方法を横にしたものが比較法の方法だということもできる。[5] そして、歴史とは、過去の事実の観察であるとともに、判例や政治実例の中に現われている現在の事実の観察でもある。[6] 第六版に寄せられたジョゼフ＝バルテルミの序文は、エスマンのかような学風を最も明快に要約している。彼は、エスマンが歴史家でもある法学者として何より事実認識を重んじたということを指摘し、初版刊行の時点で民法的方法——すなわち註釈学派的方法——から離れ、「事実の観察が、科学がその上に基礎をおかなくてはならぬところの花崗岩である」と教えた、ということを高く評価している。また彼は、エスマンにおける事実認識の強調によって「政治史なくして憲法学なし」という学風、政治を研究している人々よりは政治をしている人々の検討を重視する学風が生じたこと、それゆえエスマンの学問は「ドイツ流の法形而上学的思索や抽象」とは対照的であること、などをも指摘している。(7) こうして、思想史、比較政治制度、政治過程の研究などが、エスマンの憲法学の大きな部分を占めることになるわけである。(8) かように見てくれば、アイゼンマンが、フランスの憲法学が憲法解釈だけでなく憲法実例や政治的事実の研究を行なってきたことの例としてエスマンを引き、(9) ミルキヌ＝ゲツェヴィチが、エスマンは政治学をしたとのべ、(10) プレロがエスマンの憲法教科書を第三共和制末にいたる四世代のあいだのフランス政治学再生期の血統の始点においているのは、(8) いずれも全く正当である。

（1）宮沢氏がかつて位置づけたように、エスマンの憲法学は「現代と称せられうる時代におけるもっとも古典的・正統的と考えられる」憲法学であり（宮沢俊義「公法学の諸傾向」〔一九三〇年発表、『公法の原理』所収〕七七頁）、一八九五年という年代に著目する時、彼の作品がいかに劃期的なものであったかが分る」（七九頁）。なお、エスマンの憲法学全般について、深瀬忠一「A・エスマンの憲法学」（前掲）を参照せよ。

（2）Adhémar Esmein, *Eléments de droit constitutionnel français et comparé*, 5 éd., Paris, 1909, p. vii-viii.

（3）op. cit., p. 738-760.

（4）Henry Nézard, De la méthode dans l'enseignement du droit constitutionnel, *Mélanges R. Carré de Malberg*, Paris, 1933, p. 375 et s. は、憲法学の方法を註釈の方法・教義学的方法・経験科学的方法の三つに類別し、最後のものの例としてエスマンを引いている。

（5）宮沢「公法学の諸傾向」七九頁。

（6）H. Nézard, op. cit., p. 396, 391.

（7） Joseph-Barthélemy, Préface de la sixième édition, *Eléments*, 6 éd., Paris, 1914, p. viii-xii.
（8） M. Prélot, *La science politique*, Paris, 1961, p. 57.
（9） Charles Eisenmann, Droit constitutionnel et science politique, *Revue internationale d'histoire politique et constitutionnelle*, janv.-juin 1957, p. 78.
（10） ミルキヌ＝ゲツェヴィチ「比較憲法研究の方法」（小田滋・樋口陽一訳『憲法の国際化』有信堂一九六四年）三一二頁。

六　かように、エスマンにおいてすでに、政治を対象とする経験科学が憲法学の一部として明確に現われてきている。そのことの意味についてはすでに簡単に示唆しておいたけれども、民法の判例研究による経験科学的考察を彼が強調したことの意味を検討することによって、さらに一層はっきりするであろう。『季刊民法雑誌』創刊号の巻頭に寄せた論文は民法について論じたものであるが、そこでの判例を政治実例におきかえて考える場合、エスマンの憲法学を理解するためにきわめて注目すべきものである。彼は、民法について、法ドグマティクの重要性を認めると同時に、判例を一つの事実として研究することの重要性を強調したのであったが、その議論の根幹をなしているのは、「フランス法の性質そのもの、その現実の本当の性質」についての理解である。すなわち、民法典のページに書きこまれている「死んだ制定法」**législation morte** ではなく「生きた法」**droit vivant** が問題なのであり、後者の変化は判例によって行なわれるから、「民法の本当の表現は判例であり、変更されないかぎりは判例が現実の法であり実定法である」、という理解である。(1) そして彼は、判例は「一箇の純粋な歴史的所産」であるとして、判例の科学的研究は歴史的方法によってなされなくてはならない、と強調し、判例の変化の方向をあとづけること、その諸原因を探究すること、判例の技術的構成を研究すること、などが必要である、と説く。技術的構成が問題になるのは、成文法主義の国では、判例は、新らしい構成をすることによって、民法典の明瞭な諸原理に対し自分の意図や必要を優越させることがしばしばあるからである。そのような作業によって、現実の規範を認識し、それをもたらした諸々の力を明らかにし、判例の将来の発展を予見し、また、法律家が悪しきものと考える判例を批判し、判例の変更をかちとるための武器を手に入れることが、期待されるのである。(2)

この提言は、私法の領域で註釈学派に対して科学学派 école scientifique が現われてきた事情を背景にして理解されなくてはならない。(3)さきに簡単に見たような註釈学派が支配的であり、また支配的であることによって法による社会統制という実践目的を最もよく果しえたのは、民法典に内在する基本原理がほとんど争われなかったからであって、その前提が変われば、註釈学派も他のものによってとってかわられるほかない。註釈学派成立の前提であった社会的条件は、特に第二帝制期におけるフランスの産業革命の完成の時点までは揺ぐことがなかったが、一八七〇年代以降、資本制の独占段階の展開とともに、制定法に内在する諸原理の絶対視が動揺してくる。その結果、当然、一般的効果として、それをひとつの社会現象として科学の対象とするのに適した土壌が作られることになるが、また、より直接的にも、法解釈が制定法の一義的な認識作用でないことを承認すると同時に、解釈論の展開のさいに援用されるべき論拠の資料を提供する科学作業が必要となってくる。一八九〇年代のフランス私法学において科学学派が出現したことの必然性は、そこにあった。

エスマンの憲法学における経験科学も、彼の憲法解釈のありかたによって必然的に要請されたものであった。(4)さきに引いた対上院責任問題の解釈について見れば、事情はこうである。憲法の明文には *les chambres* という表現が使われており、そのことは、憲法制定の時点で制憲者は内閣を両院の信任に依存させようと欲したことを示している。実際、第三共和制憲法は、パリ・コミュンが徹底的に清掃された後、ただ王党派内部のブルボン派とオルレアン派の妥協の不成立という事情から「王制待ちの共和制憲法」として制定されたものであり、そのさい、制定者は、王党派の拠点として、他のいろいろの装置と同時に、とりわけ上院たる元老院に大きな期待をおいた。王党派が上院をどれだけ重視したかは、一八七五年憲法をなす三つの憲法的法律のうち「元老院の組織に関する」ものが真先に制定されたことにも象徴されている。直接普通選挙自体を全面的に否定することはもはや不可能だったから、それによって選ばれる下院＝代議院に対して、市町村会の代表者を主な選挙人とする間接選挙に基き農村の名士層を代表する上院が、設けられたのであった。[5] このような事態の中で制憲者が *les chambres* という文言を用いたことは、たしかに明白な制憲者の意図を示しているのであるが、エスマンは、かような王党派的な制憲者の意図と異なる自己の解釈を、制定憲法の外から持ち込もうとしたのであり、そのために、比較法・歴史・先例などの資料を自己の解釈論的立場にひきよせて駆使しているのである。そして、その解釈論上の立場は、王党派対共和派の抗争のなかで、憲法を共和派的に運用しようとする立場であり、[6] それゆえにこそ、エスマンの憲法学は、第三共和制確立期に成立するフランスの近代憲法学の代表だったのであった。[7] そのような、エスマンの解釈論的立場の性格、および、それと経験科学的な憲法の考察との関連性は、右の例にかぎらず、より一般的にもいえることである。例えば、彼が、自分は著書第一部の標題『近代的自由』の示すように「政治的自由を直接の目的とする」（モンテスキュウ）諸憲法、したがって国民主権ないし議院制的王制の憲法だけを研究するのである、といっているのも、[8] 彼が西欧的自由主義という解釈論上の立場に立って用いうる事実を経験科学の作業によって収集しようとしたのだ、ということを裏書きしている。

（1）　A. Esmein, La jurisprudence et la doctrine, *Revue trimestrielle de droit civil*, 1902, p. 11-12.

（2）　op. cit., p. 13-14.

（3）　科学学派出現の意味について、野田「フランス民法の一五〇年」一三四頁以下、「註釈学派と自由法」二三七頁以下。

（4）　そのことは、エスマンと同じくパリ大学の教授であり、彼と似た学風を持っていたラルノードの書いていることにも、示されている。ラルノードは、歴史・比較法・社会学的方法はいずれも事実認識の方法――経験的方法――という同一の方法の具体的な現われにほかならないとして、先験的方法に対する経験的方法の重要性を説いた。彼によれば、法は自己運動するものでなく、道徳的・経済的・政治的・宗教的諸現象に随伴するものである。「法は、みずからが規制する諸現象に深く反作用を及ぼしはするけれども、創造してゆく力を持ってはいない」。だから、法・政治諸制度を、それらがその反映にほかならぬところの右の諸現象と対比することが必要であり、私法においても公法においても、社会学なしにすませることは不可能である。こうしてラルノードは、社会学的方法について特に論じているのであるが、ともかく、「私法の新らしい学派」――科学学派を指すことは明らかである――と同様に公法でも事実認識に基く方法が発展することを期待していたのである。この期待は、私法の科学学派成立の意味と対応するものが公法の場合にもあった、ということを示してくれる（F. Larnaude, Préface à *La crise de la science politique et le problème de la méthode* par M. Deslandres, Paris, 1902, p. III-VI)。

（5）例えば M. Duverger, *Droit constitutionnel et institutions politiques*, 4 éd., Paris, 1959, p. 445 et s.

（6）もっとも、制憲時の王党派の期待にもかかわらず、一八七七年の地方選挙における共和派の勝利を経過して後の一八七九年の上院選挙以来、上院は王党派でなく共和派的農民層を代弁するものとなり、したがって上院の存在と機能も、保守的共和派の拠点という意味のものとなった。

（7）エスマンの憲法学の背景に、「一九世紀を通じて民主的・自由主義的憲法思想と制度を定着・確定させるに至った第三共和制フランスの成熟と安定がある」こと、「しかし当時すでに底面において大規模に進行しつつあった政治的・社会的・経済的な変遷と、迫りくる危機・戦争に対しては、若干の鋭い感覚がみられるとしても、深刻な苦悶と危惧のかげはうかがわれない」ということについて、深瀬氏の前掲論文三一五頁を参照せよ。

（8）エスマンは、そのように説明することによって、彼がドイツの憲法学に注意を払っていない、という批評に答えているのである（A. Esmein, *Eléments*, 5 éd., p. x-xi)。エスマンがそのような限定をしたということは、立憲主義の特質を十分にとらえるためには外見的立憲主義との比較が必要だということからすれば、比較法学の体系そのものとしては不十分だといわなければならないが、解釈のための比較法的操作としては、きわめて自覚的であったというべきである。

Ⅲ　現代憲法学への展開

七　さきに、われわれは、エスマンの憲法学における政治学的作業の存在を、彼の憲法解釈との関連において理解した。つぎには、エスマンに次ぐ世代の憲法学、すなわち第三共和制確立後の憲法学について、同じ問題を概観することにしよう。

この時期には、エスマンにおいて成立した近代憲法学が現代的展開をみせはじめ、多様な傾向の憲法学者が活躍したのであるが、その分類標識として、ここでは、ある規範が憲法段階の法規範たりえていることの根拠、すなわち、憲法規範のいわゆる妥当性 validité の根拠（ドイツ語でいう Geltungsgrund）を、それぞれの憲法学者が何に求めているか、という点をとりあげよう。「妥当性」「妥当する」などの表現は必らずしも一義的でないが、(1) 妥当ないし妥当性とは、「規範の特殊な存在」を意味し、「規範が妥当する」とは、「規範が存在する」ということにほかならない。(2) したがって、ここでは、妥当する法（geltendes Recht）としての憲法とは、憲法段階の法規範として羈束力を持つべきものとされている規範であり、いいかえれば、憲法解釈という行為によって下位の規範を定立する場合の規準たるべきものとされている規範である。なお、この意味での「妥当する憲法」が何かという問題は、しばしば、source du droit constitutionnel（憲法法源）は何かという問題として論ぜられることがある、ということにも注意しておきたい。

ところで、いうまでもなく、建前としては、その規範は、解釈者自身によって定立されるものではなく、所与の客観的な存在として認識されるものであるとされる。そして、そのことによって、解釈は、geltendes Recht の認識結果として提示される。しかしながら実際は、のちに見るように、解釈者はしばしば、自己の解釈論的立場の種々のかたちの投影物に geltendes Recht としての資格づけを与えておくことによって、所与の規範の認識という建前を維持しながら、彼自身の主体的な解釈を実質においては展開するのである。それゆえ、何を geltendes Recht としての憲法と考えるか——結局、憲法の Geltungsgrund を何に求めるか——ということは、実は、解釈者の解釈論上の立場によって多かれ少なかれ規定されていることが多い。してみれば、右にとり出した分類標識は、憲法学者における政治学の地位を彼の憲法解釈との関連において見てゆこうとするここでの分析角度にとって、合目的的であろう。なお、そのような標識に基いて分類されたそれぞれの類型の考え方自体を検討することは、それとしてもとより重要な仕事であるけれども、それについては第二節で、限られた視角からだけではあるが検討することにして、ここでは、政治学的作業の位置を、各類型の憲法学の所論に即して摘出するだけにとどめる。

さて、憲法規範の妥当根拠についての見解を、われわれは、つぎの四つの類型に大別することができる。第一のものは、憲法規範の妥当根拠を何らかの社会意識に求める。第二のものは、それを、何らかの神学的あるいは理性的なモラルと考える。また、第三のものは、成文憲法の存在そのことと考え、第四のものは、憲法規範が現に適用されていることと考える。われわれは、それらをそれぞれ、社会学主義、イデアリスム、法実証主義、社会学的実証主義、と呼び、(3) それぞれの代表者として、レオン・デュギ、モリス・オーリウ、レイモン・カレ・ド・マルベール、ルネ・カピタンの所説を中心としてとりあげることにしよう。

（1）この点につき、菅野喜八郎「自然法論的憲法改正限界論」法学二六巻一号・一七七―一七九頁の指摘を参照。

（2）Hans Kelsen, *Reine Rechtslehre*, 2. Aufl., Wien, 1960, S. 9 ff.

（3）社会学主義 sociologisme およびイデアリスムという用語は、Guy Héraud, Regards sur la philosophie du droit française contemporaine, *Le droit français* sous la direction de René David, II, Paris, 1960, p. 517 et s. に倣う。エローはこの二つと並べて実証主義をあげるが、そのさい、彼によれば、前二者は droit positif――人間によって定立された法規範、という意味での実定法――に優越する何らかの法があると考える点で一致しており、後者が droit positif のみを法と考える――したがって、ここでは人間によって定立された法規範という意味での droit positif が、同時に、妥当している法規範という意味で droit positif である、ということになる。この言葉の多義性には今後も注意してゆく必要がある（参照、後出四二頁註(5)——のと対立する。かつて、ボナールは、「人間意思の外に法規範の源」があると考える客観主義 objectivisme——それゆえ、人間によって定立された実定法の外に法が存すると考えられることになる——と、法規範を「人間意思の所産」と考える意思主義 volontarisme——必然的に「実定法主義」となる——との対置を、基本的な区別として鋭く提示した(Roger Bonnard, L'origine de l'ordonnancement juridique, *Mélanges Maurice Hauriou*, Paris, 1929, p. 49 note (1) なお、この点について Marcel Waline, Positivisme philosophique, juridique et sociologique, *Mélanges R. Carré de Malberg*, Paris, 1933, p. 529-530 および、深瀬忠一「G・エロー教授の法理論の特質」北大法学論集一四巻二号・三〇八頁・註(6)の前半に指摘がある)。エローのいう社会学主義とイデアリスムはともにボナールのいう客観主義に入り、ボナールのいう意思主義たる実証主義(ボナールのいう実定法主義)に対立することになる。われわれは、客観主義たる社会学主義とイデアリスムの二つと並べて、意思主義たる実証主義の中に、ワリーヌに倣って(op. cit., p. 521-530)法実証主義と社会学的実証主義とを分け、合計四つの類型を設けた。

八　社会学主義の憲法学

i

この代表者はレオン・デュギである。

デュギによれば、droit objectif(客観法)だけが固有の拘束力を持ち、立法権によって制定される loi positive——議会制定法あるいは法律——は、客観法の内容を確認するものであるかぎりにおいて効力を持つ。すなわち、法律が国民の服従を要求できる場合、そのことは、それが議会によって制定されたということに基くのではなく、客観法と一致していることにのみ基いているのである。(1) これに反し、客観法に反する法律は、無効な法律であり、執行されえない法律である。(2) そうであるとすれば、いずれの場合も、法律の法的拘束力を終局において左右するものは、憲法ではなくそれより上位にある客観法である。かようにして、「司法権は、……成文憲法には反していなくとも、社会の意識によって国家を拘束するとはっきり認められている不文の上位法の原則にはっきり違反するところの法律の適用を、拒否しなくてはならない(3)」。

そして、客観法とは、国家なしにまた国家の上位に存在する規範であるが、伝統的な自然法論の説くところとは違って、一定時点に一定の国に存在する規範の総体であり、形而上学的推論によってでなく、現実的・実証的仕方によって認識されるものである(4)。そのような規範は、社会集団を構成する諸個人の意識の中に自生的に形成されているものであり、「社会連帯」solidarité sociale がその中身である(5)。

もともと、デュギにとって何より根本的な問題は、法によって国家権力を制約するという問題であった。それにとって無力な法学や法実務であるなら、その研究は、彼にとって、「一分間の努力にも値しない」ものでしかなかった(6)。ところで、国家権力の法による制約は、まず、立法権（＝法律）による行政権の制約という形式で考えられるであろう。註釈学派的解釈態度は、そのような制約のために奉仕しうる性質のものであった。ところが、国家権力の法による制約をそのような形式で達成することが問題とされ、また可能でもあったのは、議会制定法として示される市民階《ブルジョワ》級《ジー》の意思によって行政権を制約してゆくことが、圧倒的に多くの国民一般の利益に合致するような、歴史の一段階を前提とするかぎりにおいてであった。それに反し、やがて市民階級の意思が立法権だけでなく行政権をも支配することとなり、立法府多数派による行政権の制約がもはや自己拘束をしか意味しないものとなることによって、また、立法権自体の中に市民階級と異質な要素が進出してくることによって、立法権（＝制定法律）に対する信頼が、――いろいろな立場からそれぞれの理由によって――失なわれてくることになった。フランスについていえば、第三共和制憲法制定の時点では王党派が議会多数を占めていたが、まず下院（一八七六年）、ついで上院（一八七九年）の多数が共和派によってとってかわられ、それと同時に、制憲者がオルレアン型議院制によって行政権を大統領に担わせようと欲していたにもかかわらず、行政権は実質上議会の信任だけに依存する内閣によって担われることとなった（一八七七年の五月一六日事件(7)）。この過程は、「王党派の共和制」から「共和派の共和制」への転化の過程であり、それゆえそこでは、そのかぎりにおいて、議会多数の意思は圧倒的に多くの国民一般の利益を代弁しえたのである。ところが、こうして議会多数と行政権とが完全に市民階級によって担われることとなるとともに、他方、議会のなかに、一八九三年の選挙ですでに五十議席台の社会主義勢力が進出し、一九〇五年にはインターナショナルのフランス支部SFIOの形で社会主義政党の統一が行なわれて着々議席をふやしつつあった。さらに一九二〇年には第三インターの創立に際し社会党と共産党とが分裂し、以後社会党とならんで共産党も議会に進出してきた。かような事情のもとで、あるいは議会多数に対する反市民勢力のがわからの批判としてであれ、あるいは議会への反市民勢力の進出をおそれるがわからの対応としてであれ、議会制定法に対し法的に批判的な対応をなしうる論理が要求されてきたわけであった。したがって、デュギにおいて法による国家権力の制約がまず何よりも立法権（＝議会制定法）の制約として提出されたことには、十分の背景があったといえよう。

ところで、議会制定法を法的に批判する準拠としては、普通は憲法が考えられるのであるが、第三共和制憲法は、その準拠としての役割をそれだけでもって果すことはできなかった。まず、第三共和制憲法のもとでは、およそ法律の合憲性審査制が欠けていたから、法律の形式でなされる憲法解釈が最終的なものであり、しかも、一八七七年以後の大統領の地位の変化とともに、法律制定過程に影響をおよぼしうべき大統領の権限――特に両議院に法律の再審議を要求する権限――は実際には行使されなくなり、結局、議会が、憲法の公権解釈を最終的ににぎることとなった。そのうえ、制定憲法が、「王制待ちの共和制憲法」として暫定的な意図で制定されたという特殊事情からして簡略なものであり、特に人権条項が全く欠けていたため、議会の可動範囲はそれだけ広いものであった、という事情がある。(8)それゆえに、デュギは、違憲審査制を主張して憲法の最終的な公権的解釈権を議会からとりあげようとすると同時に、法律の法的評価のための前提として、その評価規準としての憲法のなかに慣習憲法として一七八九年権利宣言をとりこむ[9]とともに、憲法そのものの妥当を左右する超憲法的規準を想定することになる。[10] 客観法は、まさにそういうものとして現われたのであった。

　デュギは、かように、国家権力特に立法権、すなわち議会制定法を制約すべきものとして、客観法を提示したのであるが、それを自然法の名においてではなく、社会学的実証的認識の名において基礎づけようとしたのであった。かくて、しばしば「社会学的」と呼ばれるデュギの体系が現われる。彼は、法学部は議会制定法の註釈という任務を持つだけでなく社会諸科学の学部であること、[11] および、社会科学の方法は根本的には自然科学のそれと異ならず観察に基く経験的な方法であること、を明瞭にのべている。彼の方法的主張は三つに要約されよう。(イ)事実を公平無私な仕方で観察すること、(ロ)演繹的推理を発見の道具としてだけ用い、それによって導かれた結論を事実によって検証すること、(ハ)あらゆる先験的概念を排し、それを宗教的あるいは形而上的確信の領域にゆだねること。[12]

　このように標榜された志向が実際にどれだけ貫徹されたか、ということは別の問題であるが、[13] ともかく、デュギの憲法学は、憲法の妥当根拠たる社会意識の実証的な認識を標榜することによって、社会学的ないし政治学的な方向を志向することになったわけである。

（1）Léon Duguit, *Traité de droit constitutionnel*, II, 2 éd., Paris, 1923, p. 35-36.
（2）L. Duguit, *Traité*, III, 2 éd., 1923, p. 660.
（3）op. cit., p. 556.
（4）L. Duguit, *Leçons de droit public général*, Paris, p. 42-46.
（5）L. Duguit, *Traité*, I, 3 éd., 1927, p. 128, 125; *Manuel de droit constitutionnel*, 4 éd., Paris, 1923, p. 10; *Leçons*, p. 36 なお連帯の観念について、三代川潤四郎「デュギーにおける連帯の概念」法学一八巻一・二号を参照。
（6）L. Duguit, *L'Etat, I, Le droit objectif et la loi positive*, Paris, 1901, p. 12. なお、*Traité*, I, p. 65.

（7）私の「現代の『代表民主制』における直接民主制的諸傾向」（『議会制の構造と動態』木鐸社一九七三年所収）五〇頁以下。

（8）L. Duguit, *Traité*, III, p. 659 et s., なお、本書後出二四七頁以下。

（9）L. Duguit, *Traité* II, p. 159, III, p. 560 et s., IV, 1924, p. 764.

（10）L. Duguit, *Traité*, III, p. 560 et s, なお、本書後出二四七頁以下。

（11）L. Duguit, *Leçons de droit public général*, p. 27-28.

（12）op. cit., p. 34-35.

（13）この点については、すでに多くの論者によって指摘されているところであり、ここではつぎのことだけを指摘しておこう。もともとデュギにとっての基本的課題は、前述のように、議会制定法の法的な制約という実践的課題であった。ところで、アイゼンマンの指摘したとおり、規範定立という意味での法学の課題と実証的な方法とは直結できない性質のものである（Charles Eisenmann, Deux théoriciens du droit : Duguit et Hauriou, *Revue philosophique de la France et à l'étranger* t. CX 1930, p. 235-236)。それゆえ、社会的事実の認識と当為規範の定立とは、いったんは截然と区別されなくてはならない。にもかかわらずそれらの結合を無媒介的なものとして——規範定立者の主体性という媒介項の存在を意識することなしに——理解するかぎり、自己の価値判断の主張に適合的な「社会学的事実」——例えば社会連帯——だけを実証的認識の名において提示する傾向に傾き、したがって、自分が原則として掲げた実証的方法に徹することができなくなるのである。この点については、なお第二節で、一般論としてくわしく検討する。

ii　イデアリスムの憲法学

九　ここでは、モリス・オーリウをとりあげる。オーリウによれば、国家権力は主権という観念に、法の妥当は正当性という観念にそれぞれ帰着し、前者は政治的なものであるのに対し、後者は社会的なものである。したがって国家と法とが、政治的なるものと社会的なるものとして相対立する[1]。そして、社会的憲法 constitution sociale が政治的憲法 constitution politique——国家の憲法、すなわち通常の意味での憲法——よりも重要であり、後者は前者を保障するために存在している。[2] かようにして、社会的憲法が、憲法そのものに優位する正当性すなわち超憲法的正当性 légitimité supraconstitutionnelle を持つ。[3] そして、人権宣言は「社会的憲法の成文」[4] にほかならず、社会的憲法の内容は、公の秩序と個人主義的正義の原則である。

　ところで、オーリウにとっての根本的な問題は、デュギについて前述したような社会的事情の背景のもとにあって、国家権力を制約するということであった。[5]

　その場合、制約されるべき対象として具体的に考えられたのは、「個人の自由にとって行政権よりもっと危険」な立法権だったのであり、[6] 制約の機能は司法権に期待されていた。[7] そしてまた、そのような制約の目的は、「基本的に私企業の経済的自由であるところの自由」を救う、というところにあった。[5] オーリウのいう社会的憲法の基礎は個人の人権なのであるが、その人権として、基本的には、一定の人権すなわち経済的自由が考えられているわけである。[8] この考えの基礎にあるのは、「客観的理念」としての社会秩序と正義の観念とりわけ前者であった。[9] すなわち、文明社会は「生産活動を保障する個人主義という強力なばね」なしには維持されえないから、そこでの社会秩序は個人主義的社会秩序でなければならず、[10] また個人主義的社会秩序は平等的正義をみずからの力で確保する能力を持っており、そのようにして結びついた個人主義的民主主義的な社会秩序および正義の原則が、不変の「自然法」をなしている、[11] という観念である。

　ところで、そのような個人主義的社会秩序の原則に反する立法権の法律制定行為を制約するためには――議会によるそのような憲法改正行為を[12]制約するためにはもちろんのことであるが――、人権宣言を持たない制定憲法だけを規準とするわけにはいかない。かようにして、オーリウは、革命期以来の制定の反復によって人権宣言と権利保障とが慣習憲法になっていると考え、デュギ同様、人権宣言を憲法そのもののなかにとりこもうとするとともに、「それよりもおそらくもっと確かなやり方」として、憲法の妥当自体を決する超憲法的正当性を持つものとして、社会的憲法という観念を提示するのである[13]。

オーリウの憲法学は、かように、彼の解釈論・立法論上の立場に照応して、憲法の妥当根拠を求めながら「国家」の外にある「社会」をその考察対象として強調するものであった。こうして、オーリウの憲法学について「社会学的」あるいは「政治学的」という位置づけがしばしばなされる[14]ことになる。ただし、その位置づけは、彼の考察対象にもっぱら着目したものであるかぎりにおいては当っているが、それに反し、考察方法の問題としては、オーリウにおいて純粋に実証的な方法は目的理念や正義観念をしめ出すものとして排除されている、ということが明確にされなくてはならない。彼は、法解釈を——正当に——純粋な認識作用ではないと考えた[15]と同時に、およそ「社会的な領域については、思考の真理性でなく思考の実用価値についてだけ顧慮しなくてはならない[16]」としているのである。フランスの法学部が法学・政治学・経済学・歴史学の学部に変容しながら法の内容の研究に傾き、おのずから自然法の教育を組織している、というオーリウの指摘[17]もまた、およそ社会現象についての学問に彼がどんな性格づけを与えていたかを推測させてくれよう。

（1） Maurice Hauriou, *Précis de droit constitutionnel*, 2 éd., Paris, 1929, p. 103, 258.
（2） op. cit., p. XIII, 611.
（3） op. cit., p. 611, 269, 339. 本書後出二四八頁。
（4） op. cit., p. 624 et s.
（5） op. cit., p. 49.
（6） op. cit., p. 731, 270.
（7） op. cit., p. 268 et s.

（8）そのことは、オーリウによって「違憲」とされた法律の例を見ても明らかである。例えば、彼は、累進所得税を租税の前の平等に反するものとして違憲としている（op. cit., p. 288-289）。

（9）M. Hauriou, L'ordre social, la justice et le droit, *Revue trimestrielle de droit civil*, 1927, p. 801-802.

（10）op. cit., p. 806-807. かくて、社会主義と共産主義は、排除されることになる（p. 824）。実際、オーリウは、「政治的傾向の疑わしい議会に対抗して、ブルジョワ的裁判官に訴えている」(Ch. Eisenmann, Deux théoriciens du droit, op. cit., p. 266) わけである。

（11）M. Hauriou, op. cit., p. 823-824.

（12）一八七五年二月二五日憲法第八条によれば、憲法改正は、議会両院が――自ら、あるいは大統領の提案に基き――各院の投票の絶対多数によって発議し、ついで両院合同の国民議会において構成員の絶対多数によって決議することになっていた。

（13）M. Hauriou, *Précis*, p. 339.

（14）例えば、François Gény, *Science et technique en droit privé positif*, II, Paris, 1927, p. 95; M, Prélot, *La science politique*, p. 57; ギュルヴィチ『法社会学』・潮見・寿里訳一四六頁以下。

（15）M. Hauriou. *Précis*, p. VIII-XII; L'ordre social, p. 824-825 なお、この点については、法解釈以外の法学としての法科学の存在可能性についての問題として、のちに再びとりあげよう（本章第二節）。

（16）M. Hauriou, *La science sociale traditionnelle*, 1896, p. 26: cité par Ch. Eisenmann, Deux théoriciens du droit, p. 248 オーリウがその晩年にトミスムに傾いて実証主義を棄てた、ということがよくいわれる（ギュルヴィチ・前掲・一四八頁、Georges Gurvitch, Les idées-maîtresses de Maurice Hauriou, *Archives de philosophie du droit et de sociologie juridique*, 1931, no 1-2, p. 192-193）が、オーリウの方法は、初期においてすでに、純粋に実証的な方法を排するものだったのである。

（17）M. Hauriou, *Précis*, p. VIII.

iii　法実証主義の憲法学

一〇　ここでは、カレ・ド・マルベールが代表である。

カレ・ド・マルベールによれば、法学者とは、「現行の法源をなす諸規律に精通し、そのほか必要に応じて、ケースが要求する解決を解釈によってひき出すことのできる」人のことである。そして、法学の対象は法であり、法とは、組織された強制力が国家に独占されている今日では、「公権力いわゆる国家権力の権限ある保持者によって発せられた明確な規定あるいは決定によって定立された法」である。また、法学の方法は、そのような対象を認識することであり、対象に関して評価的な態度決定をすることではない。絶対的な正義、健全な理性、公の利益などは考慮されない。[1] 法学は、lex ferenda を提供するのでなく lex lata を認識するのであり、「法の世界を作り直すことでなく、その世界がどのように作られているかを認識することだけ」を任務としており、法を作ることは「倫理および政治学」science morale et politique に属する。そこに、法学部と議会の違いがある。[2]

かようにして、カレ・ド・マルベールの憲法学にとって、認識対象は成文憲法そのものであり、それの妥当根拠をさらに遡って問うことは問題の外にある。

ところで、もとより彼も、デュギやオーリウをして成文憲法のほかに法律の法的評価の規準を求めて社会学主義やイデアリスムを採らせることとなった社会的事情に、無縁でありえたわけではない。それどころか、彼は、デュギやオーリウ以上に、その事態の認識の理論的体系化に関心を示したといえる。「議会主権」、「憲法と法律のあいだの段階性ではなくて水平性」、「立法権と制憲権の無区別性」などについての研究[3]は、そのことの何より確かな証拠である。ただ彼は、議会＝立法権を制約しようとすることそれ自体は正当な意図であるとしながらも、その制約を、議会制定法の解釈の場ではなくその制定の場での問題とし、憲法改正論もしくは既存の憲法のもとでの立法論として、諸々の制度の提唱を行なっているのである。[4]

ともかく、カレ・ド・マルベールにとって、憲法の妥当根拠を憲法以外の規範に求めることは憲法学の問題となりえない。そして、憲法とは成文憲法そのものであり、慣習憲法の観念は用語的にすでに矛盾している。(5)したがって、憲法学の任務は、成文憲法がいかに簡略なものであっても、その条文に依拠しその内容を吟味することでなくてはならない。(6)ところで、その場合注目すべきことは、成文憲法の「内容」ということを彼がどう理解していたか、ということである。そして彼によれば、「憲法にせよ法律にせよその意味は、制定者がしようと欲したこと、あるいはしたと信じたことによってではなく、まさに、彼らが実際にしたことによって、すなわち、彼らが採用した原則や制度がもたらしうべき効果、とりわけそれらが実際にもたらした効果に照らして、判定される」のである。(7)

そのような志向の具体的適用を、われわれは、カレ・ド・マルベールの議院制理論のなかに見出すことができる。彼は右に引いた文章に続けて、こういっている。「今日、半世紀以上の経験を経たあとで、われわれは、その経験そのものからして、判定の要素、もっとよくいえば正確な資料を自分のものとしている。それらは、一八七五年に作られた議院制の論理的な本当の意味を、全く明確にわれわれに示してくれるのである。一八七五年憲法が政府と議会のあいだの平等性、少なくとも確立された均衡のうえにわれわれの議院制を組織した、と言うことは依然として可能なのであろうか?」(7)こうして彼は、議院制の二元型——元首と議会の権力の二元性を前提とする、立法・行政両権の均衡型構造——と一元型——権力の正当性根拠の議会による一元的独占を前提とする、行政権に対する議会優位の構造——の問題(8)について、第三共和制憲法の「条文における、二元性の依然たる明示」——droit nominal としての二元型議院制構造——にもかかわらず「初源におけるこの二元性から今日何が残っているか」を問題とし、「この二元性はフランス公法において現実にはもはや存しない」—— droit véritable としての一元型議院制構造——ことを指摘し、制憲者は二元型議院制を定立しようとしたにもかかわらず、大統領を議会構成員による選任に委ねる制度にしたため、大統領は議会に対抗できる地位に立ちえなかった、として、彼らが制定した機構のなかに、実は一元型議院制に向って行くべき萌芽がもともとあったのだ、と説明した。[9]

このようなカレ・ド・マルベールの議院制理論が、憲法の現実をおおうフィクションをひきさいたと評され、[10]また、「条文や公式の鏡であることを超えて、その資料を政治的現実のなかに求めている」と評されているのは、[11]正確な指摘というべきである。カレ・ド・マルベールについて「純粋な法学者」とか「純粋に法学的な方法」[12]という表現が使われるけれども、彼の理論が「法学的」あるいは「法実証主義的」であったのは、国家権力によって認承を受けた規範だけを認識の対象としたという意味においてであって、法文の条文だけを見て現実に目をふさいでいたという意味においてではないのである。[13]カレ・ド・マルベールは「倫理および政治学」を政治現象についての科学としてでなく、前述のように lex ferenda を作るものと考えていたから、自己の法学とそれとの相違を強調したのであったが、政治現象の認識の学としての政治学を考えれば、彼の法実証主義憲法学は、ルネ・カピタンの指摘したとおり、[14]まさしく政治学と接続している。

こうして、カレ・ド・マルベールの法実証主義憲法学は、政治学的研究へと導いていっている。ところで、憲法の妥当根拠を憲法以外の規範に求めることを彼と同じく拒否し、法実証主義憲法学をみずから標榜するワリーヌも、[15]法実証主義は法と実在とを切り離し憲法学と政治学とを切断するものだ、という法実証主義批判[16]に答えて、法実証主義は決してそのような分離・切断に導かない、と鋭く反論している。すなわち、ワリーヌによれば、実定法によって与えられている解決を説明するために法律を所与のものとしてとりあげる場合、立法の事情を研究することが禁ぜられるわけのものでなくその反対である。単なる法律解釈の場合すら、法律制定の精神、制定者の追求した目的を認識することが重要であり、その研究は「事情や社会的環境」の研究にほかならない。こうして彼は、そのような研究が「全き実在」の研究であることを強調する。[17]まさにワリーヌのいう意味でも、法実証主義憲法学は、通常はやまって誤解されるのとは違って、政治学と決して断絶していないのである。

(1) Raymond Carré de Malberg, Réflexions très simples sur l'objet de la science juridique, *Recueil d'études sur les sources du droit en l'honneur de François Gény*, I, Paris, 1934, p. 192-194.

(2) op. cit., p. 197-198.

(3) 彼の *La loi, expression de la volonté générale. Etude sur le concept de la loi dans la Constitution de 1875*, Paris, 1931 および、ケルゼン学派の法段階理論をフランス法の制度・観念とつきあわせるために書かれた *Confrontation de la théorie de la formation du droit par degrés avec les idées et les institutions consacrées par le droit positif français relativement à sa formation*, Paris, 1933 が、特に精細かつ体系的な分析をしている。

(4) カレ・ド・マルベールは、一般意思の主権性という観念がフランスで議会そのものの主権的権力を基礎づけるものとして機能している、ということを指摘し、そのような事態への対処の仕方として二つの方向を提示する。一つは、法律 loi が一般意思を基礎とし一般意思の表現を目的としている、という観念の維持・徹底の方向であり、その場合は、選挙人団たる国民《プープル》が法律制定行為に参加できなくてはならない。こうして、人民票決および人民発案の制度が問題となる。また、国民の主権的地位は行政権の領域でも貫徹されなくてはならず、したがって行政府首長の国民による選挙が問題となる。そのうえ、ここでは、硬性憲法と法律の区別自体が無用になる。もう一つは、法律＝一般意思の表現という観念の放棄の方向であり、その場合は、議会の諸権限はもはや主権権力を現実的に代表するということのうえに基礎づけられているのではなく、憲法によって与えられた権限である、と考えられなくてはならない。こうして、ここでは、憲法による被造物である議会は、憲法改正の発議・決定権を独占することができなくなる。また、議会は、行政権および司法権に対する関係において主権的な地位を占めることができなくなる。特に、対司法権の問題として、法律合憲性審査制が問題となることになる (*La loi*, p. 217-222)。カレ・ド・マルベールは、第一の方向は第三共和制憲法の基本構造の徹底の方向にあり、第二の方向はその基本構造自体の修正のうえにはじめて成立する、ということをも指摘している。前者の問題として、人民票決制がフランスの議会制と結合しうることを示したところの Considérations théoriques sur la question de la combinaison du référendum avec le parlementarisme,

Revue du droit public et de la science politique, 1931, p. 225 et s. があり、後者の問題として、法律合憲性審査制がフランス公法の「完全な改革」なしには機能しえないことを示したところの La constitutionnalité des lois et la Constitution de 1875, *Revue politique et parlementaire*, tome cxxxii, sept. 1927, p. 339 et s. がある。

(5) R. Carré de Malberg, *Contribution à la théorie générale de l'Etat*, II, Paris, 1922, p. 582 note (10).

(6) R. Carré de Malberg, *La* constitutionnalité des lois et la Constitution de 1875, p. 354.

(7) R. Carré de Malberg, *La loi*, p. 180-181. カレ・ド・マルベールが憲法とは成文憲法そのものであるとしながら、その成文憲法の内容として、実際上、その適用態をもとりこんでいるのは、彼が法認識の名において実は解釈論上の主張を行なっている——この点は、ここでとりあげている四つの方法的立場に共通である——からである。そのことについては次節で再び問題とする。

(8) 議院制の二元型と一元型構造について、私の「現代の『代表民主制』における直接民主制的諸傾向」(『議会制の構造と動態』所収) 五〇頁以下、および、「現代西欧型政治制度の類型論——権力分立概念に基く類型論の再検討——」(『議会制の構造と動態』所収) 六頁以下。

(9) R. Carré de Malberg, *Contribution*, II, p. 68-108. また、*La loi*, p. 181 et s.

(10) 「カレ・ド・マルベールの仕事は、大多数の法学者から憲法的現実をかくしていた擬制を引きさいた、というところにあった。彼は、議会優越の観念でもって諸権力均衡の観念にとってかえた」。(René Capitant, L'Œuvre juridique de Raymond Carré de Malberg, *Archives de philosophie du droit et de sociologie juridique*, nos. 1-2 1937, p. 90).

(11) Roger Pinto, *Eléments de droit constitutionnel*, 2 éd., Lille, 1952, p. 60.

(12) M. Duverger, *Manuel de droit constitutionnel et de science politique*, 5 éd., Paris, 1948, p. 29 ; M. Prélot, *La science politique*, p. 56.

(13) カレ・ド・マルベールの「法実証主義」について Paul Cuche, A propos du "positivisme juridique" de Carré de Malberg, *Mélanges R. Carré de Malberg*, p. 73. が、それは「実定法の外には真の法が存しない」という理解のことであると指摘し、R. Capitant, op. cit., p. 83 が、デュギが「社会学の封筒にくるまったモラリスト」でありオーリウが哲学者だったのに反し、カレ・ド・マルベールは法実証主義すなわち法学を実定の諸制度の研究だけを目的とする学問と考える理論を貫いた、と評したのは、本文でのべた意味において正しい。

(14) カピタンは、当時法学部で経済学・社会学・政治学と法学が結びつきつつあった事情を指摘し、「かような結びつきをおそれる人々に対して、カレ・ド・マルベールという名前が、最も純粋な法学的エスプリで育てられ一生それに忠実だったけれども、その時まで政治学の領域に留保されていた領域のしきいに立った時、そこに入りこみそれを法学的理解の対象とすることを躊躇しなかったところの法学者の例を示してくれる」(R. Capitant, op. cit., p. 84) といっている。

(15)「ユークリド幾何学をしようとするなら、ユークリドの公理が、ア・プリオリにうけ入れられなくてはならないのと同様に、憲法の価値は、それなしには法学が存在しえないところの公準である」。(M. Waline, Positivisme philosophique, juridique et sociologique, p. 523).

(16) Henri Dupeyroux, Les grands problèmes du droit, *Archives de philosophie du droit et de sociologie juridique*, nos. 1-2, 1938, p. 18-19.

(17) M. Waline, Défense du positivisme juridique, *Archives de philosophie du droit et de sociologie juridique*, nos. 1-2, 1939, p. 89.

iv　社会学的実証主義の憲法学

一　この傾向を最も徹底的かつ自覚的に展開したのは、ルネ・カピタンである[1]。カピタンは、「裁判所によって適用されている規範の総体」を droit positif と呼んだガストン・ジェーズ——彼ら二者は、いずれも社会学的実証主義の例として引かれるのが普通である[2]——の用語を引きながら、「実は、裁判所だけが法を適用する機関ではない。特に行政機関もまた……法の適用にきわめて積極的に関与する。…droit positif とは実際に適用されている法である。一定時点における droit positif の一覧表を作るということは、実際に適用されるにいたった諸規範だけが、そしてそれらのすべてがそこに現われているような、制定法・慣習・判例・行政実例など多様な法源によって定立された法の総括を行なうことである」、として、ジェーズの命題をより一般的な命題におきかえた。(3) こうして、カピタンの用語における droit positif は、現に適用されている法、その意味での実効性を持つ法規範であり、droit positif という言葉は、ひとまず、実効的規範の意味で使われている。

ところで、カピタンは、それと同時に、そのような実効性を持つ規範に、妥当性を持つ規範としての資格づけを与える。われわれは、その見解を、彼の憲法慣習 coutume constitutionnelle 論ないし不文憲法 droit constitutionnel non écrit 論のなかに、きわめて鮮明なかたちで見出すことができる。例えば、彼がジェニーの記念論文集『法源論』に寄せた論文で、「制定者によって提示されている法でなく現実に適用されている法」である不文憲法が droit positif である、といっているのは、(4) 不文憲法が実効的規範であるという事実をいおうとしただけでなく、結局のところ、それが制定憲法を改廃してみずから憲法法源の地位に立つということを主張しようとしたのであった。すなわち、彼が、実効性を発揮している法規範――実効的法(5) wirksames Recht――を droit positif と呼んだのは、それを、妥当する法規範 geltendes Recht という意味での droit positif――日本語の「実定法」という言葉もしばしばこの意味で使われる――として資格づけようとしてであった。

右のような、規範の妥当性をその規範の実効性に依存させるという考えの基礎をなすものとして、カピタンは、その droit positif 概念の核心にある「適用」という言葉のなかに、民衆の同意という観念を読み込んでいる。彼は「適用」ということをサンクションの問題でなく規範への服従の問題として説明し、positif な規範とは「一般に服従されている法」であるといい、「規範の positivité(6) をつくるものは民衆によるその規範の承認であり、大多数の人々のコンセンサスである。……positivité とは、このコンセンサスそのものである」、と強調する。(7) そして、彼は、制定憲法の妥当性を、それが一定の制定手続によって定立されたことによって説明するのと同様に、不文憲法ないし憲法慣習の妥当性を、憲法実例に対する国民の容認ということによって、すなわち、一種の非形式的制定手続の所産であるということによって、いわば民衆主権論的に説明しようとするのである。すなわちカピタンは、憲法慣習の憲法法源性を、国民意思による法源定立ということによって説明する。「慣習は、国民の意識・国民意思でないとしたら何だろうか？国民が主権者であり最高の制憲者だとしたら……あらゆる法秩序の基盤にあるのは、国民がそれによってみずから意思表示するところの慣習ではないだろうか。……かくて慣習の憲法制定力は国民主権の一表現にほかならない。……主権と呼ばれているものは、……制定法定立への国民の参加……である。国民は文書によってその意思を表明できない場合でもやはり意思を持つ。国民は、少なくとも、服従するかどうかをみずから決めることができ、したがって法の positivité を左右する。……ある規律に従うのをやめることによって、国民はそれから positivité を撤回し、いいかえればそれを廃止する。ある規律を妥当するものと認めその命令に従うことによって、国民はそれに positivité を与え、いいかえればそれに効力を与える。法はその内容を立法権者から受けとることができるが、その効力を受けとるのは国民からである。かような意味で、国民が主権者であり、国民によって直接作られる慣習が制定法に優越する。かくて、慣習は、普通の立法権者を拘束するから、憲法としての効力を持つ」[8]。この見解は、歴史具体的には、例えば、すぐつぎに引き合いに出される議院制論についていえば、前述のような「王制待ちの共和制憲法」の制定にあたって王党派が制定憲法に内在させたオルレアン型議院制の原則——それは、やがて国王のおかれるべき地位に大統領をおいた、七月王制憲法の改版であった——にかえて、憲法実例において形成された一元型議院制の政治制度を現に妥当する憲法として提示し、そのことによって、後者を合憲的なものとすると同時に、それに将来に向っての憲法規範としての羈束力を与えるところの、共和派的イデオロギーとして機能したのであった[9]。

こうして、カピタンにおいては、妥当性を持つ法規範を認識するということは、実効性を持つ法規範を認識すること、すなわち、ある法規範が現にどう適用されているかを認識すること、にほかならず、そして、第三共和制フランスでは法律違憲審査制が欠けており、議会の憲法解釈が最終的なものとして通用したから、憲法の適用は「不文憲法」のかたちで現われており、[10] その認識は、広い意味での政治実例の認識にほかならない。そこに、彼の社会学的あるいは政治学的作業が存することになる。例えば、彼は、フランスの政治制度は条文の検討によっては明らかにされない、という理解のうえに立って、第三共和制の議院制構造の現実を分析したのであった。彼は、第三共和制の議院制構造が成文憲法の不変化にもかかわらず、一八七七年（マクマオン大統領の五月一六日事件）を境にして二元型から一元型に転化した、ということを指摘し、元首の占める構造的地位を規準にして議院制をオルレアン型――元首が依然として強力な権限を持っている――、西欧型――元首がもはや行政権の実質的な長ではなくなっている――、プロイセン州型――第一次大戦後のドイツ諸ラントのように元首がそもそも存在しない――、の三つに区別して議院制理論を展開したのである。[11]

なお、社会学的実証主義の立場からして社会学的・政治学的研究が当然に導き出されるものであるということは、前述のジェーズがそれを法の理論家の主要な任務として強調していることにも、示されている。

ジェーズによれば、法の「理論家の役割は、何よりも、そして個人がどんな意見を持っているかにかかわらず、これらの〔=裁判所によって適用されているところの[12]〕規範を明らかにし類別し、それに明瞭で正確な形を与える、ということである。法の理論家は、また、これらの規範の起源を説明し、社会的政治的諸事実の圧力のもとでのその歴史的な展開を示さなくてはならない」。そのほか、法の理論家は、「しかじかの現実上の諸原理が所与の国で所与の時点にどの程度において他の法的諸原理と調和しており、また、その時期その環境での相対的な正義の感情や社会的経済的政治的要求にどの程度においてこたえているか、ということを研究」しなくてはならない。[13] いずれにせよ、「法的な問題がそのなかで生じているところの社会的経済的歴史的環境」の研究は、法の研究においてきわめて重要であり、職業養成学校でなく科学研究の中心であるべき法学部にとっては、第一義的に重要なことである。経済学・社会学・政治学の研究なくしてはレジストや経験家を養成することはできても法学者を育てることができず、これらの研究を第一義的に行なうことなしには法学教育はスコラ的教育となってしまうが、フランスの法学部では、法学と経済学・政治学・社会学との交流という点で、法学教育は不完全である。[14] ともかく、法の理論家の仕事のための唯一の方法は事実観察という方法である。事実の綿密な観察を出発点としない法理論はすべて無価値であり、事実との完全な適合性ということが、理論の試金石である。[15]

(1) G. Héraud, Regards, op. cit., p. 544.

(2) 例えば M. Waline, Positivisme philosophique, juridique et sociologique, p. 525-526.

(3) R. Capitant, *L'illicite, I, L'impératif juridique*, Paris, 1929, p. 113-115.

(4) R. Capitant, Le droit constitutionnel non écrit, *Recueil d'études sur les sources du droit en l'honneur de François Gény*, III, 1934, p. 2.

(5) 「現に適用され実効性を発揮している規範」という意味での droit positif の訳語として「実効的法」(前出一〇頁)という言葉をあてたことに関連して、droit positif という言葉の多義性について注意しておきたい。この言葉は、「実定法」と訳すのが普通であるが、droit positif というフランス語も「実定法」という日本語も、人間の意思によって定立された法規範、とりわけ制定者によって定立された制定法(=gesetztes Recht)という意味で用いられ、また、妥当する法(=geltendes Recht)という意味で用いられる。人間の意思によって定立された法規範という意味での droit positif=「実定法」だけを妥当する法規範という意味での droit positif=「実定法」と考えるところに、意思主義 volontarisme という立場が成立することについては前述した(二四頁註(3))。くわえてフランスでは、現に適用されている実効的な法規範という意味での droit positif だけを妥当する法という意味での droit positif と考える社会学的実証主義という立場があるから、混線を避けるため、「実効的法」という訳語をあてることとする。ジェーズやカピタンにおけるそのような droit positif の用語法は、その後も、少なからざる憲法学者によってひきつがれており（本書後出六一頁註(1)）、そこでも、droit positif たることの唯一の標識は《effectivité》にあるとされている（Marcel Prélot, L'introduction à l'étude du droit constitutionnel, *Introduction du droit*, II, Paris, 1953, p. 102）のだから、「実効的法」という訳語は、熟さないが不適当ではなかろう。

（6）カピタンにおけるこの《positivité》という概念は、さしあたっては規範の実効性をさすのであるが、その規範がまさに実効的であるということによって妥当性を獲得し実定法となるという意味で、実定性をもさす。それは、規範の実効性から実定性をひき出すところの、いわゆる社会学的実証主義あるいは社会学的効力論の、方法的特徴である。

（7）R. Capitant, *L'illicite*, p. 115 et s, p. 129-130.

（8）R. Capitant, La coutume constitutionnelle, *Gazette du Palais*, 20-21 fév. 1930, p. 17-19, cité par J. Laferrière, La coutume constitutionnelle, *Revue du droit public et de la science politique*, 1944, p. 35-36.

（9）憲法慣習論の論理構造とそのイデオロギー的機能については、なお、特に第二節を参照せよ（後出九七頁以下）。

（10）それに対し、私法や行政法では、制定者によって提示されている法と現実に適用されている法とのずれは、カピタンのいうとおり、判決によるところが大きい（R. Capitant, Le droit constitutionnel non écrit, p. 5）。

（11）R. Capitant, Régimes parlementaires, op. cit., p. 33 et s. なお、私の「現代の『代表民主制』における直接民主制的諸傾向」（前掲書所収）五〇頁以下、「現代西欧型政治制度の類型論」（前掲書所収）六頁以下。

（12）Gaston Jèze, *Principes généraux du droit administratif*, 3 éd., Paris, 1925, p. 34. 彼は、この叙述に当って、もっぱら行政法を念頭においていた。

（13）op. cit., p. IX-X.

（14）op. cit., p. I-IV.

（15）op. cit., p. I, IX.

v　その他

一二　最後に、右にとり出した四つの立場のいずれかをそれとして正面から打ち出してはいないが、この時期に出された憲法学の分野での業蹟を例示的に代表するものとして、ジョゼフ＝バルテルミの憲法概論書、モリス・デランドルの憲法史、オギュスト・スウリエの政治制度機能の研究、エミール・ジローの比較憲法、について、それらの方法的志向を簡単に点検しておきたいと思う。

(1)　ジョゼフ＝バルテルミによれば、(1)英米では、条文の分析や制度の建前の叙述、公権力作用によってひき起される純粋に法的な問題の解決、などを扱う憲法学と、政治制度をその実際の機能の生きた現実のすがたで示す政治学とが分離されており、ドイツでは、政治学に対するラバント流の弾劾が行なわれているが、その中間に、「特殊フランス的な憲法研究の方法」がある。そして彼は、この方法を発展させた線上に自分の著を構想し、つぎのようにいう。そこでは、教義についての考察が不可欠であるし、制度の法的構成や条文の註解や法的問題の解決などは重要であって、しかるべき地位が与えられる。「しかし、われわれはラバントの見解にもかかわらず、抽象としてでなく生きた現実としての今日の制度を研究することによって、教授服の名誉をよごすことをおそれなかった」。教科書としての制約から、銀行・企業・組合など政治権力をめぐる政治勢力の分析には立入らず、政党についてもほとんどふれなかったが、「これらの領域に窓を開いておくことを欲した」。こうして、彼がみずからの著を「同時に憲法学および政治学の書」と称するとき、「実証的な観察科学」としての憲法学が政治学である、という理解が前提とされている。

ところで、ジョゼフ＝バルテルミがかように「生きた現実としての政治制度」の認識を憲法学の課題として重視したのは、彼が法学部教授であると同時に下院議員としての実務にも携わっていたという個人的事情だけによるのでは決してなく、より以上に、歴史的条件に規定されてのことであった。すなわち、この時点でフランスの憲法の適用は、一八七五年に制憲者が欲したところのものとはかなり離れたかたちで行なわれていた。例えば、制憲者は大統領が行政権の担当者として多くの権限——代表的なものとして下院の解散権——を持つことを欲したのであったが、現実には、大統領の地位は名目的元首の好例として引き合いに出されさえするほどであった。制憲者の欲したオルレアン型=二元型議院制は実現しなかったわけである。また、憲法の条文には記されていない首相が Président du conseil des ministres として行政権の担当者となった。さらに、第一次大戦後、諸々の必要から、憲法の条文にもかかわらず、デクレ=ロワが日常化してきた。(3) 他方、議会の委員会制度が、憲法の条文には規定がなかったにもかかわらず、立法の場面でも対政府関係の場面でも非常に重要な役割を演ずるようになっていた。(4) このような事態を前にして、憲法が現実にどう適用されているかを認識する作業が重視されたのは、当然であった。それゆえにこそ、第三共和制の政治制度の叙述として、ジョゼフ=バルテルミの仕事が高く評価されているわけである。(5)

(1) Joseph-Barthélemy et Paul Duez, *Traité élémentaire de droit constitutionnel*, Paris, 1926, p. 5-8.

(2) ただし、ラバントについて生じうべき誤解に注意しなくてはならない。彼は、「一国の憲法制度の研究は純粋に法学的〔ラバントのいう法ドグマーティシュという意味であるが——筆者註〕でなくてはならない」(M. Prélot, *La science politique*, p. 44-45) と主張したわけではない。ラバント自身、自著について、「この本は現行ドイツ帝国憲法のドグマティークに限られているが、それは、私が憲法という対象についての法史的・哲学的および政治学的解明が無価値だと考えるからではなくて、ひとつの本ですべてをすることはできず、合理的な自己制限が成功の不可欠の前提だと考えるからである」といっている (Paul Laband, *Das Staatsrecht des Deutschen Reiches*, I, 5. Aufl., Tübingen, S. ix-x)。

(3) これらの例の事実につき、私の「『憲法変遷』の観念」(思想四八四号、のち和田英夫編『現代法学文献選集第四巻』学陽書房一九七二年に収録) で簡単にのべておいた。

(4) M. Duverger, *Manuel de droit constitutionnel et de science politique*, 5 éd., p. 279-280. 特に財政委員会の場合いちじるしかった。そのほか、例えば外交委員会について、ミルキヌ=ゲツェヴィチ『憲法の国際化』小田・樋口訳・九八—九九、一二五頁。

(5) デュヴェルジェは、前記の *Traité élémentaire de droit constitutionnel* を、一九四〇年以前に法学者によって書かれた政治制度の研究のうち最も重要なものであるといっている (M. Duverger, Etat actuel des études sur les institutions politiques et le droit constitutionnel en France, *La science politique contemporaine*, UNESCO, Paris, 1951, p. 384)。プレロも、それを、カレ・ド・マルベールのものと並ぶ第三共和制憲法についての二つの最良の著作であるといい、第三共和制憲法の「おそらく最も完全であり具体的な生きた叙述である」といっている (M. Prélot, op. cit., p. 45)。

(2) ディジョン大学の憲法の教授であったデランドルは、『憲法史』を世に出す三十年前に、『政治学の危機と方法の問題』を書いている。その所説のうちここでのわれわれにとって問題となるのは、さしあたり三点にわたる。第一に、憲法学と政治学とが同じものと考えられている。[6] 第二に、憲法を研究する政治学の方法として「形而上学的」および「法学的」方法が批判され、「歴史的」方法が重視され、[7] 政治学の事実認識性がまず説かれている。第三に、ところが、政治学における「社会学的」方法が批判されている。[8] ところで、歴史的方法と社会学的方法はラルノードが正当に指摘したとおり、[9] 本来事実観察に基くという点で同質なはずのものであるのに、デランドルが歴史的方法をとりながら社会学的方法を排し、逆に前者を補うものとして、政治学における形而上学的方法による「目的の設定」ということを説く[10]のは、彼が、政治学というものを、単純な技術 art を超えるものではあるけれども厳密な意味での科学ではない中間的なものとして考えていた、ということによる。デランドルにおいて、政治学は、現在あるところのものを評価し、将来あるべきところのものを追求する学として考られていたのである。[11] しかし、ともかくも、デランドルにおいて、憲法学の作業が事実観察に少なくとも一応は基くところの政治学の研究として行なわれなくてはならぬということが説かれた、という事実がまず重要である。現に、彼がその著の最後でのべたフランス憲法史の構想――それは、政治学における事実認識の方法としての歴史的方法に基くものとされる――は、三十年後に、三巻からなる『フランス憲法史』として結実した。

この仕事は、のちにデュヴェルジェによって、「諸々の憲法を、それらに生を与えた政治的・社会的出来事から切り離していない、重要な著作」と評されているが、[12] デランドル自身、政治制度の研究では歴史が第一の地位を占めなくてはならないことを説明して、憲法を孤立的に研究しようとすることの誤りを説いている。それによれば、政治制度の形成やその機能はその国のその時点における諸々の力によって規定されているのであり、憲法は、その国民の生活の中で作用している諸々の力の発展した形であり、それら諸力の状態に対応して変形し、あるいは崩壊してゆく。憲法史の研究は、「諸々の制度や国家諸権力を、環境の変化をうけて作用し、それらの反映する諸力の前進後退に応じて変遷するところの生きた現実として、歴史の中で追跡してゆく」ことを意味する。[13]

(6) Maurice Deslandres, *La crise de la science politique et le problème de la méthode*, Paris, 1902, p. 4 et s. 彼は、巻頭でまず、政治学の貧困を問題として、憲法学の貧困のことを語っているのである。

(7) 歴史的方法について、op. cit., p. 208 et s.

(8) op. cit., p. 49 et s.

(9) 前出二一頁註(4)。ラルノードがそのような指摘をしたのは、まさにデランドルの考え方に対する批評としてであった。

(10) M. Deslandres, op. cit., p. 247-248.

(11) op. cit., p. 76-77. 結局、政治学は、彼によれば、science exacte stricto sensu ではないというわけになる。

(12) M. Duverger, *Manuel de droit constitutionnel et de science politique*, p. 29.

(13) M. Deslandres, *Histoire constitutionnelle de la France*, I, Paris, 1937, p. 4.

(3) レンヌ大学のエミール・ジローは、その『欧米民主制における行政権』を、「条文や教条ではなく生活の実際に基いて」書いた。[14] 彼の方法的志向は、同じ年に発表された別著のなかに要約されている。ジローは、すべての科学と同様に、政治学を「事実の正確忠実な観察」から出発させる。そして、(イ)研究対象としては憲法の条文より憲法の現実が重要である。同じ条文が違った政治的条件のもとではきわめて違った結果をもたらすことになるのであり、選挙や多数派の構成などについて知ることがきわめて大切である。また、世論やその国の伝統や政治的経済的諸条件などの研究が、それとならんで重要である。(ロ)研究方法としては、政治的事実を叙述し憲法生活のなかでのその影響を指摘するのであって、政治的な立場によってそれをゆがめてはならない。(ハ)国民主権・代表・権力分立などの「憲法的神話」に警戒し、事実の直接認識の精神を貫かなくてはならない。同じ意味で、議院制についていわれたような「真正性」の議論や制度の「本質」についての議論は重要なことでない。(ニ)事実認識から導かれる結論として問題とすべきことは、ある制度がそれの設定した目的に仕えたかどうか、また何故にそうだったか、を測定することであって、その目的についての価値判断を下すことではない[15]。

ジローは、右のように、憲法の現実についての研究を、実証科学としての政治学として考えたわけであった。実際、彼の分析は、「憲法の諸問題の政治学的側面に最大の顧慮を払っている明快な分析[16]」という批評をうけている。

(14) Emil Giraud, *Le pouvoir exécutif dans les démocraties d'Europe et d'Amérique*, Paris, 1938, p. 7.
(15) E. Giraud, *La crise de la démocratie et le renforcement du pouvoir exécutif*, Paris, 1938, p. 9-13.
(16) M. Duverger, *Manuel*, p. 29.

(4)　スゥリエは、自分が『第三共和制における内閣の不安定』についての研究をした理由として、当時この問題が政治的時局性を持っていたということのほかに、(イ)立憲王制から国民公会制までの幅を持つ議院制が実際にどのようなかたちで行なわれていたか、というフランス議院制史的な関心にこたえること、(ロ)一世紀以上も憲法学のドグマをなしてきていた権力分立の原理の実際の機能を明らかにすること、の二つをあげている[17]。彼は、さらにつづけて、内閣の交替ということは政治・憲法生活 vie politique et constitutionnelle の重要な出来事でありながら「成文法の角度からすると全く予想されていない出来事」——内閣総理は憲法の条文上全く存在してなかったし、内閣自体もそれとして正面からは規定されていなかった——であること、また、それは二元型議院制のもとにあるか一元型議院制のもとにあるかによって意味を異にし、前者にあっては議会と元首の関係の調整を意味するが後者にあっては議会の優位の貫徹を意味すること、を指摘する。[18] したがって、スゥリエによる議院制の研究は、その視野を憲法の条文から憲法生活にまで拡大せざるをえない性質のものであった。実際、彼は、「本当の憲法慣習の創造者である不断の慣行が政治制度の古典的な——レズローブのきわめて表現力に富んだ表現に従えば真正な——形態をどのようにして変えたのか」を研究したのであり、そこでは、「結局、内閣の交替について、……一八七五年憲法というほとんど空の貝ががどんな現実によって充たされているかが問題」だったわけであった。[19] そして彼は、そのような志向のうえに、議院制研究のひとつの結論として、議会多数派の地位と内閣の地位の一致がフランス議院制の最も基本的な原則であり、その点では議院制のイギリス型とフランス型の違いはなく、両者の違いは「フランスには多数派が存しないということ、もっとよくいえば、常に同時に二つ以上の多数派が存するということにある」ということを摘示したのであった。[20]

(17) Auguste Soulier, *L'instabilité ministérielle sous la IIIe République*, Paris, 1939, p. 1-2.
(18) op. cit., p. 4-6.
(19) op. cit., p. 6.
(20) op. cit., p. 578. なお、複数の多数派ということの意味について、私の「現代の『代表民主制』における直接民主制的諸傾向」(『議会制の構造と動態』所収) 八五—八六、九〇—九一頁、および、「議院内閣制における多数派と選挙制度——第四共和制フランスの議院内閣制についての一考察」(前掲書所収) 一五四、一六三頁を参照。

一三　エスマンにつづく世代のフランス憲法学は、さまざまの学風のかたちで現代的課題に対応した。社会学主義とイデアリスムは、議会の抑制という現代的課題を追求したし、社会学的実証主義は、さしあたりは議会による憲法運用を正当化したという点で、議会中心主義の推進という近代的性格を発揮したのであったが、その論議は、のちに見るように、「国民の憲法制定権」の名において一切の憲法的制約を解体させる役割を演じうるという点で、すぐれて現代的な問題性を含んでいる。法実証主義がむしろ現代への展開のなかで現われたことは、フランス憲法学の特色のひとつであろうが、これにしても、実際には、成文憲法だけに視野を限定してしまうことはできなかった。こうして、社会学主義・法実証主義・社会学的実証主義の憲法学はいずれも、成文憲法の解釈にとどまらず、――基本的には憲法解釈を行なううえでの必要によって規定されながら――われわれが政治学と呼ぶところのものを実際に行ない、あるいは少なくとも志向していた。イデアリスム憲法学は、そもそも社会現象を対象とする学問の性格について前三者と異なった考え方をしていたため、方法の志向においてそれらと異なっているが、そこでも、憲法学は、政治現象を対象として考察するものであった。また、これら四者のような方法的立場をそれとして正面には出していない憲法学者も、事実において政治学に携わっていた。フランスにおける公法学の代表的な雑誌が Revue du *droit public* et de la *science politique* en France et à l'étranger という標題を持っていた、ということも事態を象徴的に示してくれている。この期間、法学部は政治学部としての機能をも実質的に果していた、ということができよう(2)。そのような傾向が第二次大戦後どう展開してゆくかを見たうえで、「憲法学の政治学的傾向」の意味を立入って検討するのが、次節の課題である。

（1）本書後出第二部、七六、八二を見よ。

（2）R. Capitant, *L'œuvre juridique de R. Carré de Malberg*, p. 84 ; M. Prélot, *La science politique*, p. 56.

第二節　戦後のフランスにおける憲法学の政治学的傾向

――憲法解釈および憲法科学と政治学

一四　戦後のフランスにおいて憲法学の政治学的傾向といわれる現象がいちじるしいことは、本章の冒頭で簡単に指摘したとおりである。その現象を立入って検討するにあたって、われわれは、まず、ひとくちに憲法学といわれるなかで、われわれが憲法科学および憲法解釈と呼ぶところのものが、それぞれ、戦後のフランスでどのような位置づけをされているか、を確認し、同時に、そのような位置づけについて検討をくわえることにしたい(1)（本節Ⅰのⅰおよびⅱ）。その後で、フランスでいわれていること、いわれていないが補足されるべきこと、を中心として、憲法学の政治学的傾向という現象を、憲法科学と政治学の関係（Ⅱ・ⅰ）および憲法解釈と政治学の関係（Ⅱ ⅱ）という二項に分解し、それぞれについて検討することにしよう。なお、その場合、戦前のフランスの憲法学を必要におうじて想起しながら作業を行なうことは、いうまでもない。

なお、そのような検討に入る前に、戦後のフランスで、政治学自体がどのような位置づけをされているか、ということを見ておく必要がある。

前節で見た意味において、第三共和制期の憲法学は、政治学を実際に行ない、あるいは志向していたが、大学制度上は、政治学という講座は存在していなかった。それにひきかえ、第二次大戦後、大学における政治学の制度的地位が大きく変化する。まず、一九四五年以後、ルネ・カピタンの主唱によって、諸大学に政治学学院 Institut d' Etudes Politiques が設けられ、一八七二年エミール・ブトミーによって創立されていたパリの私立政治学校は、パリ大学の政治学学院に改組された。また、一九五一年には、フランスの大学で最初の政治学講座が、ボルドー大学法学部に開設された。ついで、五四年の学制改革で、憲法学の講義が「憲法および政治制度」droit constitutionnel et institutions politiques と改称され、講義時間がそれまでの一学期（半年）制から二学期（一年）制に拡大された。また、「政治学方法論」Méthodes de la science politique「政治思想史」Histoire des idées politiques「フランス現代政治論」Vie politique française contemporaine などが設けられ、六一年には「政治社会学」sociologie politique が設けられた。さらに、五六年一二月一九日のデクレによって国家博士課程 doctorat d'Etat に政治学部門が設けられ、五九年六月一五日のデクレによって政治学博士の称号部門が作られた。この課程では、「憲法」「政治社会学」「政治思想史」「政治学方法論」の特殊講義や演習が行なわれる。(2)

このように、専門分野としての政治学の学制上の態勢確立ということが戦後の大きな特徴となっているが、他面、政治学の学問としての性質についての理解はどうなっているであろうか。ひとことでいうなら、政治学は権力現象を対象とする科学である、という理解が確立してきている。かつては、政策の定立――政治そのもの――や政治への価値判断――いわゆる政治哲学――が政治学という言葉のもとに考えられていたことが少なくなかったが、そのような考え方は今日ではしりぞけられている。政治学がもはや science morale et politique でなく science politique と呼ばれているのも、その事情を象徴的に示している。また、論者によっては science politique と *sociologie* politique とが自覚的に等置されているが、(3) そのことは、――オギュスト・コントを生んだフランスで sociologie という言葉は社会現象を対象とする実証科学の典型を指すものとされているから――、政治学の実証科学性が特に強調されていることを示している。

(1) 戦前・戦後の区別は、主として、とりあげる論文著書の公表時点を基準として行なう。学者自身としては、戦前戦後を通じて活躍した人々、また現に活躍している人々が少なくないのはむろんのことである（例えば、カピタン、ワリーヌ、アイゼソマン等)。

(2) 五六年までの事情について、「フランスの大学への政治学の登場」にあてられた特集号、*Revue internationale d'histoire politique et constitutionnelle*, janv.-juin 1957 特にプレロの論文を参照。また、戦前から今日にいたるまでのフランスにおける政治学の制度上および実質上のありかたについてわが国で書かれた最もすぐれた紹介として、宮沢俊義「フランスにおける憲法学と政治学」(『公法の原理』所収)を見よ。

(3) Maurice Duverger, Introduction à une sociologie des régimes politiques, *Traité de sociologie*, publié sous la direction de Georges Gurvitch, II, Paris, 1960, p. 3 note (1).

I　憲法学における憲法科学と憲法解釈

i　憲法科学の性質

一五　戦後フランスの憲法学において、個別の研究としてはもちろんのこと、講義のプログラムとしても、数多くの憲法教科書・概説書の内容においても、一方でフランス現行憲法の解釈が行なわれていると同時に、他方で、憲法の適用態の分析、大革命以来のフランス憲法史、社会主義国の憲法を含めて比較憲法の考察、およびそれらに基礎をおく一般理論的記述が見られ、いろいろな問題を対象として憲法科学の仕事が実際に行なわれているが、それだけでなく、憲法学の内部における憲法科学の存在が、多少とも自覚的に位置づけられている。

プレロは、隣接してはいるが明らかに異なった三つの科目に憲法学という名が与えられていることから混乱が生じている、と指摘し、(イ)本来の意味での科学としての憲法学 droit constitutionnel scientifique を、(ロ)憲法哲学ないし憲法自然法論 philosophie constitutionnelle ou droit constitutionnel naturel および(ハ)憲法技術ないし憲法政策 art ou politique constitutionnel から区別すべきである、と提唱する。(1) ここでわれわれにとって重要なのは(イ)と(ハ)であるが、プレロによれば、憲法科学は、成文の中に表明されているところの「制憲者・立法者・裁判官によって欲せられた憲法規範」の認識すなわち「制定法 législation の単純な分析」[2]――硬性憲法を持つ国の場合は制憲者によって欲せられた憲法規範の認識であり、われわれの用語でいえば制定憲法の認識である[3]――であれ、規範的事実 fait normatif の中に見出されるところの「現に生きている憲法規範」の認識、すなわち制定法でなく droit positif の認識[4]――その実体としてプレロはもっぱら政治実例を考えているようであるが、より一般化してわれわれの用語でいえば実効的憲法の認識である[4]――であれ、そのいずれにしても、法の解釈・適用・改正・制定など実用目的を志向し人を「科学外的な判断」へと導いてゆくところの憲法技術ないし憲法政策から、はっきり区別されなくてはならない[5]。

デュヴェルジェは、「社会科学としての法学」と「規範的科目 discipline normative としての法学」とを区別し、後者は「事実を記述するのでなく規範を定立する poser des normes」のであるから本来の科学でないのに対し、前者は、規範の制定・適用機関の作用や法規範との関連における諸個人・集団間の具体的関係や社会現象などを記述するのである、という[6]。彼はまた、憲法教科書の冒頭で[7]、「この本の基本的志向は社会学的であって形而上学的ではない。われわれは、国家や政府についてのア・プリオリな概念から出発するのではなく、事実を分析する。……この方法は、全き『脱神秘化』démystification へと導く」と書き、「政治的教理、法学説、それらをしばしば基礎づけようとする形而上学的概念の本当の意味」は「政治的社会的闘争において用いられる武器」たるところにある、として、従来、法学者が現実を無視して国家の神秘化に手をかし、「多少とも無意識的に、支配的社会層の補助者となってきた」、と批判して、科学性の貫徹ということを強調している。

ヴデルが、法解釈の創造性ということを認識する[8]と同時に、他方で、憲法学は憲法学の講義としては法規範――われわれのいう制定憲法――の研究を事とし、政治学の講義としては現実――われわれのいう実効憲法――の認識を事とする、とのべているのも、また、パント一が、本来の「法の科学」の目的は「法事実の認識と体系化」にあり[10]、「法の科学と法の技術のあいだには、経済学と実業活動のあいだにおけると同じ違いがある」[11]、としているのも、結局は[12]、憲法科学を法的実践から区別して位置づける理解を、前提としていると考えられる。

さらに、アイゼンマンは、自然法すなわち正義の感情や価値理念が法学者の仕事とどう関係するかを論じ、彼らの仕事のうち、一方で法解釈および立法の両段階での法創造、他方で droit positif の記述という異質のものを区別し、前者の親自然法性、後者のそれとの無縁性を説いた[13]。それによれば、実務家によってなされるものであれ法学者によってなされるものであれ法ドグマティクないし法カズイスティクと[14]、droit positif すなわち「人間社会で実際に行なわれ適用され実現されている法規範」の記述とは[14]、明確に区別されなくてはならない。前者は「一定の規範体系の枠の中でなされるべきこと、生ずべきことについての態度決定」[14]であるのに対し、後者は、事実状態の純粋な記述であり、認識作用である[15]。いいかえれば、前者は、「法的に正しいと考えることについての〔解釈者〕自身の見解」の主張であるのに対し、後者は、「現実に行なわれている法」の認識である。前者は規範を proposer することであり、立法とのあいだには質的な差でなく程度の差しかないのに対し、後者は、単に規範を exposer することである[16]。

同様な理解は、レヴィ＝ブリュールによっても立入って展開されている。それによれば、法学 droit は、「法的な諸事実を分類し、理論を組立て、原理を設定する」ことにおいて純粋の科学 science であり、「正しい規範を作り、それを最も適当な仕方で社会関係に適用することによって社会関係を改善してゆく」ことにおいて技術 art である[17]。これまで「法学者の活動は、最もしばしば実務上の問題の解決に向けられてきた。関心がこの方向に向いているかぎり、彼らは技術者であって、言葉の本当の意味での学者ではない」。混乱を避けるためには、法の科学、すなわち「それとして実用関心なしに考えられた法的事実の研究」を juristique という新語で呼ぶのが適当である[18]。現在法学部は「高等技術教育の学校であると同時に科学研究の機関でもある」[19]が、同一人が両方に関心を持つかどうかは別として、「科学と技術の接触を維持し発展させる場合でも、重要なことは、それらの区別が明瞭になされること」であり、科学を利用して実用効果をあげうるためにも、科学の独立性を認めることが結局は役に立つ[20]。

(1) Marcel Prélot, Introduction à l'étude du droit constitutionnel, *Introduction à l'étude du droit*, II, Paris 1953, p. 84 et s.
(2) op. cit., p. 95.
(3) op. cit., p. 126.
(4) op. cit., p. 102-103.
(5) op. cit., p. 84-85, 86.
(6) M. Duverger, *Méthodes de la science politique*, Paris, 1959. p. 22.
(7) M. Duverger, *Droit constitutionnel et institutions politiques*, 4 éd., Paris, 1959, p. vii-viii.
(8) Georges Vedel, *Droit administratif*, 2 éd., Paris, 1961, p. 50.
(9) G. Vedel, *Cours de droit constitutionnel et d'institutions politiques*, Paris, 1960-1961, p. 10-11.
(10) Roger Pinto, *Eléments de droit constitutionnel*, 2 éd., Lille, 1952, p. 7.
(11) op. cit., p. 62.
(12) パントーは、法解釈に従事する法実務家を実業家に——正当に——たとえる一方、法学者をそのまま経済学者にたとえている (op. cit., p. 61)。このたとえが正確であるためには、法学者としての仕事がすべて法実務家としての仕事と性質を異にしていること、すなわち、法学者としての仕事が認識作用をふみこえて何らかの規範定立的な作用に立入ってはいない、あるいは少なくとも立入ってはならないということ、が前提となっていなくてはならない。その点が注意されるべきである。
(13) Charles Eisenmann, Le juriste et le droit naturel, *Annales de philosophie politiques*, *III-Le droit naturel*, Paris, 1959, p. 205 et s.

(14) op. cit., p. 212-213.
(15) op. cit., p. 208.
(16) Ch. Eisenmann, Sur l'objet et la méthode des sciences politiques, *La science politique contemporaine*, UNESCO, Paris, 1951, p. 130 et s.
(17) Henri Lévy-Bruhl, *Aspects sociologiques du droit*, Paris, 1955, p. 33.
(18) op. cit., p. 40.
(19) op. cit., p. 45.
(20) op. cit., p. 43-44 なお、註(17)から(20)までの問題に該当する事項について、同じ著者による *Sociologie du droit*, Paris, 1961, p. 87 et s.

一六　かように、戦後フランスの憲法学では、憲法学の内部における憲法科学の存在が自覚的に確認されているが、もう少し具体的にいって、その中身として何が考えられ、あるいは行なわれているであろうか。私は、そのなかから、ここでとりあげて検討すべきものとして、つぎの三つをとり出したいと考える。

(A)　何よりもまず、現に適用されている規範――われわれのいう実効的憲法――の認識という仕事が、例外なしに、実際に行なわれ、また、憲法科学の仕事として自覚的に位置づけられている。そして、その仕事は、前節で見たように、第三共和制期のいろいろな憲法学者によって実際に行なわれてきたものであった。

ところで、実効的憲法の認識ということは、戦前そうであったとおり、社会学的実証主義の傾向を持つ憲法学によって特に重視されるのであり、そして、戦後のフランスでは、社会学的実証主義が優勢でもある[1]。実効的憲法を妥当する憲法＝憲法法源として資格づけるという意味での社会学的実証主義そのものについては、のちに別に論じなければならないが、ここでは、さしあたり、実効憲法の認識という仕事がそれ自体として憲法科学の主要な一つの任務である、ということだけを、それとして確認しておこう。実際、その仕事は、ある国のある時点での憲法現象を総体として科学的に把握するという、もっぱら認識の観点からいって、憲法科学の中核をなす仕事であるし、実効的憲法に対して憲法解釈論上あるいは憲法立法論上何らかの働きかけをしようという、実践的行動の前提としての認識の観点からいっても、社会学的実証主義を採ると採らないとにかかわりなく、重要な仕事なのである。

そして、その重要性は、制定憲法と実効的憲法とのあいだのずれが大きくなればなるほど、それだけいちじるしいものとなる。第三共和制の場合、そのずれは、暫定的なつもりで作られた簡略な制定憲法が長命を保ったこと、王党派の作品であった制定憲法が次第に共和派によって運用されるようになったこと、などの理由からして特にいちじるしかった。しかし、制定憲法と実効的憲法のあいだのずれの拡大は、より一般的な要因にも基いている。その要因は、今日では、しばしば立憲法治国家と大衆民主制との偏差背反関係による「規範的なるもの」の没落、というかたちで指摘されることもあるが(2)、実体においては、その偏差背反関係は、制定憲法に内在する法的価値と憲法の運用者たる権力――それは、民主制のもとでは、常に、国民意思によって自己を正当づけようとする――の担う価値との偏差背反関係にほかならない。それゆえ、制定憲法と実効憲法のあいだのずれ、したがって実効憲法研究の重要性は、制定憲法が権力にとって桎梏となっているところではどこでも存在するのである。

実効的憲法の認識が右のように重要な仕事であるにもかかわらず、これまで、実効的憲法と制定憲法とを両方ひっくるめて「憲法」と呼んできたために理論的な不都合が生じたことが、少なくなかった。例えば、実効的憲法が変遷するという一つの事実からただちに、制定憲法の改廃という意味での「憲法変遷」が必然的に生ずる、という誤解が生じた(いわゆる憲法変遷論)。実効的憲法という分析道具を用いるのは、これまでひとしく「憲法」と呼ばれてきた二つのものを概念として截別する、という点にその意味があるのである(3)。

(B)　つぎに、制定憲法の認識という仕事がある（例えばプレロ）。もっとも、フランスの学者たちの多くによって憲法科学の仕事としてまず念頭におかれているのは、前述の実効的憲法の認識であり、制定憲法の認識という仕事は必らずしも前面に押し出されていない。ところで、その作業は、制定憲法を妥当する憲法＝憲法法源として資格づける法実証主義の立場からは重視されるのに反し、社会学的実証主義の立場からは重視されないけれども、そのような資格づけに対してどんな立場をとるかは別の問題として、所与の客観的な存在としての制定憲法をそれとして認識する作業は、(4)それ自体存在しうるし、また有意義でもある。

もっとも、われわれが憲法科学の仕事として制定憲法の認識ということをとり出したのは、むしろ、その仕事の重要性自体をあらためて強調するためではない。その点だけについてなら、伝統的な法律学がすでに、制定法認識ということを最大の――しばしば実際上唯一の――仕事として標榜してきさえした。われわれにとって重要なことは、伝統的な法律学において、一方で、制定法「認識」が非常に重視されてきたにもかかわらず、他方で、本当に認識として徹底した仕事は（後述のように）ほとんど行なわれてこなかった、ということである。これまでの制定法「認識」のそのようなイデオロギー性を明らかにし、これまでの法律学が最も重視してきたはずの制定憲法の認識の場面で、実際にも科学性を貫徹することを通じて、憲法科学を全体として確立させる目的に資したい、というところにわれわれの意図があるのである。

(C)　制定憲法やとりわけ実効的憲法を対象とする認識作業は、法的事実の確定だけにとどまらず、それをめぐる因果関係の研究へと拡がってゆくであろう。例えば、アイゼンマンは、因果関係の問題が法的事実の問題の「自然の延長」であるといい(5)、レヴィ＝ブリュールは、法的な事実を観察 l'observation することだけでなくそれを説明 l' explication すること、すなわち「法律 loi を支配している法則 loi を発見すること」も法の科学の任務である、といっている。(6) また、戦後のフランスにおける憲法の政治学的考察の最大の推進者であるデュヴェルジェも、法現象を含めて社会現象一般について、観察によって得られた結果を体系化すること systématisation により「説明と予測とを目的として現実の統一的な叙述」を行なう作業に関して、その方法を論じている。(7) そのような作業が要請されてくるのはきわめて自然なことであり、また、その作業の展開によってはじめて、科学はその役目を達成することができるであろう。例えば、憲法科学がある時点での憲法現象の総体的な把握をめざす場合に、実効的憲法の認識がまずもって出発点とされなくてはならないが、さらに進んで、その説明がなされなくてはならない。もろもろの対立する社会的利益を反映するもろもろの憲法解釈の主張のうち、結局において権力によって採用されたものが実効的憲法となるのであるが、その形成過程を具体的にあとづけ、そのような実効的憲法がどうして現われたか、どのような社会的価値に奉仕しているか、将来どう変化してゆくことが予測されるか、等々が研究されなくてはならない。

なお、デュヴェルジェは、さきに引いた「体系化」に関連して、「部分的体系化」と「全体的体系化」の両者が必要であるといい、個別的な研究の進展と同時に新らしい宇宙説明論《コスモゴニー》が展開されなくてはならない。とのべている。(8) そのような包括的な説明仮説、すなわち包括的な法則ということになると、いろいろと疑問が出されるかもしれない。実際、あまりにも包括的な説明仮説を設定することは、しばしば、厳格さを欠くことになるから、仮説の設定と検証にあたっては慎重でなくてはならない――デュヴェルジェも、「(科学が完全に完結してしまわないかぎり)『宇宙説明論』の段階では、全面的な客観性ということは不可能」だから、「客観的でない結論に客観性を与える」ことのないようきびしく警戒しなくてはならぬ、といっている(9)――けれども、そのことは、包括的仮説の設定の可能性と必要性自体を失わせるものではないし(10)、ましてや、社会現象についての因果説明一般の可能性と必要性を失わせるものでないことはいうまでもない。

残る問題はおそらく、そのような作業の存在の可能性と必要性とを認めながらも、それを憲法科学の一部として位置づけることが適当かどうか、という問題であろう。それは、伝統的に、規範科学と因果科学の区別の問題として論ぜられてきた問題であるが、それについては、論述の便宜上、そのような作業と政治学との関係を考えるさいに、検討することにしよう。

（1）例えば、制定法 législation と対比された意味で実効性を持つ法 droit (M. Prélot, Introduction à l'étude du droit constitutionnel, p. 102-103)、「実際に行なわれ適用され実現されている法規範」(Ch. Eisenmann, Le juriste et le droit naturel, p. 208)、「その社会でその時点に現に適用されている法」(M. Duverger, Droit const. et ins. pol., 4 éd., p. 40) すなわち、われわれのいう実効的法がそのまま、妥当する法＝そのような意味での実定法としての資格づけを与えられている。なお参照、本書前出四二頁註(5)。

（2）例えば、Georges Burdeau, Une survivance : la notion de Constitution, *L'évolution du droit public——Etudes en l'honneur d' A. Mestre*, Paris, 1956. p. 53 et s.

（3）わが国でも、実効的憲法の研究の重要性は——当然のことながら——ひろく承認されている。ただ、たとえば美濃部憲法学において、「憲法学の主なる任務は何が現実の憲法であるかを見出すことに在り」、そのためには、成文の憲法だけでなく、「憲法を補充し又は変化せしむる各個の法令」、「歴史」、「政府及び議会の取った先例」、「憲法を運用せしむる事実上の勢力」を研究しなくてはならない（『日本憲法』第一巻、有斐閣一九二一年、五四三—五四四頁）、といわれるとき、「現実の憲法」という表現は、本文でのべたような曖昧さをもたらしうるものであった。それに対し、渡辺洋三氏が「権力の認証のもとに、現実に、強制力をもって通用しているところの憲法秩序」を「制度としての憲法」と呼んで「法源としての憲法」と截別することを主張した（『憲法と現代法学』岩波書店一九六三年、一六頁以下）のは、そのような曖昧さを整理するのに役立ちうるものと考えられる。私の実効的憲法という用語も、フランス語でいう droit constitutionnel positif の訳語であるが、渡辺氏の「制度としての憲法」の観念に示唆をうけている。なお、「実効的憲法」という用語にむけられている批判について、後出一〇七頁註(7)を参照。

（4）制定憲法をそれとして認識することの問題を展開したものとして、わが国では、渡辺・前掲書のいう「法源としての憲法」論がある。ただし、私がその用語を避けたのは、何が「法源」かという議論は、普通、純粋に認識の問題ではなく、解釈者の解釈論上の立場によって規定されていることが多い（この点につき、前節二三―二四頁、および後出六八頁）からである。

（5）Ch. Eisenmann, Sur l'objet et la méthode des sciences politiques, p. 127.

（6）H. Lévy-Bruhl, *Aspects sociologiques du droit*, p. 37, 45.

（7）M. Duverger, *Méthodes de la science politique*, Paris, 1959, p. 415 et s. なお、デュヴェルジェ『社会科学の諸方法』深瀬忠一・樋口陽一訳（勁草書房一九六八年）三一三頁以下。

（8）op. cit., p. 444. デュヴェルジェは、これまで行なわれてきた諸々のコスモゴニーをとりあげ、そのうち最も進んだものとしてマルクス主義のそれについて、現実的な性格、包括的な性格、動態的な性格を指摘するが、他方で、一面的な性格、政治理論の欠落という点で不十分だとして、新らしいコスモゴニーを論ずる。そのさい、彼は、「古典的コスモゴニーとマルクス主義のコスモゴニーをたがいに補完させる」こととともに、マルクス主義の説明の限界をはっきりさせること、すなわち、「マルクス主義のなんらかの社会学的法則を不可変の教義と考えるかわりに、作業仮説として用いる」ことを、提唱する（p. 462）。その点に関してデュヴェルジェは、「マルクス主義理論は、マルクス主義国においてよりも、非マルクス主義国で非正統派学者によって用いられうるときに、社会科学において実り豊かなものである」、ともいう（前掲訳書三三五頁）。

（9）op. cit., p. 472. なお、前掲訳書三三七頁。

（10）「巨大な包括的理論の樹立への努力」の必要性について、川島武宜『法社会学（上）』岩波一九五八年・二二一―二二五頁。

一七　憲法解釈だけでなく右のような憲法科学もまた憲法学の一部分として存在する、ということは、自明のことであるとされるかもしれない。しかし、かつて長い間、法実務だけが法学であると考えられてきたし、実際にも、法学者の仕事として行なわれてきたのはもっぱら法実務であった。かの回答権 ius respondendi を行使したローマの法学者や、訴訟記録送付制度 Aktenversendung のもとでオーベルホーフとして判決を作成したかつてのドイツの法科大学の学者のように、現実の個別的・具体的な事案について公権的な処理をしていた事例を見れば、法学者の仕事が法実務そのものだったことが一目瞭然としている。法学者がより一般的に裁判所に法源を提供したり――ドイツ普通法学――、所与の法源制度のもとでの「正しい解釈」を提示して裁判に影響を与えようとする――今日普通に見られることである――場合には、その仕事が法実務・法実践であるということがしばしば見誤られるけれども、そこでも、何より法実務に携わることが法学者の任務とされ、現実にもそうであった、という事実には変わりがない。もともと、諸々の科学はいずれも、多くの場合実践的な技術として生まれ、次第にそれから分離して科学として純化され、まさにその純化によって、実践にとっても有効な資料や手段を提供しうるものとして発展してきた。しかし、法学者は、あまりにも深く法実務とかかわりを持ってきたために、長いあいだ、法実務にしか携わらなかったし、また、法実務の外に法学が存在することをはっきり肯定することなしに過ぎてきたのであった。(1)それゆえに、憲法学の内部に憲法科学の存在がはっきり自覚的に確認されてくるようになったということは、当然のこととはいえ、やはり重要な意義を持っているのである。したがってまた、法の科学が法実務と違って認識の作用であるという理解も、それ自体としては、て見れば全くの同語反復であり、まともに論ずる必要もない事がらともいえようが、右のような事情を考えれば、やはり重要な意味をもっている。従来、法についての何らかの知識が科学や理論の名において示される場合にも、法学者が法実務と何らかの直接的かかわりを持っているために、それが徹底した認識の所産でありえなかったことが、あまりにも多かったからである。(2)

ところで、そのように法の科学の存在をはっきりと認識しそれを認識作用として性格づける見解は、そのような性格づけに対して起りうべき反論に対しても、すでに回答を与えている。

例えば、レヴィ＝ブリュールは、法を科学研究の対象としうることに対して、特に法律家のなかには、純粋の法実務家ばかりか理論家にあっても、異論がなお残っている、と指摘し、つぎのようにいう。一方では、法現象は多様かつきわめて変動的なものであり、科学の対象となりえない、という考え方がある。しかし、「法は社会現象であり、把捉不能な個人の気まぐれにではなく、完全に認識可能な、ある程度においては計測可能な諸要因に依存しているのであるから、法現象の本当の科学は存立しうる」[3]。他方で、法規範は規範であり、そこでは、あるところのものでなくあるべきところのもの、Sein でなく Sollen が問題なのであるから、法は科学研究の外に置かれる、という考え方がある。しかし、法の規範性ということは、それを「対象とする科学の存立の障害にはならない」[4]。

われわれは、特に、後者の問題について、法の科学は規範定立を行なうのでなく、定立された規範を対象として研究するのである、ということを十分に確認しておきたい。「規範科学」という言葉は多義的であるが、規範定立を事とする科学というものは、それ自身用語矛盾であり、存在しえない[5]。それに反し、例えば、ケルゼンの Normwissenschaft という用語が規範定立学という意味でなく規範記述学という意味で用いられていることは、彼自身によって疑いの余地なく明白にされている。すなわち、「〔倫理学や法学などの〕社会科学が規範科学と呼ばれる場合、そのことは、その科学が人間行為についての規範を定立し、そうすることによって一定の人間行為を指図・授権あるいは積極的に許容する、ということを意味するのではなく、人間の行為によって定立された一定の規範、および、規範によって作り出される人間間の諸関係を記述する、ということを意味する」[6]。なお、そのように規範記述学という意味で規範科学ということがいわれる場合、そこでいう「科学」が実証科学science positive および因果科学 science causale に対しそれぞれどのような地位に立つのかをそれぞれ検討する必要が残るが、それについては、のちに憲法科学と政治学のあいだの関係を検討するさいに、具体的に考察することにしよう。

(1)　アイゼンマンは、現実に適用されている規範の記述ということが法学者の仕事として認められるようになったのは、フランスでは四分の三世紀前のことでしかなかった、という (Ch. Eisenmann, Le juriste et le droit naturel, p. 208)。たしかに、私法学における註釈学派の全盛が終ったのは一八八〇年から一八八五年であった。二〇世紀に入ってからも、法実務だけを法学と考える見解は残っている。例えば、モリス・オーリウがケルゼンについて、ケルゼンの「法学は、技術養成と不可分に結びついた技術学ではなく、認識を唯一の目的とする普通の科学」になってしまう、と批判しているのも、オーリウが法解釈の実務性を正しく理解していた反面、法実務と直接には無関係な法科学というものの存在を考えることができないほど、法実務と深くかかわりすぎていた、ということを示している。オーリウの批判するところによれば、法学とは技術であり ars boni et aequi かつ ars stabilis et securi であるのに、ケルゼンの体系は、現存する法の認識を事とするだけだから lex ferenda の展望はとざされてしまうし、lex lata について論ずる時にも自然法や正義の原理を問題にすることができなくなり、また、法律を批判することができず既成事実の承認に帰着するばかりか、道徳や自由を閉め出してしまうことによって隷従へと導かれる、という (Maurice Hauriou, *Précis de droit constitutionnel*, 2 éd., Paris, 1929, p. VIII-XII)。しかし、ケルゼンは、解釈・立法の場面での法実務の存在を否定したわけではもちろんなくて、規範定立を事とする法実務とならんで、規範認識だけを事とする法科学が存する、といっているのである。

(2) 法実践との関連による法認識のひずみは、特に、法解釈上の立場にひきずられた法認識のひずみとして現われることが多いが、それについては、のちに、本節Ⅱ ii で具体的に見る。

(3) H. Lévy-Bruhl, *Aspects sociologiques du droit*, p. 36-37.

(4) op. cit., p. 35-36.

(5) この意味での「規範科学」なら、レヴィ＝ブリュールのいうとおり、「規範科学 science normative なるものは存在しないし、存在しえない。これら二つの言葉は互に矛盾している」(op. cit., p. 35) というほかない。

(6) Hans Kelsen, *Reine Rechtslehre*, 2. Aufl., Wien, 1960, S. 90 この点につき、アイゼンマンは、ケルゼンの法学は、規範を素材ないし対象とするという意味で《normative》なのであり、立法者や行政官や裁判官にかわって規範を定立するという意味ではなく、したがって《normatrice》なのではない、と指摘している (Ch. Eisenmann, Science du droit et sociologie dans la pensée de Kelsen, *Méthode sociologique et droit*, *Annales de la Faculté de droit de Strasbourg*, V, Paris, 1958, p. 61 note (2)。長尾龍一「法理論における真理と価値㈢」国家学会雑誌七八巻七・八号・七〇頁も同様な指摘をしている。な

お、碧海純一「純粋法学」(『法哲学講座第四巻』有斐閣一九五七年)三一五頁をも参照。

ii　憲法解釈の性質

一八　すでに見たとおり、戦後フランスの憲法学は、憲法科学の存在を位置づけると同時に、憲法解釈を science でなく art としてとらえることによって、その実務性・実践性を明確にしている。以下では、そのような理解について一応の検討をしようと思うが、この問題については、わが国の憲法学でもすでに戦前、宮沢氏による明快な分析がなされていたし、(1) 戦後は、私法学における来栖・川島両氏の問題提起を端緒として議論がさらに展開されているから、ここでは、それらの成果をふまえて、事態を簡単に整理しておくだけにとどめる。(2)

ひとが憲法解釈という行為によって一定の法的価値判断を示す場合、それと、制定憲法に内在する法的価値判断との関係はいろいろでありうる。われわれは、それぞれの場合に即して、憲法解釈の性質を簡単に確認しておくことにしよう。

(A)　まず、制定憲法に内在する価値判断として複数個のものが認識される場合がある。そのような事態は、例えば規範制定の際の不手際というふうな、偶発的・没社会条件的な原因によっても生ずるけれども、とりわけ、現代法型一般条項の出現という、歴史的・社会的な必然性を持った原因によっても生じ、今日のわれわれに多くの重要な問題を投げかけている。ところで、そのような場合、複数個のなかから一つの法的価値判断を選択することが認識行為でなく解釈者の主体的な意欲行為である、ということは、いろいろの異なったアプローチから同じ結論が確認されて、(3) 今日ではもはや常識となっているといえよう。

(B)　つぎに、制定憲法に内在する法的価値判断が――ただ一つのものとしてにせよ複数個にせよ――認識されたとき、それと矛盾する自分自身の法的価値判断を持つ解釈者は、しばしば、後者を優先させて前者をしりぞけることがある。

そのような解釈が認識行為でなく解釈者のすぐれて実践的な意欲行為である、ということはいうまでもない。制定法に内在する法的価値判断が解釈者によって批判されるような社会的条件のもとで、右の事態は、程度の差こそあれ、必然的に生ぜざるをえない。

ところで、前述(A)の事態は、今日では常識的な事がらとしてほぼ異論なくうけとめられているのに反し、(B)の事態については、それを正面から認識することがためらわれているようであるが、そのことは、事態の認識でなく何らかの評価が論者の念頭におかれているためであるように思われる。

たしかに、(B)の事態は、法律適合性・法治主義の要請――特に憲法の場合は、立憲主義という基本的要請――を相当程度損うものである。しかも、日本国憲法の場合のように、制定憲法に内在する価値が、権力によって担われている価値に対比してきわめて立憲的な性格を持っている、という事情のもとでは、そのことは特にいちじるしい。その場合に解釈者が制定憲法を解釈の「枠」として強く主張し、「枠」外の解釈を「にせ解釈」[4]として排撃することは、解釈主張の次元の問題としては、彼にとってきわめて大きな意味を持っている。一般的に、解釈者は具体的な解釈の主張にあたって「枠」を持っているし、解釈者としてそのような「枠」の存在を主張しないという意味での解釈無限説は、解釈論そのものの放棄にほかならないであろう。しかし、あるべき「枠」の主張でなく、現にあるところの「枠」がどのようなものか、という事実の認識の次元では問題は別であり、そこでは、逆に、法治主義や立憲主義という観念の実体を明らかにすることこそが必要である。事実認識の問題としては、制定法は解釈の「枠」をなしているとはかぎらず、「枠」は、つぎのような意味で、いわば機能的なものである。解釈は、通常の場合、法定の法源の認識の名において、すなわち、制定憲法を持つ国の場合、制定憲法との適合性の擬制を経由して、主張される。「法源」とは、普通、「特定の法制度のもとで裁判の規準たるべきものとされている規範」という意味で用いられているが、憲法の場合に即してより一般化していえば、「特定の法制度のもとで規範定立のさいに規準たるべきものとされているところの、より上位の一般的規範」という意味で用いられている。何がそのような意味での法源であるかは、その国の法秩序が全体として実効性を維持しているかぎりは、その国の法制度いかんによって確定されており、硬性の憲法典をもつ国では、制定憲法そのものが憲法法源であるから、そこでは、憲法解釈者は、自己の解釈が制定憲法を規準としたということを示さなければならない。ところで、制定憲法は、一定の時点に憲法制定者が下した法的価値判断を伝達可能な形態で定着したものとして、所与の客観的存在であり、解釈者自身の価値判断によって動かすことのできないものであり、にもかかわらず制定憲法に内在している法的価値判断と異なる結論を解釈として主張しようとする解釈者は、しばしば、彼自身の価値判断によって制定憲法に意識的・無意識的に彩色をほどこしたうえで、そのような制定憲法＝法源の「認識」という形式の擬制を経由して、自己の解釈を主張する。そこで「認識」したとされる「法源」は、実は、所与の客観的存在としての法定の法源とはちがい、解釈者が彼自身の価値判断を先どりしておいて事実上解釈の規準としたものにほかならなくなっているのであるが[5]、ともかくもそのような擬制をほどこすことによって、解釈者は、自己の解釈こそが憲法法源に忠実なのであり、少なくともそれと矛盾していない、ということを示し、他人に対する説得力を強化しようとするのである[6]。(なお、解釈の制定憲法適合性の擬制がいちじるしく困難になったときには、制定憲法にかわる別のものを法源として差替えることによって、依然として法源適合性の擬制のもとに解釈を主張することが試みられる。憲法変遷論ないし憲法慣習論がそれである。）そして、制定憲法適合性の擬制操作が通常とられるというまさにそのことによって、またそのかぎりにおいて、制定憲法の羈束性が機能するにとどまる。その羈束性の範囲が、事実認識の次元での解釈の「枠」にほかならない。それゆえ、その「枠」は、広い意味での力関係によって規定をうける機能的な性質のものとなるであろう[7]。

さらに、つけくわえておくべきことがある。それは、そもそも解釈と制定法との適合・不適合ということがいわれる場合の「制定法」の実体は一体何なのか、ということである。制定法の認識は、しばしば、法律学の伝統的用語でいうところの「法律意思」の認識であるとされてきた。そのことについて、くわしくは、のちに憲法科学のうちの制定憲法認識の作業について検討するときに論ずることにして、ここでは、「法律意思」なるものが認識の対象として客観的に存在するという観念は結局のところ一つの擬制なのではないか、ということを結論的に示唆しておくだけにしよう。そして、そのように考えるとすると、法律意思説の立場から「認識」された制定法と解釈とが適合しているとしても、すでにそのこと自体、実は、制定法適合性の擬制という前述の解釈技術のひとつの形態にほかならないことになる。それゆえ、(B)の事態は、実は、一般に考えられているよりもはるかに日常的に生じている、といわなくてはならないことになる。

(C)　ところで、(B)のような事態の存在ということを考えると、制定憲法に内在する複数の法的価値判断のうちから一つを選択する場合にはもちろんのこと、一義的に認識されたそれをそのまま解釈の結論として提示する場合でも、そのことの本当の理由は、それらの法的価値判断が制定憲法に内在するものとして認識されたこと自体にあるのではなく、制定憲法に内在するものとして認識された法的価値判断が、解釈者自身の法的価値判断に照らして是認されたことにある、[8]という事実が明らかになる。

解釈者が「解決を要する一定の事案に対し成法によってその解決を発見」しようとする時、彼が事案解決の道具としなければならないところの「成法」は、二通りのものでありうる。制定法に内在する——唯一の、または複数個のうち一つの——法的価値判断と彼自身のそれとが一致している場合には、彼は、前者をそのまま、制定法認識の必然の結果だとして、自己の解釈として提示することができる。このとき、彼の解釈は、形式主義的解釈という外観をとる。それに反し、右の一致が存在しないときには、彼は、多少とも非形式主義的解釈態度をとることを、多くの場合余儀なくされる。もちろん、その場合も、たいていは、制定憲法適合性の擬制がとられる。法律意思説は最も無理のない擬制であるが、目的論的解釈という擬制もある。制定憲法適合性の擬制がいちじるしく困難になった場合、制定憲法にかわる別のものを法源として差替えることによって、依然として法源との適合性が擬制されるときに、憲法変遷論あるいは憲法慣習論が現われる。そして、そのような諸々の方式における擬制を率直にぬぎすてたときに、自然法的解釈態度が現われてくる。しかし、擬制の方式がどんなものであれ、その実体が制定法不適合の解釈であるという一点においては、事態は変わるところがない。

したがって、解釈の態度として右の二つのうちどれがとられるかは、しばしば、当該制定法に内在する法的価値判断と解釈者自身のそれとの適合性あるいは不適合性によって決せられているのが、現実の偽りのないすがたである。[9]（もとより、前述の、機能的な意味での「枠」の問題があるから、解釈者は、自己の解釈の主張によって法的な効果――例えば自己の解釈を裁判所によって採用させること――をひき出そうとしているかぎり、自己の法的価値判断を、制定法に内在するそれとのずれにもかかわらず常に主張しうるわけにはいかない。）それゆえ、制定憲法認識の結果がそのまま解釈として提示される場合にも、解釈行為は実践的な意欲行為であることをやめているわけでは決してないのである。かように(A)(B)(C)と見てくると、制定法と解釈との関係がどのような場合でも、法解釈は、「具体的な場合における『正法』の探求」[10]であり、Erkenntnis でなく Bekenntnis の世界に属するということが、確認されるのである。[11]

(1)　とりわけ宮沢俊義「法律学における『学説』」（一九三六年発表、『法律学における「学説」』〔有斐閣一九六八年〕収録）。なお、この点については、杉原＝奥平＝影山＝阿部＝樋口「シンポジウム・憲法学の方法」（法律時報四〇巻一一号）における私の報告「宮沢憲法学の地位とその方法論上の特色」「宮沢憲法学における憲法解釈の方法」、および討論を参照されたい。

(2)　ただし、そのさいに注意しておくべきことが二つある。第一に、本章で憲法解釈という言葉は、一定の事案——具体的現実的に提出された事案であれ、抽象的・観念的に措定された事案であれ——に対し所与の制定憲法を素材として法的解決を見出そうとする人間行動を指している、ということ（前出九頁。したがって、本章で法解釈という言葉が指している実体は、「解決を要する一定の事案に対して成法によってその解決を発見せんとすること」〔宮沢・前掲・七〇頁〕であるといってよい）を再確認しておかなくてはならない。というのは、法解釈の性質を論ずるさい、法解釈という言葉で何を念頭におくかがはっきりしないために無駄な議論が行なわれることが、少なくないからである。まず、事案の法的処理ということと切り離して制定法をあるがままに認識することは、前述のように憲法科学に属するところの仕事であるけれども、解釈論の主張が多くの場合制定法認識の必然的な結果として示されるために、両者がしばしば混同されて議論の対象とされるが、われわれは、それらを明瞭に区別しなくてはならない。また、ここで問題にするのは、あくまでも、そのような法解釈そのものの性質についてなのであって、法解釈という人間行動を対象として成立する科学や法解釈に対して必要な技術を提供する科学の性質についてなのではない、ということも明確にさせておく必要がある。

第二に、われわれが法解釈の性質を論ずる場合には、われわれ自身が法解釈者たる資格においてではなく、認識者・観察者たる資格において、法解釈という人間行動を、客観的に、つきはなして理解するのでなくてはならない。いいかえれば、事態をありのままに認識することを、解釈者としての立場のゆえに回避してはならない。

(3)　参照、碧海純一『法哲学概論』（弘文堂一九五九年）特に二二〇頁以下。

例えば純粋法学の法段階理論はつぎのようにいう。上位規範は下位規範をほとんど常に部分的に決定するだけであり、したがって、上位規範の具体化過程には、ほとんど常に、一定の枠の中での複数個の選択可能性が残されている。それを選択する行為は、認識行為でなく意欲行為であり、「法の科学でなく法の政策に属する」。憲法のもとでの法律の定立と法律のもとでの裁判すなわち法律の解釈とは、いずれも規範定立行為であり、両者のあいだには量的な差異しかない。科学的と称されているコメンタールの多くは、実は法政策の意味を持つものにほかならない。参照、Hans Kelsen, *Reine Rechtslehre*, 2. Aufl., 1960, S. 346 ff, 1. Aufl., 1934, SS. 90 ff.

(4) 清宮四郎「憲法の『変遷』」(『国家作用の理論』有斐閣一九六八年所収) 一九三頁以下。

(5) 総じて「法源」という言葉が非法的な意味で——法の定立・適用作用に事実上影響を及ぼしたものという意味で——用いられることから生ずる用語の多義性、そこから起因するこの用語のイルレフューレントな性格について、Hans Kelsen, *Reine Rechtslehre*, 2. Aufl., S. 238-239.

(6) このことについて、参照、川島武宜『科学としての法律学・新版』(弘文堂一九六四年) 特に一一六頁。

(7) したがって、事実の認識の次元での解釈の「枠」も決して無限ではありえぬ、ということには注意を要する。ひとつの国家の基本的ありかたを、解釈の「枠」を無限に広げてゆくことによって変革すること(たとえば、「憲法解釈をつうじての革命」)が、事実上できないことはいうまでもない。一般的にいって、かつてラスキがのべたとおり、「裁判官もまた国家権力の一手段なのであり、そのようなものとして、裁判官が実際上〔解釈論上の〕選択を自由におこないうる範囲は、〔より自由な解釈を欲する人々の見解からみて〕そうであってほしいと思われるよりも狭い」ものなのである(この点について、広中俊雄『法と裁判』東大出版会一九七一年、四七頁を参照)。たしかに、他面では、とりわけ憲法解釈の場合、権力による解釈論の主張は、最終的には物理的強制力を背景にして強行しうることから、制定法適合性の擬制による説得の必要が相対的に少ないという意味で、特に政治部門による憲法解釈の「枠」はしばしば放漫なものになる傾向がある。しかし、裁判所は、自己の解釈を判決理由として示さなければならないから、より緻密な擬制操作が要求される(もっとも、もはや上級審を説得する必要のない最上級審では、擬制操作はしばしば粗雑となる)。解釈学説や私人の主張する解釈論も、説得以外の武器を持たないから、解釈の主張によって法実務に影響をあたえ法的な効果をひき出そうとするかぎりにおいては、制定法と既成の論理構成や法的先例にできるだけ密着した解釈をすることを事実上強いられるのであり、解釈者の抱懐する理想が解釈のなかに「知行合一」的に貫徹するわけではないのである。

(8) 参照、川島・前掲・一一二—一一三頁。

(9) 鵜飼氏の指摘するとおり、解釈の態度は、制定法の規定が「自己の政治的立場に一致するかぎりにおいて実証的であり、そうでない場合は自然法的にならざるを得な」いのである(『憲法』岩波全書・五頁)。それゆえ、解釈における形式主義的傾向と目的論的傾向とは、法の解釈がとる外観上の対立にすぎず、実体における対立ではない(長谷川正安『憲法判例の研究』勁草書房一九五六年・二四頁)。
(10)　宮沢「法律学における『学説』」七〇頁。
(11)　なお、法解釈のそのような性質において、法学者が行なう解釈と裁判官・行政官・弁護士等々の法実務家が行なうそれとのあいだに基本的な違いはない。前述のように法学者が個別的・具体的な事案に対して有権的な処理を下していた場合には、そのことは、今日から見ればあまりに明瞭であるが、同じことは、法学者が具体的・個別的な事案の法的解決について質問に応じたり(諮問活動)、裁判を批評あるいは指導(いわゆる判例批評はそのようなものであることが多い)する場合にはもちろんのこと、事案を観念的・一般的に措定して法文の解釈論を展開(コメンタール)したり、さらに、もっと抽象化された解釈論の体系(「解釈理論」と呼ばれるものはそれである)を示す場合にも、やはりあてはまるのである。解釈学者の任務は、実務解釈とのそのような基本的な同質性をはっきり自覚したうえで、実務に対して、何らかの原則的見地に立ちながら責任ある影響力をおよぼすことだというべきであろう(この点につき参照、広中俊雄「現代の法解釈学に関する一つのおぼえがき」(『民法論集』東大出版会一九七一年収録))。

一九　ところで、法解釈は客観的には常に前述のような性質を持つものであるが、主観的には、必らずしもそのようなものとして理解されないことが多い[1]。制定法に内在する価値が一義的であり、また、その社会に存在する支配的な価値が安定しあるいは安定を強権的に擬制されていることによって制定法内在価値が争われていないようなところでは、法解釈は、「実は実践的な活動でありながら、それに従事するひとびとの意識においては純粋認識的・理論的なしごとと考えられるという、奇妙な運命をもつまったく独特の学問[2]」となる。それに反し、そのような条件が欠けているところでは、法解釈が客観的に持っている性質が、多かれ少なかれひとびとによって主観的にもはっきり意識されてくるようになる。

例えば、ラバントによって代表される、ドイツのいわゆる法実証主義公法学において、解釈が制定法の認識という非実践的な行為として位置づけられていたのは[3]、ドイツ帝国憲法に内在していた価値が疑問とされなかった、あるいは疑問とすることが許されなかった、という事情の反映であった。ラバント自身、こういっている。「帝国憲法はもはや党派的闘争の対象ではなく、すべての政党とそれらの闘争とにとって共通の地盤となった。……あまりに私法学的になりすぎる方が、非法学的になるよりはよいのである」(4)。イェリネックにおいては、解釈は、あくまで認識行為として位置づけられていたが(5)、すでに、必らずしも制定法の認識にとどまるものではなかった。彼は、制定憲法の認識からはひき出せない解釈を依然として「認識」の名においてひき出すために、憲法変遷という観念を定式化したのであった(6)。これに反し、ワイマール憲法のもとでは、社会自体において諸々の価値が激突していたし、しかも憲法に内在する価値が激しい攻撃をうけていた、という事情が、解釈の実践性を顕在化させていた。純粋法学(7)やいわゆる政治的憲法学(8)が解釈行為の政治性・実践性をはっきりと理解していたのは、そのような事情の反映であった。なお、ラバントによって公法学のモデルとされた私法学的方法とは、十九世紀ドイツを支配したいわゆる法実証主義私法学を指すのであるが、私法におけるそのような解釈理解は、近代市民法体系・資本制私法体系の整備に見合って進行したのであり、ドイツの場合、その過程は、BGBの完成（一八九六年）の時点ですでに完成し、それ以後は、資本制の変容に応じて、逆に、そのような解釈理解への批判が現われてくるのである(9)。

それでは、われわれにとっての本題であるフランスではどうであろうか。

法解釈を制定法の非実践的な認識行為と考える理解は、フランスでは、典型的には、註釈学派として現われたが、それは、フランス民法典に内在する基本価値がほぼ争われることなく解釈者たちによって前提とされていた、という基本的条件に依存していた。そのことについて、また、右の基本的条件が一八七〇年代以後資本制の変容とともに動揺を来し、一八九〇年代に註釈学派にかわって科学学派が登場してくることになる、という事情については、簡単ながら既述したところである。これに反し、憲法の領域では、前節で比較的くわしく見たとおり、ギゾーの期待にもかかわらず、註釈学派的憲法学は育たなかったし、第三共和制をつうじても、エスマンの憲法学にせよ、社会学主義やイデアリスムや社会学的実証主義にせよ、憲法学の大勢は、憲法解釈が成文憲法の認識作用ではないことを承認していた。また、法実証主義の憲法学ですら、成文憲法の認識という名のもとに、実際上憲法の適用態をも認識対象にとりこんでいるものがあった。もっとも、これらの場合、解釈は、成文憲法の認識ではないが、歴史的比較法的事実（エスマン）や客観法（デュギ）や社会的憲法（オーリウ）や憲法慣習・不文憲法（カピタン）などの「認識」の必然的所産として、提示されていたのであり、解釈行為の全き実践的性格ということは、表面に押し出されてはいなかった。そのことは、自己の解釈主張の他人に対する説得性を第一に考えなくてはならない解釈者自身としては、自然のことだったのであり、憲法解釈が制定憲法の認識作用でないばかりかおよそ認識作用でないことの理解は、解釈論をつきはなして対象化してみる認識者によってはじめて、十全に獲得される性質のものである。

ともかく、七月王制期から第三共和制末までをとおして、憲法学の大勢は、解釈作用を制定憲法の認識とは見てこなかったのであり、それは、註釈学派の対象であった私法の場合とちがって制定憲法内在価値の堅い安定が欠けていたことに、対応していた。制定憲法内在価値は、憲法制定の時点において相争う地位にあった諸々の政治勢力の激突・妥協の結果、最終的には、勝利を占めた政治勢力の担う価値が法的に定位されたものである。第三共和制成立以前には、制定憲法に内在する価値を固着化するだけの政治勢力の安定が欠けていた。第三共和制憲法についていえば、王党派の作品たる制定憲法がほどなく共和派によって運用されるようになったという事情、その後共和派内部でブルジョワ共和派勢力と社会主義勢力の対決が問題となってきたという事情、があり、そのうえ、制定憲法が暫定的なつもりで作られたために人権条項を欠き、したがって制定憲法にそもそも見出されない価値をめぐっても法的争いが行なわれざるをえなかった、という事情があった。さらに、一九四〇年に第三共和制憲法の改正という形式で共和制の実質的廃棄が行なわれて以後、今日に至るまで、政治勢力のあいだの争いは、制定憲法に内在する価値をめぐる闘争をその重要な一つの場面として展開されてきている。反ファシスム抵抗運動の一つの型での決済書としてのド・ゴール臨時憲法（一九四五年一一月二日の法律）および第四共和制憲法の制定、後者の第一草案が人民票決で否決され第二草案が少差で可決されたという事情、第四共和制期を通じてなされたゴーリストの反憲法運動の延長線上における第五共和制憲法の制定、制定憲法のなかでのある程度の妥協を全面的に自己に有利に転換して行こうとするド・ゴールによる憲法運用[10]および一九六二年の憲法改正、などを想起しただけでも十分であろう。そのような事情のもとで、戦後フランスの憲法学は、戦前のそれよりもさらに明瞭に憲法解釈の性質を理解しているわけである。

（1）マックス・ウェーバーのいうとおり、「妥当している法に対し実際に自覚的に『創造的』に、すなわち新法創造的に態度をとったのは、予言者だけであった。それ以外では、客観的に見れば最も『創造的』な法実務家が主観的には、自分を、すでに――たとえ場合によっては潜在的にであれ――妥当している規範の口、規範の創造者でなく解釈者および適用者と思っているが、そのことは、決して特殊今日的なことではなくて、まさしくそのような法実務家につきものの事柄なのである。〔傍点ウェーバー〕」(Max Weber, *Wirtschaft und Gesellschaft*, 3. Aufl., S. 512)

（2）碧海『法哲学概論』二二三頁。

（3）ラバントにとって、「実定的な法素材の良心的な完全な認識および概念によるその論理的支配」だけが、法ドグマティークの任務であった (Paul Laband, *Das Staatsrecht des deutschen Reiches*, I, 5. Aufl., Tübingen, 1911, S. ix)。

（4）P. Laband., op. cit., S. v, vii.

（5）イェリネックにおいて憲法解釈は、「法規範のドグマーティシュな内容」を研究する国法学として位置づけられる (Georg Jellinek, *Allgemeine Staatslehre*, 3. Aufl., 6. Neudruck, 1960, S. 50 ff.)。そして、国法学 Staatsrechtslehre は、国家社会学 Soziallehre des Staates とともに、純粋な認識の学である国家学 Staatslehre を構成するのである (S. 10 f., 19f.)。

（6）「一つのことがともかくも当っている。すなわち、成文硬性の憲法であっても、それと並んで、またそれに抗して、不文の憲法が発達し、かくて、そのような国でも形式的憲法と並んで純粋に実質的な憲法規範が形成される、ということを妨げえない、ということである。」(G. Jellinek, op. cit., S. 536) なお、美濃部達吉『人権宣言論他三篇』一九二九年・二一七頁以下を参照。

(7) 純粋法学は、すでに本文で見たとおり、法解釈の純粋性を主張しているのではなく、まさにその逆である。ケルゼンは、彼以前の国法学の内容を法解釈と規範科学とに自覚的に分離し、後者についてだけ価値判断からの純粋性の貫徹を要求したのである。そこに、法解釈を価値判断から純粋なものとして位置づける伝統的法律学との決定的なちがいがあり、その意味で、ケルゼンをラバントの遺言執行人と呼ぶことの不当をついた宮沢氏の指摘はきわめて適切かつ重要である(宮沢俊義「法および法学と政治」〔一九三八年発表、『公法の原理』収録〕一二〇頁)。

(8) 例えば Heinrich Triepel, ***Staatsrecht und Politik***, Berlin, 1927, S. 37 ff. しばしば多義的に用いられ議論の混乱のたねとなっている「政治的憲法学」という言葉は、憲法科学そのものの(その対象のでなく)政治性を容認する意味だとしたら議論の余地なく排斥されなくてはならないし、憲法解釈の政治性を指摘する意味のものであれば議論の余地なく承認されなくてはならない。

(9) ドイツで私法における概念法学批判よりも公法のそれが十五年から半世紀もおくれている、という小林直樹氏の指摘する事情(『憲法の構成原理』東大出版会一九六一年・八三頁註(8))も、根本的には、本文でのべたこととの関連において理解することができる。要するに、憲法の領域では、第一次大戦まで、帝国憲法に内在する価値が安定しあるいは安定を強権的に擬制されていたのに、私法の領域では、十九世紀末にはすでに資本制の段階のちがいが現われていた、ということが、解釈の性質についての理解に時期的なずれをもたらしているのである。

(10) この点については、私の「現代の『代表民主制』における直接民主制的諸傾向」(『議会制の構造と動態』所収)一一六—一一七頁で簡単ながら指摘しておいた。

II　憲法学と政治学との関係

i　憲法科学と政治学との関係

二〇　(1)　まず、憲法科学のうち実効的憲法の認識という仕事は、政治学とどのような関係にあるだろうか。その問に対しては、すでにアイゼンマンによって、明快な答が与えられている。彼によれば、伝統的に、憲法学と政治学、法学一般と社会学一般それぞれのあいだの性質のちがいを強調する考え方があり、その考え方にしたがえば、両者は、規範科学と実証科学という全く異質のものとされる。(1) けれども、他方で、およそ憲法についてのフランスの体系書は一つの例外もなく、「規範の現実の適用、『政治実例』……を扱い、それらを歴史的に位置づけている」のが現実である。とすれば、「憲法条文の研究だけでなく『憲法的事実』の顧慮をするひとは、憲法学をやめて政治学の領域に移ってゆくことになるのだろうか?」という問題が生じてくる。(2) ところで、実は、憲法学と政治学——一般的にいって法学と社会学——との二元性を説く考え方は、「法学」自体のなかに含まれているところの二つの全く異質なものを識別(3)することなしに、そのうちの一方を勝手に法学全体として一般化していた、(4) という意味で、問題の提出自体を誤っていた。正しくは、法学という言葉は、法解釈と法認識（法記述）という全く異質の二つのものを意味しうるのであり、したがってそれに対応して、ただ一つの法学の方法ではなく、二つの全く異質な法学の方法がある。それゆえ、第一に、憲法解釈という意味での憲法学と政治学とは、規範創造的作用と認識作用という全く別次元にあるのだから、そもそも対立の生じうる関係にない。第二に、「ある社会の実効的法——すなわち、その社会がその下で現に生きているところの法規範——が何であるかを決することは、実証的問題であり事実問題である。それは、『ある人間集団を規制している規範、そこで実際に適用されている規範は何であるか』という問題に答えることである。……適用されている規範は事実的所与であり、デュルケムが……社会学者は社会的事実を『対象』objet ないし『事物』chose として扱わねばならぬと教えた意味において、『事物』なのである」。したがって、実効的憲法の認識という意味での憲法学すなわち憲法的事実の分析と政治学とはいずれも事実認識作用であり、その意味で両者は一致しないわけにいかない。[5] このようにアイゼンマンは、憲法学と政治学を異質のものとして対置する伝統的な考え方を批判し、異質性はひとかたまりとしての憲法学と政治学とのあいだにあるのではなく、実は憲法学内部での憲法解釈と憲法認識とのあいだにあり、後者と政治学は同質のものである、という見解を、整理されたかたちで展開した。

彼のこのような見解に対して、戦後フランスの憲法学はほぼ完全に一致した見解を示している。デュヴェルジェにとって、「実際に適用されている法」の分析は社会学的・政治学的分析でなくてはならない[6]し、ヴデルにとって、政治制度すなわち「憲法の具体的様相」の研究は政治学に相通ずるものである。[7] プレロによれば、「現に生きている憲法規範」は「規範的事実」のなかに存在しており、それを観察の方法によって認識することは、政治社会学の方法ときわめて近接している。[8] また、アンドレ・オーリウは、「政治制度がそのなかで作用しているところの政治の事実状態を絶えず考慮しながら統治者と被治者との関係を研究」する場合、憲法学は政治学と見なされなくてはならない、といい、[9] ド・ローバデールも、憲法学のうち「政治制度の記述」は、憲法で定められた制度の不機能（例えば第三共和制における解散）・憲法で定められていない制度の機能（第三共和制における首相）・憲法で定められたと異なった条件のもとでの制度の機能などを研究しなくてはならないから、政治学から離れることは不可能である、といっている。[10] ミルキヌ＝ゲツェヴィチも、比較憲法の方法を論じたさい、比較憲法学と政治学との同質性を説き、[11] ビュルドーも、「政治学は、……憲法のより実りある研究のための方法、公法学の伝統的な諸問題が扱われる拡大された視角、にほかならない」と書いている。[12]

(1) そのような考え方を、アイゼンマンは、批判の前提として、Ch. Eisenmann, Droit constitutionnel et science politique, *Revue internationale d'histoire politique et constitutionnelle*, janvier-juin 1957. p. 73-81 で要約している。
(2) Ch. Eisenmann, Sur l'objet et la méthode des sciences politiques, *La science politique contemporaine*, Paris, 1951, p. 128-129.
(3) この点についてのアイゼンマンの見解については、前出五五頁。
(4) Ch. Eisenmann, op, cit., p. 137.
(5) op. cit., p. 130-136.
(6) M. Duverger, *Droit constitutionnel et institutions politiques*, 4 éd., Paris, 1959, p. 10-11; *Manuel de droit constitutionnel et de science politique*, 5 éd., Paris, 1948, p. 27-28.
(7) G. Vedel, *Cours de droit constitutionnel et d'institutions politiques*, Paris, 1960-1961, p. 10-11. ヴデルがこの場合、憲法の講義が政治学自体の講義ではなく政治学に相通ずるものだといっているのは、ド・ローバデールが「この講義で政治学自体をするわけではなく、まさに政治学の研究によって得られた成果をとりいれて行く」のだといっている(André de Laubadère, *Cours de droit constitutionnel et d'institutions politiques*, Paris, 1955-1956, p. 22) のと同じ意味であろう。ここでいわれているのは、二つの学問の性質のちがいでなく、分業という、学問上の作業分担の問題にほかならない。
(8) M. Prélot, Introduction à l'étude du droit constitutionnel, *Introduction à l'étude du droit* II, Paris, 1953, p. 95, 122.
(9) André Hauriou, *Cours de droit constitutionnel et d'institutions politiques*, Paris, 1956-1957, p. 25-26.
(10) A. de Laubadère, op cit., p. 18-21.
(11) ミルキヌ＝ゲツェヴィチ「比較憲法研究の方法」(小田滋・樋口陽一訳『憲法の国際化』所収) 三〇九頁以下。
(12) Georges Burdeau, *Traité de science politique*, I, Paris, 1949, p. 8-9 なお、同じ著者による *Droit constitutionnel et institutions politiques*, 9 éd., Paris, 1962, p. 5-6 および *Méthode de la science politique*, Paris, 1959, p. 143 を参照。

二

われわれは、右のような理解の正しさを確認するために、アイゼンマンが批判の対象としたところの、法学＝

規範科学↔政治学＝実証科学の二元説を、簡単に検討しておくことにしよう。そのさい、われわれは、規範科学の対象が規範であり実証科学の対象は事実であるといわれる場合の、「規範」および「事実」という、一見明白のようでありながら実はそうでない用語を、問題にする必要がある。

まず、実効的憲法は、一定の時点に一定の国で憲法適用者たる一定の国家機関によって作られた所与のものであるという意味において、まさしく事実である。ところで、他方、実効的憲法は、制定憲法が解釈適用され下位段階の規範形式をとって具体化されているところのものである。その規範形式は、法律・命令・条例・条約等の一般的規範であるときもあるし、判決や行政処分やその他ひろく処分、すなわち、司法・行政・立法機関によって定立される個別的規範であるときもある（政治実例といわれるものは、しばしば、行政・立法機関による処分である）。したがって、いずれにせよ実効的憲法は、制定憲法よりは下位にあるけれども依然として規範の形式をとっている。こうして、右の意味で事実認識たるところの実効的憲法の認識作業は、右に見た意味での規範認識作業にほかならないのであり、それゆえに、実効的憲法の認識は、憲法科学であると同時に政治学としてとらえられる。もとより憲法に関連するもの以外にも政治現象＝権力現象は存在するから、憲法科学の領域よりも政治学の領域は広いし、政治思想史や政治史等を含めて広義の政治学という言葉を使えば、その領域のずれは一層大きくなるであろう。しかし、ここで重要なことは、実効的憲法の認識という憲法科学の作業が政治学と性質を同じくしている、ということである(1)。

なお、ここで、政治学という呼び名について簡単に一言しておこう。この論文での引用でこれまで、憲法学に対応して政治学、法学一般に対応して社会学一般、という表現がしばしば用いられてきたし、私自身もまたそういう表現を用いてきた。フランスで実効的憲法の認識作業について「政治学」という表現が使われてきたのは、司法権による法律合憲性審査制の不存在のゆえに、実効的憲法が最終的には判決でなくいわゆる政治的機関の行為によって作られてきたからでもあろうが、そのかわりに仮に「社会学」あるいは「憲法社会学」という呼び名を使って少しも差支えないし、方法的混乱が生ずるおそれもない。現にフランスで「政治社会学」と「政治学」とを等置する用語法があることは、前述のとおりである。ともかく、司法権による憲法の適用を研究することと立法権あるいは行政権によるそれを研究することは、その呼び名の如何にかかわらず、全く同質の作業である。そして、そのように見てくると、フランスで実効的憲法についての政治学的考察といわれている事がらは、結局のところ、実効的憲法についての実証科学的考察ということにほかならない。

(1)　フランスでこのことを最も明確に論じているのは、さきに引いたアイゼンマンである。そして彼は、憲法規範の認識と憲法解釈との性質のちがい、前者の事実認識性、それゆえにそれと政治学との同質性、という一連の理解を、ケルゼンの純粋法学をふまえながら展開している。アイゼンマンによれば、ケルゼンの規範科学は規範記述の学であるが、その対象となるのは実定法＝人間によって作られ適用されている法のみである。そして、実定法とは、「時間的空間的に規定をうけた現象」であり、それゆえ、「事実がそれに相応しているところの規範」のことである。「この実定性の性格が、法学者の視線と科学とを、純粋に規範的な領域、純粋なゾレンの領域から外に引き出」してくる。実定法としての法規範は、「たしかに『ゾレン』ではあるが、実際の社会生活に錨をおろした『ゾレン』」であり、ケルゼン自身、「法―実定法である法を決して『没社会化』desocialiser してはいない」。ケルゼンの規範科学は現実を無視するイレアリスムではなく、「規範主義ではあっても実証的規範主義」なのであり、「純粋な法についての科学」science d'un droit pur ではなく「法の純粋科学」science juridique pure なのである（Ch. Eisenmann, Science du droit et sociologie dans la pensée de Kelsen, *Méthode sociologique et droit*, *Annales de la Faculté de droit de Strasbourg*, V, 1958, 特に p. 67-70）。

そのようなアイゼンマンのいいかたは、ケルゼンにおいて法規範の妥当性がその規範の実効性に依存するとされているかのような理解をひとに与えるかぎりにおいて、問題性を含んでいるが、周知のように、ケルゼンにおいては、法規範が妥当するためには、当該規範が全体として実効的な法秩序の一部をなしていることが必要である、ということがすでに『純粋法学』の初版で明言されていた（*Reine Rechtslehre*, 1. Aufl., S. 67ff. 横田喜三郎訳〔岩波書店一九三五年〕、一〇九―一一八頁）から、法規範の記述は、そのような意味においてすでに当然に、事実認識に基いて行なわれなくてはならなかった。

三 (2) つぎに、制定法認識という作業と政治学との関係はどうであろうか。フランスの憲法学において、憲法の政治学的考察としてまず念頭におかれ実行もされているのが実効的憲法の認識およびそれに基く分析であるのにくらべ、制定憲法の認識という仕事は必らずしもそうでない。例えば、プレロは、実効的憲法の認識と政治学との性質の同一性を正しく指摘したさいに、「法学を制定法の単純な分析と同視してしまわないかぎり」法学と社会学は同じ内容を持つ、といっている。(1) 彼は、「制定法の単純な分析」すなわち「制憲者・立法者・裁判官によって欲せられ」成文の中に表現されている憲法規範――われわれのいう制定憲法である。本稿では、硬性の制定憲法が特別の憲法制定者によって定立された場合を念頭においているが、そうであるか、あるいは普通の立法権・司法権によって定立されたものが制定憲法をなすか、ということはその国の制度によって異なる――の認識方法として註釈 exégèse の方法をあげ、それを、実効的憲法の認識方法としての観察 observation の方法と対比し、もっぱら後者について政治学との同質性をいっているのである。(2) この場合、まず、註釈というイルレフューレントな用語にもかかわらず、制定憲法の認識作業は、憲法政策ないし憲法技術に属するところの解釈 interprétation とは全く別のものであって、憲法科学に属するところの認識作用である、として正しくとらえられている。(3) それならば、つぎに、制定憲法の認識は科学上の認識作用でありながら観察の方法と異なった何らかの方法を持たなくてはならないものか、ということが、あらためて問われなくてはならない。

まずもって、例えば同じ一つの法律が、ある場合には、何が実効的憲法かの問題として認識対象になるし、ある場合には、法律段階での制定法が何かの問題として認識対象になる、ということからだけでも、実効的法の認識が前述のような意味で事実認識でありその意味で政治学と同質のものだとすれば、制定法認識もまたそれ以外ではありえないであろうことが、推測される。実際、実効的憲法が一定の国で一定の時点に憲法適用者によって定立されたものであるのに対して、制定憲法はやはり一定の国で一定の時点に憲法制定者によって定立されたものであり、前者の認識が事実認識であるとすれば後者の認識もまたそれ以外ではないはずである。もともと、制定憲法の認識作用が認識の対象とするのはさしあたり法文の言葉であるが、その言葉が客観的な認識の対象として意味を持ちうるのは、まさしく、条文制定の時点に憲法制定者が下した一定の法的価値判断が、条文の言葉として他人に伝達可能なかたちで定着されている、という点においてである。(したがって、制定憲法に内在する法的価値判断とは、制憲者が下したそれにほかならない。)ただし、制憲者が下した法的価値判断とわれわれが呼ぶところのものについては、いくらかの注意が必要であり、特に、それを表むきの立法趣旨や表むきの法文上の用語だけから判定してはならない。近代法にあっては、実質的には支配層の特殊的利益が窮極的には貫徹するとしても、形式的には一般的利益の確保という名目が採られるものだからである。そして、そのようなものとしての制憲者の法的価値判断を認識するためには、その制定憲法を生み出した歴史的諸事情のなかに当該の制定憲法を位置づけ、それがどのような具体的利益に奉仕すべきものとして制定されたかということを、事実に即して確認しなくてはならない。そのような作業は、歴史的な諸資料に基く事実認識の作業にほかならないであろう。(4)(5)

(1) M. Prélot, Introduction à l'étude du droit constitutionnel, p. 126.

(2) op. cit., p. 95.

(3) op. cit., p. 84 et s.

(4) 「憲法とは何であるかは、憲法制定当時の歴史的諸事情の分析に照らして決定しなければなら」ず、それについての「理解の争いは、つまるところ、事実認識の争いにほかならない」、ということについて、渡辺『憲法と現代法学』二〇―二一頁、また、「法の趣旨や目的」の客観的に正しい認識ということについて、同『法社会学と法解釈学』（岩波一九五九年）一二〇―一二二頁を参照。ただし、後者の論述における「制定法規はその定立時における全体意思の表現である」とする表現には、小林直樹氏による――正当な――批判がある（「憲法解釈学の若干の論点」法律時報三六巻一〇号）。

（5）　ケルゼンにおいて、当為 Sollen とは「他人の行態に意図的にむけられた人間の意思行為の主観的意味」（H. Kelsen, *Reine Rechtslehre*, 2. Aufl., S. 7）だとされていることに注意せよ。この点について参照、菅野喜八郎「純粋法学と憲法改正限界論――ケルゼンの根本規範についての一考察――」新潟大学法経論集一四巻四号五七頁。

二三　ところが、実効的憲法の認識についてはそれが規範認識であると同時に（前述のような意味での）事実認識であるということを認める論者であっても、制定憲法認識については、それは規範認識であって事実認識ではない、という反論を強くさし出すことが少なくない。では、なぜ、そのような誤った反論が特に制定法について生ずるのか。それは、結論をさきにいえば、普通、ひとびとが法解釈をまず制定法認識の結果として示そうとするために、制定法のなかに自己の解釈論上の立場を読み込んでおこうとし、そのために、制定法を事実認識の対象として直視することを意識的無意識的に回避することが多い、という事情から出ている。そのことを簡単に説明すれば、こうである。

いわゆる法律意思説によれば、制定法の認識とは、認識の時点において制定法が客観的に担っている意味＝法律意思を認識することであり、それゆえ、その仕事は、事実認識から区別されたものとしての規範意味の認識であるということになる。ところで、たしかに、制定法の解釈適用によって事案を解決するためには、さきにのべたような制定者の法的価値判断に固執することはできないし（一八〇四年に制定されたフランス民法典の場合など）、時日の経過の問題だけでなく、制定時点の力関係の反映であるところの制定者の価値判断に対抗して自己により有利な解釈論を展開しようというためには、法解釈者は、制定者の価値判断から離れざるをえない（王党派によって制定された第三共和制憲法の共和派による運用など）。また、制定法は、制定時点における諸々の勢力の妥協の産物であることから、しばしば相矛盾した規定を含んでいるから、解釈にさいしてそれらを互に矛盾のない総体として示す必要も生ずるであろう。その意味で、解釈方法論としては、法律意思説が現われたことには、十分の理由があった。

しかしながら、法律意思というものは、認識の対象として客観的に存在しているのであろうか？　条文の言葉は、その本体であったところの制定者の法的価値判断から離れて、何らかの別の法的価値判断を客観的に——すなわち、何人によっても認識されざるをえないものとして——担うことができるものであろうか？　その問に肯定で答えるために、しばしば、認識の現在時点における「社会の（あるいは国民の）全体意思」という観念や、「法律は立法者よりも合理的である」という説明がなされる。しかし、現実の社会には、言葉の通常の意味での一箇の全体意思は存在せず、認識されうるのは諸々の部分意思にほかならないし、立法者よりも合理的なものがあるとすれば、それは法律ではなく解釈者自身の価値判断にほかならない。法律意思説は、実は、解釈者の支持する部分意思、あるいは彼にとって合理的な意思を法律意思として制定法の中に読み込んでおくことによって、制定者が条文の言葉でもって表現した法的価値判断をおしのけ、解釈者自身のそれを、自分自身の主張としてでなく、客観的に存在し何人も認識せざるをえないところの法律意思の認識の必然の所産として示そうとする、ひとつの擬制にほかならない。(1) そして、その擬制は、前に見たように、法解釈者が自己の解釈を既存の客観的な何物かの認識の不可避的な結果として示すことによって、自己の解釈の説得力を強めようとする、というところから生ずる。(2) 法源変遷論や自然法を外から持ちこむ解釈論の場合にくらべ、ここでは、制定法そのものの排除ではなく制定法への読み込みが行なわれるのであるため、右の擬制性がそれほど目につかないけれども、根本的には事態は同じであり、法律意思とは、解釈者自身の欲する解釈の投影物にほかならないのである。(3)

かように、法律意思の「認識」ということがいわれるときには、すでに、実は認識ではなく、主体的な解釈の領域に属する仕事が行なわれているのであり、(4) 制定憲法の認識があくまで認識に徹しようとするかぎり、その仕事は、さきに規定した意味での制憲者の法的価値判断の認識でなくてはならない。それゆえ、法律学が伝統的に重視してきた制定憲法の認識それ自体が実証科学でなくてはならず、(5) 実効的憲法の認識がそうであったと同じ意味において、政治学と性質を同じくするものなのである。

(1)　実際は、法律意思説は、法律意思なるものの内容を「認識」する手がかりとして、「文言」や「制度の趣旨・目的」や「社会意識」など複数のものを挙示し、その結果、――これらは必らずしも矛盾なく両立しうるものではないから――これらのどれでもなく、これらを超えたところの「真の法」を認識するのだ、と説くことになっている。そのように、「本来その実在が実証され得ぬ〝真の実定法〟乃至〝法の真に客観的な意味〟なるものにつき、その存在が先験的に想定され、かかる虚像の周辺に空しき徘徊が続けられ」ている、という事態が、実証的認識のルールにそぐわないことについて、藤田宙靖「柳瀬教授の行政法学――主として方法論的見地より見たるその総合的解釈㈡」法学三三巻四号・二五―二八頁の指摘を参照されたい。

それに対し、法律意思を認識する手がかりとして挙示されている複数個のものそれぞれが、それとして実証的な認識の対象となりうることは、確かである。その点では、藤田氏が、私の前稿（「憲法の政治学的考察について㈢」法学二九巻三号二二―二三頁)をコメントして(藤田・前掲・三五―三七頁)、「例えば〝国民の現時点における意思〟なるものは、調査の方法を現実にどうすれば良いかという実際の困難は別として、理論的には、客観的に認識し得る」と指摘するのは、当たっている。そして、「これを〝制定法〟と称することは、論理的には不可能ではない」ということも、承認されうる。しかしながら、論理的には不可能でないとしても、制定法のそのような概念規定は、法の科学にとって有効なものではありえないであろう。認識の現在時点における国民意思として実証の次元で問題になりうるのは、諸々の部分意思の総体あるいは一部（＝多数意思）であろうが――なお、全体意思が存在しえぬと私がいっているのは、言葉の通常の意味での全体意思というものがもともとイデオロギー的擬制にほかならず、そもそも実証・反証の土俵にのぼりえない性質のものだ、という趣旨である。諸々の部分意思の集合体を「全体意思」とかりに呼ぶとすれば、それは、原理的には認識可能なものだといえる――、そのような、国民世論の総体あるいは一部を「制定法」の内容だと考えることは、権力の承認を得たものだけが法規範として妥当するという近代・現代法の基本的ありかたを曖昧にするおそれがある。また、そのようなおそれを回避するために、国家機構のなかに表現されるにいたったかぎりでの「現時点における国民の意思」をもち出すとするなら、それは、公権的解釈を「制定法」の内容だとする主張にほかならず、制定法そのものとその公権的解釈（本書でいう実効的法）という二つのカテゴリーを混淆することになる。それは、法の科学にとって有効でないばかりか、混乱をもたらす概念装置といわなければならない（ついでながら、解釈論上の主張としては、社会学的実証主義の立場となってしまい、法律意思説が標榜したはずの法実証主義からは離れてしまっている）。さらにまた、藤田氏が「例えば法文の文言を、〝現在の〟文法法則に従って整理統合し、一定の命題に導くことは、……少くとも理論的には可能であり、これを〝制定法〟と称することも不可能であるわけではない」という指摘も、それ自体としては当たっているが、同氏自身、そのような「制定法」概念が「現実にどの程度の成果を得ることが出来るかは別として」とのべているとおり、憲法科学にとって有効な「制定法」概念だとはいえないようにおもわれる。

（2）　なお、法律意思説による擬制は、法解釈の場面においてだけでなく、より一般的な場面でも一定の効果を持つ。それは、法規範を制定者（＝窮極的には権力）の意思の表現と見ないで、その時点時点におけるその社会の合理的な全体意思の表現と見る、ということをつうじて、法規範の権力性という事実を後景におしやり、人に対する人の支配の極小化という法の支配のイデオロギーを維持するのに役立つ。

（3）　法律意思説は、制定法を制定者の意思から切り離すことによって、制定法を法解釈者の主体的な処理にゆだねるのである。「近時の法源理論は、歴史主義によって作られた『慣習法』という半ば神秘的な観念をも、法律制定の過程をつうじて（委員会議事録その他の資料から）確認されるべき『立法者意思』というやはり歴史主義的な観念をも、破壊した。法律家は『立法者』でなく『法律』を相手とするわけである。その場合、そのようにして孤立化された『法律』は、法律家の……加工と利用とにゆだねられる。その場合、法命令の立法者による確定ということの意味は、場合によっては、法規範の妥当の、さらには単に――法実務の態度決定までは疑問であるところの――妥当の願望の、単なる『徴表』の役割にまで低められる」（M. Weber, *Wirtschaft u. Gesellschaft*, 3. Aufl., S. 508)。

（4）　私は、本文で、法律意思説のイデオロギー性をもっぱら指摘してきたが、同様なことは、いわゆる立法者意思説についても指摘されうる。解釈の方法の問題として立法者意思説が主張される場合、解釈者自身の解釈により説得性を与えるために

「立法者意思」が援用されているのであり、また、そうであるかぎり、そこで行なわれているのは、徹底した認識作業ではありえないのが常である。

(5) したがって、実証科学から区別された意味での「規範科学」は、実は主体的な解釈行為なのであって、そもそも科学ではないといわなくてはならない。デュヴェルジェのいうとおり、法規範を社会現象として研究する仕事は実証的社会科学であり、価値の先験概念を基準として法規範の善悪・正不正に対し態度を決するものとしての法学（すなわち法解釈）は——倫理学、哲学、形而上学と同じく——そもそも科学ではない。それゆえ、実証科学と区別されたものとしての「『規範科学』なるものは存在せず、実証科学だけがある」（デュヴェルジェ『社会科学の諸方法』深瀬・樋口訳、三四頁）。

二四　(3)　実効的憲法や制定憲法を対象とする認識作業によって確定された法的事実をめぐる因果関係の研究は、政治学とどんな関係にあるであろうか。

そのような研究の存在の可能性と必要性とについては、すでに見たとおりであり、しかも、それはまさしく政治学あるいは社会学と呼ばれる作業にほかならない（例えば、判例についての政治学的研究ということがいわれる）から、その作業を中身とする憲法科学が政治学と性質を同じくするものであるということは、自明のことである。ただ、前に留保しておいた問題、すなわち、規範についての因果関係を研究する作業にそもそも憲法科学という名札を与えてよいかどうか、という疑問に答えることが残っている。そのような疑問は、右の作業が、憲法科学の中身としてまずあげた実効的憲法および制定憲法の認識という仕事とは全く異質のものではないか、という見解にしばしば基いている。

ところで、前述のように因果関係の研究が法的事実の確定の「自然の延長」だといったアイゼンマンは、憲法的事実についての因果関係の立入った体系的な研究は「とりわけ伝統と避けがたい専門化」という観点から par excellence には政治学の領域に入るのだ、と説明して、憲法学と政治学とを厳格に二元的な対立的なものとして見る考え方を批判し(1)、例えば法学部の教授に対し一定の問題を扱うことを禁止するようなギルド的立場をとるのでないかぎり、その二元性を強調することには大した意味がない、[2]という。アイゼンマンは、フランスにおいて、「根底から徹底的にケルゼニアン」であり「あくまで忠実にそうあり続けた唯一の」学者、といわれているが、[3]もともと、ケルゼンが説いたところの規範科学の社会学的考察からの純粋性を、われわれは、（事実認識からのではなく）因果説明からの純粋性として、規範の記述に因果説明が混入しないことの要請として、[4]うけとめることができると思われる。すなわち、因果性 Kausalität の関係＝必然の関係の叙述と帰報 Zurechnung[5] の関係＝当為の関係の叙述とが明瞭に区別されていなくてはならぬ、という意味においてである。ところで帰報関係＝規範についての因果性の関係の叙述ということが存在しうるかぎり、[6]右の区別は、結局のところ、規範を所与の事実として認識することでとどまるか、それについての因果説明をするところまで行くか、という違い（レヴィ＝ブリュールのいう法的事実の観察とそれについての説明の違い）、一般化していえば、事実の認識そのものとその事実についての因果説明とのちがい、に帰着するはずである。自然現象が対象となっている場合には、それら二つの仕事のあいだに学問の質的な境界が確立されるべきことを強調する考え方はなく、前者が後者の準備作業として当然結びつくとされているが、そのことは、そこでは両者の混同をとりたてて警戒する必要がないからであろう。してみれば、規範が対象である場合に、右の両者が区別される必要があるのも、当為の関係の叙述と必然の関係の叙述との混同を避けるためにほかならない。いいかえれば、規範科学という観念が成立しうるのは（前述のように、規範定立を事とする科学という意味においてでも、[7]実証科学と対立するものとしての規範認識の科学という意味においてでもなく）[8]、実証科学の内部で――右記のような混同を避けるために――因果科学との区別を示すものとしてである。そしてまた、科学の任務が事実の認識だけでなくそれを説明するところにあるのだとすれば、憲法規範を認識する作業だけに憲法科学という名を与え、それについて説明する仕事にその名をあえて禁ずることは、必要でもないし適当でもないであろう。

(1) Ch. Eisenmann, Droit constitutionnel et science politique, p. 82-83.
(2) op. cit., p. 83-84.
(3) Guy Héraud, L'influence de Kelsen dans les doctrines contemporaines françaises, *Annales de la Faculté de droit de Toulouse*, tome VI, fascicule 1, 1958, p. 183.
(4) H. Kelsen, *Reine Rechtslehre*, 2. Aufl., S. 78 ff.
(5) 「帰報」という訳語は、長尾龍一「法理論における真理と価値(二)」国家学会雑誌七八巻五・六号・八四頁註(6)の提唱に従った。
(6) 一般的に社会現象について因果科学が存立しうることについて、H. Kelsen, op. cit., S. 79、特殊的に法規範について因果科学が存立しうることについて、H. Kelsn, *General Theory of Law and State*, New York, 1961, p. 174.
(7) 本書前出六四頁、六五頁註(6)。
(8) 本書前出八九註(5)。

ii　憲法解釈と政治学との関係

二五　憲法学のうちの憲法解釈と政治学との関係を問題にする必要があるのは、憲法学と政治学の関係が論ぜられる場合、しばしば、憲法学の内部での憲法科学と憲法解釈という異質なものがはっきり区別されないために、憲法の政治学的考察ないし憲法学の政治学的傾向を説く論者のがわでも、それを批判するがわでも、混乱した議論が生ずることが少なくないからである。

(1)まず、憲法学の政治学的傾向に対し、憲法の実態——この不明確な言葉を、ここではさしあたり、あえて使っておく——についての政治学的分析の重視が憲法解釈の軟化・弛緩を招くものだ、という考え方がある。例えば、プレロは、憲法学における条文の絶対視がルネ・カピタン以後克服されたことを積極的にうけとめながらも、今日「それと対照的な誤り」、すなわち「条文をあまりに安売りする」「条文の軽視」が生じている、と批判する[1]。憲法学と政治学の関係についてプレロがいうところと同じ問題が、法学一般と社会学一般の関係についてもいわれている。例えば、エリュルは、憲法学に対する政治学の研究、刑法学に対する犯罪社会学の優位(2)に示されるような法学部学制の傾向について、政治学や社会学や経済学自体の有用性を認めながらも、法学がそれに対してはっきりした独自性を保たなければ、「事実の重みに対する人間性の放棄」を容認することになってしまう、と警告する。(3)

これらの問題指摘は、われわれに、二つのことを考えさせる。

第一に、これらの批判は、「法学」としてさしあたっては法解釈だけを念頭においているようである。しかし、法学はもとより法解釈につきるのではなく、したがって、法についての政治学的ないし社会学的な研究というものの功罪もまた、法解釈の次元だけでなく、とりわけ法科学の次元を念頭においても論ぜられなくてはならない。そして後者の角度から見るならば、そのような研究は、どれだけ進展しても行きすぎということはありえないはずである。そのような研究自体の有用性ということは批判者によっても認められているけれども、法科学の問題としては、その有用性は、何らの留保なしに強調されるべきものである。

第二に、法解釈という意味での法学だけに問題をかぎっていえば、これらの批判は、法解釈が諸々の事実認識と無媒介に結合することによって事実追認的解釈が理論の名において生ずる、という危険を正しくついている。エリュルがいうとおり――そしてわれわれもさきに見たとおり――、法解釈とは「可能な複数個の結論のあいだでの選択」であり、「事物の本性から導き出されるものではなくて、科学の方法によってではなく一つの価値尺度に照らして下された価値判断に基く人間の意思・決断から導き出された結論」(4)である。それは要するに主体的な規範定立行為なのであるから、「法と社会・経済的事実との間に密接な関係をたてようとすることは、法の規範性を拒むことになる」(5)。

ところで、ここで重要なことは、エリュルによって指摘されたような危険は、憲法の政治学的考察――一般的には法の社会学的考察——ということ自体に必然的に随伴するものではない、ということ、したがって、そのような危険性の存在ということによって、憲法の政治学的考察自体の積極的意味がいささかなりとも損われることはない、ということである。「直接の事実観察」だけに基く憲法研究、「憲法の条文と憲法学との半ば完全な分離」（プレロの言葉）が成立しうる——場合によっては成立しなくてはならない——のは、憲法科学の次元でのことであり、解釈の次元での条文の「安売り」とは直接的には全く関係のないことである。憲法の解釈の軟化を招くおそれを持つのは、政治学的考察の重視そのこと自体ではなく、政治学的事実をそのまま解釈の場面で支持するということなのである。(6) 法の政治学的・社会学的考察の重要性を説く論者によって、政治学的社会学的事実をそのまま肯定する法解釈が主張されることがあるけれども、その場合、法の政治学的・社会学的考察なるものは、解釈者の持つ「一定のイデオロギーをおいかくすいちじくの葉」(7) として使われているのであり、そのさいの社会学的解釈なるものは、実は一定の社会学的事実を支持するという実践的立場として存在しうるだけのことである。その点について、カルボニエは、法社会学は資料的機能を果すが、価値判断の媒介なしに規範定立機能を行なうのではないとして、(8) また、ゴドメは、「同時に社会学者であっても、法学者は、自分が正しいとするところのものの擁護者という役割を失うわけではない」として、(9) 法解釈と政治学的・社会学的研究が直接には無関係なものであることを、正しく指摘している。

ところで、右に引いたゴドメは、法解釈と社会学的考察とが直接には連結しないということを説くさい、市民の五一パーセントが窃盗をしたからといって窃盗行為が犯罪でなくなるわけではない、という例をあげている。(9) その他にも、社会学的ないし政治学的考察と法解釈との関係が論ぜられる場合、そのような考察の対象たる「法の実態」ということでもって、規範が受範者によってどの程度まもられているか、という事実が念頭におかれることが少なくない。そして、そのような、受範者による規範遵守の程度という意味での社会学的事実と法解釈とが直結しないということは、存在から当為を直ちに導き出すことはできないという命題に照らしても、多くの人々によって比較的簡単にうけいれられている。それに反し、われわれが問題としている意味での規範の実効性、すなわち、規範が適用者によってどう適用されるかという点での社会学的事実と法解釈との関連――実効的憲法の認識と憲法解釈との関連――については、もう少し念入りに見ておく必要がある。実効的憲法は憲法適用者によって定立された規範＝当為であるからして、それが援用されるときには、「社会学的考察」と憲法解釈を直結しようとする立場は、より根拠づけを持つような外観をとる。われわれはその外観の下にある実体を正しく把握しておかなくてはならない。

(1) M. Prélot Préface aux *Constitutions européennes* par B. Mirkine-Guetzévitch, tome I, Paris, 1951, p. x-xi.
(2) Jacques Ellul, Essai sur la signification philosophique des réformes actuelles de l'enseignement du droit, *Archives de philosophie du droit*, 1961, p. 11.
(3) op. cit., p. 17.
(4) op. cit., p. 5.
(5) op. cit., p. 14.
(6) プレロによって引き合いに出されたデュヴェルジェは、自分の著書が憲法解釈でなく憲法の政治学的研究に重きをおく、といっているのであり、憲法解釈の際に条文よりも政治学的事実に重点をおく、といっているのではなかった (Cf. M. Duverger, Etat actuel des études sur les institutions politiques et le droit constitutionnel en France, *La science politique contemporaine*, Paris, 1951, p. 387)。
(7) 渡辺洋三『法社会学と法解釈学』二四三頁註(1)。エリュルが、「法規範の定立・適用のさいには法律家によるある程度の決断・選択が必然的に存在し、彼が決断し自分の責任において採用するところのある価値体系への準拠がなされる」(J. Ellul. op. cit., p. 16) ものであるが、「社会学は瀆神者の役割を演ずるどころか正当化・保守化の役割を演じている」(p. 12) といっているのも、同様な意味においてうけとめられるべきである。

(8) Jean Carbonnier, La méthode sociologique dans les études de droit contemporain, *Méthode sociologique et droit, Annales de la Faculté de Strasbourg*, 1958, p. 193 et s.

(9) Jean Gaudemet, L'élaboration de la règle de droit et les données sociologiques, *Droit, économie et sociologie, Annales de la Faculté de droit de Toulouse*, 1959, p. 29.

二六　この問題を考える素材を、われわれは、第三共和制期における社会学的実証主義の憲法学、および、それに対する法実証主義の憲法学からの批判のなかに、見出すことができる。

その批判は、ジェーズや特にカピタンの社会学的実証主義に対して、みずから法実証主義を標榜するワリーヌによってなされた。ワリーヌによれば、判決が立法者の提示した規範と矛盾する規範を適用したとするとき、法実証主義者は、正規に廃されないかぎり法律の方が現行法であって判決は違法である、と考えるのに反し、社会学的実証主義者は、判決の方が法的効力を持つ、と考える。同様なことが行政権による法適用の場面でもいえるから、社会学的実証主義にあっては、法的効力の段階が逆転し、「一国の最高の法的権力は〔憲法制定権者ではなく〕結局警官だという逆説的な結論になる。……このことほどこの立場の弱点を示しうるものはない[1]」。

ここでわれわれは、一方で、右の批判にもかかわらず実効的憲法の認識ということ自体の重要性は決して疑われえない、ということを明確にさせておく必要がある。そしてまた、実効的法の認識の問題であるかぎり、われわれは、国家権力の末端で国民と接触しているものによってなされる制定法の解釈適用が重大な機能を果しているという事実を、それが立憲主義や法治主義の要請を損う事実であるとしても、一箇の事実として認識しなくてはならない。だから、ジェーズが行政法の研究に関して裁判所による法適用の研究を強調したことは、方向として正しかったし、カピタンがさらに権力機構の末端のそれまで含めて法適用の問題を重視したのは、より徹底した意味において正しい[2]。もちろんそのさいわれわれは、だからといって「一国の最高の法的権力が警官」だということにはならない、ということをも同時に明瞭にしておく必要があろう。彼らによる制定法の解釈適用は、権力装置のより上位にあるもの――最終的には、その法の公権解釈権者のピラミッドの（一または複数の）頂点にあるもの――によって再評価をうける可能性のもとにおかれ、そのことをつうじて公権解釈の法的な階序性と統一性とが維持されるのだからである。

他方で、法解釈上の主張としての社会学的実証主義は、正当に批判されなければならない問題を持っている。社会学的実証主義の憲法学は、憲法実例が最終的な公権的解釈権者によって違憲として否定されていないかぎりそれを実効的憲法として認識して科学的処理をするというだけでなく、規範の妥当性をその規範の実効性に依存させることによって実効的憲法を「妥当する憲法」＝憲法法源として資格づけておき、ついで、それの認識の所産として自分の解釈を提示する。したがって、憲法解釈上の主張としての社会学的実証主義は、実効的憲法すなわち権力によって採用された憲法解釈をたえず合憲化し、そのうえ、将来の憲法解釈の規準となるべき資格をそれに与えることになる。すなわち、それは、憲法制定者ではなく憲法適用者たる国家機関――上位のそれであれ最末端のそれであれ――の解釈を追認し、そのうえそれに将来に向っての羈束力＝憲法法源としての資格を与えるものとして機能する。しかも、そのような実践的はたらきを法源の認識というたてまえのもとで、すなわち科学の名において行なう、という点において、すぐれてイデオロギー的な性格を持つものである。この点での問題性を典型的に示すものは、憲法慣習論であり、それについては、項をあらためて検討することにしたい。

（1） M. Waline, Positivisme philosophique, juridique et sociologique, *Mélanges R. Carré de Malberg*, Paris, 1933, p. 525 et s.

（2） ジェーズおよびカピタンのこの点に関する所説について、本書前出三八頁以下を見よ。

二七　ひとつの憲法秩序が全体として実効性を保っているなかで、制定憲法に適合しない憲法実例の存在(=(イ))によって、制定憲法の条文が改廃されることなしに憲法改正と同じ法的効果が生じうる(=(ロ))、ということが、フランスで「憲法慣習」論によって主張されている。[1] (イ)の事態がありうること自体は明白であって学説の対立する余地がなく、争いは、(ロ)を認めるかどうかについて生じている。(イ)は所与の制定憲法の解釈――および解釈の所産としての下位諸規範――の変化についての認識の問題であるの対し、(ロ)は、解釈の規準たるべきものの変遷いかんの問題である。それぞれの憲法実例はその国の最終的な公権的解釈権者によって違憲とされないかぎり、その時点での実効的憲法の一部をなす(イの問題)が、その問題と、それが憲法法源 source du droit constitutionnel をなすかどうかという問題(ロの問題)とは、元来、次元のちがう事がらである。にもかかわらずこれらの二つの問題次元を直結させるところに、一般には社会学的実証主義の特徴があり、特殊的には憲法慣習肯定論の特徴があるのである。[2]

それでは、憲法慣習論者は、制定憲法不適合の憲法実例が憲法慣習となるための要件として、どのようなものをあげているだろうか。まず、ⓐ当該憲法実例の反復ないし継続ということがあげられているが、[3] それに対しては、制定憲法不適合の十箇の法律がつづいて制定されたとしても、そこには十箇の憲法違反の連続があるだけだ、という反論が向けられる。[4] だから、憲法慣習論者は、もう一つの要件、すなわち「心理的要素」を用意するのであり、さらに、論者によっては、第一回の実例によって直ちに慣習が形成されることもあれば、ある種の実例は何度くりかえされても慣習となりえないとして、実例の存在という「物的要素」に対する「心理的要素」の付加ということを、唯一の要件とすることにもなるのである。[5]

ⓑそのさい「心理的要素」として念頭におかれているのは、必らずしも厳密に一致していないが、実例をつくる統治機関、「識者」、世論、社会意識、被治者によって、憲法違反として意識されていないこと、あるいは、拘束的なも

のとして意識されていること、などである。いずれにしても共通していることは、制定憲法の憲法法源たる資格を、それが一定の形式にしたがって定立されたことによって説明するのにかえて、憲法慣習の憲法法源性を、憲法実例に対する国民、民衆の容認ということによって、すなわち、国民による非形式的憲法定立とみなすことによって、民衆主権論的に説明しようとするところにある。

そのような特徴は、さきに見たように、(6) 憲法慣習を「主権者であり最高の制憲者」である国民の意思の発動としてとらえるカピタンの場合、最も典型的にあらわれている。しかも彼の場合は、「心理的要素」とされる民衆の「承認」という要素が、憲法実例そのもののなかにすでに読みこまれているから、憲法実例が実効的憲法となると同時に、つねに憲法法源として資格づけられていることになる。そのさいカピタンは、法規範の「適用」ということを、サンクションでなく服従の問題として説明し、民衆の「服従」という要因から民衆の「承認」「コンセンサス」を引き出し、(理想とすべき法を考え出すのは個人だが、それに positivité をあたえるのは社会の民衆だとして)「ある理想的な法規範の positivité をつくるのは、民衆によるその規範の承認であり、大多数のひとびとのコンセンサスである。むしろ positivité とは、このコンセンサスそのものだ」というのであり、そのようにして、規範の実効性からその規範の実定性=妥当性を導き出すのである。しかし、組織的強制力が国家によって独占されている近代↓現代社会では、およそ法の適用を左右するのは国家権力の発動——少なくともその可能性——であるし、とりわけ憲法の場合には、受範者自体が国家機関なのであるから、それによって作られる憲法実例のなかに読みこまれるところの民衆の「承認」は、受動的・消極的・追認的な性格のものとならざるをえない。(7) それに対し、多くの憲法慣習論者においては、憲法実例に「心理的要素」が付加されたときに憲法慣習が成立するとされるから、そのかぎりで、一応、憲法慣習の成立を相対的に限定する可能性があるといえる。しかし、一方で、「心理的要素」の存在程度を測る場合に、論者自身の価値判断が意識的・無意識的に混入される余地があり、[8] 他方で、それにもかかわらず、「心理的要素」は、憲法実例のつくり手である国家権力によって容易に擬制される(世論操作)し、そのうえ、憲法の領域では、前述のように受範者が国家機関であるため実例形成にさいして被治者の関与する場はそれだけ少ないから、実際上、「心理的要素」は、達成された実例に明示的には反対しないということに帰着し、[9] そのはたらきにおいては、やはり憲法実例を追認するものとなりやすいのである。

ⓒ　さらに、憲法慣習成立の要件として、憲法実例が制定憲法に対して contra legem でなく praeter legem の関係にあることが、問題とされることがあり、また、contra legem の場合にも憲法慣習の成立をみとめる論者も、その場合を制定憲法の改変と見るのに対し、praeter legem の場合をその「補完」と見て、いちおう区別するのが普通のようである。[10] しかし、硬性の制定憲法について praeter legem とよばれている事態は、lex の文言に書かれていないという現象面では共通であっても、書かれていないことの意味が場合場合によってちがっているのである。まず、複数の実例がいずれも制定憲法に適合している場合は、実は secundum legem とよぶべき事態なのであり、かりに憲法慣習肯定論の立場から見ても、そもそも、そのような実例が制定憲法の法源性になんらかの影響をあたえることはありえない。[11] また、制定憲法に書かれていないことがある制度の否定を意味する場合、実例によってその制度ができることは、制定憲法の要求に反しているのであって、制定憲法における制度の不存在を「法の欠缺」とし、実例による制度の確立を「欠缺」の「補完」だとするのはひとつの擬制であり、その擬制のもとで、実は、制定憲法の規範が押しのけられ、新らしい規範によって差替えられようとしているのである。[12] かように、praeter legem といわれる事態は、実は secundum legem か contra legem のどちらかの類型に分解される性質のものであり、前者の場合は実は憲法慣習の問題ではなく、後者の場合は、名目上は制定憲法の「補完」といわれているにしても、実質にお

いてはその改廃にほかならないのである。

(1)　これは、ドイツやわが国で「憲法変遷」論として問題にされているものにあたる。わが国では、イェリネックの憲法変遷論が美濃部憲法学によって紹介（美濃部「人権宣言論外三篇」）されて以来、この観念をみとめる見解が多い。なお、わが国の議論については、私の『「憲法変遷」の観念』（思想四八四号、のち和田英夫編『現代法学文献選集・法と国家』学陽書房一九七二年に収録）、および「憲法変遷の意義と性格」（別冊ジュリスト『続学説展望』一九六五年）を参照されたい。

(2)　たとえばデュヴェルジェは、「運動の不可能性ということを説いたソフィストに対し、ソクラテスがみずから歩きはじめることによって答えた」と同様に、「憲法の条文はすべて適用されるさい、多少とも深甚な変容をこうむる」という事実そのものから憲法慣習の存在を確認できる、という（M. Duverger, *Manuel de droit const. et de science politique*, 5 éd., p. 203）が、それに対し、ビュルドーは正当に、二つのことは別問題だと強調する（G. Burdeau, *Traité de science politique*, III, 1 éd., p. 284）。

(3)　例えば、M. Prélot, *Inst. pol. et droit const.*, 2 éd., 1961, p. 190-191.

(4)　例えば、J. Laferrière, La coutume constitutionnelle, *Revue du droit public*, 1944, p. 32.

(5)　例えば、M. Duverger, *Manuel*, p. 203-204, R. Pinto, *Eléments de droit constitutionnel*, 2 éd., p. 76.

(6)　前出四〇頁。

(7)　*L'illicite*, p. 130. カピタンは、「droit positif とは一般に服従されている法である」ということの論拠として、(イ)国際法と同じく憲法の領域では、法律違憲審査制のないところでは特に、真のサンクションが組織されていないこと、(ロ)規範がサンクションされるためには侵犯が例外的であること、すなわち、規範が一般に服従されていることが必要であり、その意味でサンクションの観念そのものが服従の観念に導くこと、(ハ)元来サンクションとは規範に対する権力の服従であること、などをあげている（op. cit., p. 115 et s.）。ところで、(イ)裁判制度による強制という意味でのサンクションは、たしかに、憲法の領域で欠如しあるいは不完全であるが、だからこそ、憲法規範の実効性は、その受範者である国家権力のがわからの服従——民衆のがわからの服従ではなく——いかんによって決定づけられるといわなければならないし、(ロ)極限的な状況を想定すれば、服従を一般的に拒否されてしまったような規範はサンクションされえないだろうが、普通の状況の中では、民衆の服従とは、積極的な反抗をしないということにほかならず、そのような服従それ自体サンクションの発動する可能性によってはじめて確保されているのである。また、(ハ)サンクションが権力の規範への服従であるからこそ、それを民衆の服従と等置してしまうわけにはいかない。カピタンも、権力によって強制される規範と民衆によって服従されている規範との一致が見られる「正常な時期」と、一つの droit positif でなく droit positif たろうとしている二つのものの激突が見られる革命・内乱の時期があることを指摘するのであるが、その「正常な時期」における民衆の服従自体が、さきに見たような性格のものなのである。

(8) モリス・オーリウのように、制定憲法不適合の憲法実例によって生ずる「憲法の歪曲」faussement de la constitution は原則として「法的状態を変えない単なる事実状態」であるが、その中でも憲法の普遍的原理に近づくものについては別に考えることができるのではないか、と示唆して、「憲法の歪曲」という事態を一定の実質的規準にもとづいてふりわけしようとする場合、本文でのべたことは特にはっきりあらわれる。しかし、民衆の「心理的要素」という中空の容器の形でふりわけの規準が示されているときも、それを媒介として論者の価値判断にもとづくふりわけが行なわれることに、注意すべきである。オーリウの見解については、M. Hauriou. *Précis*, 2 éd., p. 260-261.

(9) デュヴェルジェは、「心理的要素」を説明して、「少なくとも、世論が受忍的でなければならない」といっている（前出註(5)参照）。

(10) M. Duverger, *Manuel*, p. 199 et s.

(11) 第三共和制フランスについて、まず、一八七五年二月二五日の憲法的法律第一条は下院選挙について普通選挙を定めただけであったのに、選挙法ではつねに直接普通選挙が採られてきており、それが憲法慣習として成立した、ということが説かれているが、実は、直接・間接選挙法のいずれもが制定憲法には適合しているのであり、どちらが法律で定められても、憲法法源の変遷が問題となる場合ではない。また、第三共和制憲法には人権条項がそもそも欠けていたが、人権の領域での法律についても、事態は同様である。かような場合について、J. Laferrière, op. cit., p. 33-34 は、「憲法的領域における慣習」の問題であっても「憲法慣習」の問題とはならないという。

(12) 第三共和制憲法には首相職の存在は記されていなかったが、しだいに大統領にかわり首相が行政権の実質的担当者となってきた、という例が praeter legem の憲法慣習の例として引かれる (M. Duverger, *Les Constitutions de la France*, 6 éd., 1959, p. 98) が、制定憲法における首相職の不存在は、そのこと自体制定憲法の要求するところだったのであり、したがって、首相職の確立ということは制定憲法に反していたのである。

二八　ところで、憲法慣習による制定憲法改廃——したがって憲法法源の変遷——という観念がどのような性格を持つものであるかについては、さきに法解釈一般について、解釈者は自己の解釈を法定の法源の「認識」の所産として——すなわちだれもが承認せざるをえない性質のものとして——示そうとするものだ、とのべたところがあてはまる。すなわち、普通は、制定憲法に内在する法的価値判断と自己の価値判断とが実は矛盾する場合でも、制定憲法との適合性を擬制しつつ解釈が主張されるのであるが、その矛盾があまりにも大きくなって、そのような擬制自体が困難となってくるとき、それまで表にあらわれていなかった解釈者の事実上の解釈規準を大ぴらに押し出し、依然として存在している制定憲法を消去して、前者を新らしく法定の憲法法源だとして資格づけよう、という説明操作が行なわれる。いわゆる **contra legem** の場合は制定憲法に内在している法的価値が明示に斥けられ、いわゆる praeter legem の場合は非明示的に斥けられて、従来は事実上の解釈規準であったものが、その場所に差替えられるわけである。こうして、憲法慣習によって憲法法源は変遷したとされ、従前の法定法源（制定憲法）のもとでは適合性の擬制がむずかしくなっていた解釈が、依然として「法源」の「認識」という形式でひき出されうることになる。そのさい、従前は制定憲法との適合性の擬制が必要だったということによって、そのかぎりでの制定憲法の羈束性が機能しえたのであるが、今や、まず、そのような一種の緊張関係が解消され（制定憲法の羈束性の解消）、そのうえ、将来の憲法解釈が新らしい「法源」によって羈束されるべきだとされる（羈束関係の逆転[1]）。そして、憲法慣習成立の要件としての「心理的要素」が必要だとされるときでも、結局のところは、前述のように、国家機関によってつくられる憲法実例を追認する事後正当化的なものとなるから、憲法慣習論は、そのときどきの実効的憲法をなす憲法実例に、認識（理論）の名において、解釈論上の主張としての正当づけをあたえ、将来に向っても「法源」としての羈束力を与える、というイデオロギー的効果をもたらすのである。

かように、法的所与の正確な認識を任務とする法の科学の場では、憲法慣習の観念は維持されえず、憲法慣習による制定憲法の改廃を認める憲法慣習＝規範説と、それを認めない憲法慣習＝事実説との対立に即していえば、事実説だけが維持されうるといわなければならない。(2) ただし、「規範説」と「事実説」という形式で問題が提出されるときに、憲法慣習の名で呼ばれている事態を単純な事実として割りきってしまったのでは憲法現象を科学的に処理することができぬ、という見方があり、それがしばしば「規範説」を導き出す原因ないし理由ともされているように見える。しかし、そこには、「憲法」という名のもとに実効的憲法の問題と憲法法源の問題との混同が犯されている。制定憲法不適合の憲法実例は、憲法法源かどうかの問題としては単なる事実であり、個々の憲法実例がとっている規範形式――たとえば法律――としては、その国の最終的な公権的解釈権者によって否定されていないかぎり規範なのであって、後者の実態を記述し科学的に処理するためには、実効的憲法の変化という観念を使えばよいのであり、憲法法源変遷という観念にたよる必要はまったくないはずである。また、「心理的要素」のなかに国民の「同意」「承認」を見てとり、それが存在するときには、一種の民衆主権の発動によって憲法法源が変わったということを認識しなければならぬ、という意味で「規範」説が説かれているのだとしたら、「心理的要素」の憲法実例追認的性格が想起されるべきであるし、そもそも、所定の憲法改正形式こそが、民衆の意思の測定形式としては「心理的要素」の測定というやりかたよりは有効なはずであろう。(3)

ところで、「事実」説と「規範」説との間に「習律」説といわれるものがあり、(4) 制定憲法不適合の憲法実例は制定憲法を改廃することはないが、制定憲法のもとで一種の習律としての性格を持つという。この説は、当該の実例が法定の憲法法源となることを否認するが、それがのちに憲法解釈にとっての規準性を持つことになるという事実を記述しようとしたものとして、位置づけられるように思われる。実際、たとえば、制定憲法には適合しないが最終的公権解釈権者によって合憲だとされた法律が前提としたところの憲法解釈は、それ以後の法律制定行為のさいに、事実問題としてしばしば規準とされるであろう。しかし、それはあくまで事実としての規準性にすぎず、既存の法定の法源たる制定憲法を改廃することができず、したがってそれへの復帰がつねに可能――というより必要――とされるわけであるから、「習律説」は第三の説ではなく、「事実」説を前提にしたうえで、一定の事がらを記述しようとしたものというべきである。(5)

かように憲法慣習の観念は、制定憲法、すなわち憲法制定者の下した法的価値判断にかえて、その時点での憲法適用者の下す法的価値判断を支持するイデオロギーとしての性格をもつものなのであるが、それゆえ、その歴史具体的機能は、右の二つのもののあいだの緊張関係の実体が何であるかに対応して、さまざまで――「進歩的」でも「反動的」でも――ありうる。(6) 第三共和制フランスでの憲法慣習論が、大統領の解散権不行使、首相職の確立という一元主義型議院内閣制的な憲法実例について主張されたとき、それは、「王党派により制定された共和制憲法」の「共和派による共和制憲法」としての適用を支援する共和派的イデオロギーとしての役割を演じた。しかも、一八七五年憲法の憲法改正手続は、もともと暫定的妥協的に共和制憲法をつくった王党派によって王制憲法へと改正するためのものとして期待されていたうえに、ブーランジスム後期の改憲運動はプレビシット的民主主義による議会中心民主主義への攻撃を内容としていたこともあって、反共和的なものと目されていたなかで、民衆の「同意」が、憲法実例のなか自体に読みこまれ、あるいはそれにつけ加わるとされることによって、憲法慣習による制定憲法の改廃が民衆の意思に即している、という説明が出されていたわけであった。しかし、一般的にいえば、民衆の「同意」は受動的・消極的なものであるから、そのような期待が実現されうるのは、憲法実例のつくり手である憲法適用者＝国家権力自身の抱く価値が制定憲法そのものに比較して相対的にもせよ民衆の意思に合致する方向をむいている、という条件のもとにおいてだけなのである。

以上、特に、憲法慣習論に即して検討してきたが、総じて、実効的憲法を科学の場で追求することがきわめて重要であること、および、そのことと、実効的憲法を解釈（あるいは立法論）の次元で支持すること——憲法解釈上（より一般的に実践上）の社会学的実証主義——とが直接には無関連であること、この両方が確認されなくてはならない。なお、そのような無関連性をはっきりさせ、実効的憲法を無意識にもせよ理論の名において憲法法源（妥当する憲法）化してしまうことを予防するためには、実効的憲法が制定憲法の下位規範の総体であるということを強調することが、有効であるように思われる。そうすれば、実効的憲法は制定憲法の解釈の規準ではなく、その結果として認識の対象となる、ということが自明のこととなろうからである。(7)

（1）　「法源」はすでに変遷し、制定憲法に差替わった憲法慣習が正規の憲法改正あるいはさらに新たな憲法慣習の成立までは法源の地位にある（M. Duverger, *Manuel*, 5 éd., p. 205）のだから、以後解釈者はそれを規準とすべきだとされ、制定憲法には適合するが憲法慣習により変遷した法源には適合しない解釈をとる者は、以後、自己の解釈が後者と矛盾しないという擬制をほどこして提示しなければならないこととなり、擬制を強いられる立場が逆転するのである。

（2）　この点につき、長尾「法理論における真理と価値㈣」国家学会雑誌七八巻九・一〇号、一一六—一一七頁の批判があるが、ケルゼンの「簒奪」理論との関連で別に検討したい。さしあたり本書一一一頁註(5)参照。

（3）　G. Vedel, *Manuel*, p. 121, J. Laferrière, op. cit., p. 38, G. Burdeau, *Traité*, III. op. cit., p. 285.

（4）　わが国では芦部信喜氏（「改憲論と憲法の変遷および保障」法律のひろば一五巻五号）がこれに当たると思われる。同氏によって引用されている J. Hatschek, Konventionalregeln oder über die Grenzen der naturwissenschaftlichen Begriffsbildung im öffentlichen Recht, *Jahrbuch des öffentlichen Rechts*, 1909, S. 1 ff. は、《Konventionalregel》という概念を、法規範よりもひくい価値しかもたないそれの前段階たる規範をさすものとして提示する。

(5) フランスでは、私法においては一八〇四年民法典がその後の時代の変化に判例によって即応させられ、行政法はそもそも法典が存在せずコンセイユ・デタの判例を中心として発達してきた、という事情があり、「判例の法源性」が論じられることが多い。そのさい、判決によってとられた解釈が他の判決にも法的な規準となるという意味で「法源性」を主張する見解(たとえば J. Maury, Observation sur la jurisprudence en tant que source de droit, *Etudes offertes à G. Rippert*, I. Paris 1950, p. 43 et s.) もあるが、他方で、それは他の判決にとってしばしば事実上の規準となっているという意味で「事実上の法源システム」にとどまる、と見る見解がある(たとえば R. David, *Le droit français*, I. Paris, 1960, p. 160 et s., G. Vedel, *Droit administratif*, 2 éd., p. 191 et s.)。フランスでは民法第五条の arrêt de règlement の禁止条項があるため、判例の規準性が法的なものでなく事実上のものにとどまることが、はっきり意識されているように思われるが、この区別は重要である。事実上の規準性が問題になっているにすぎないときは、「裁判所はつねに制定法律に復帰することを許され、裁判官が……従来の慣行に反し制定法律にしたがって判決をしても、法を曲げたと非難されえない」(E. Ehrlich, *Grundlegung der Soziologie des Rechts*, 1913, S. 380) ことを意味するからである。

(6) ドイツ帝国で憲法変遷の例としてイェリネックがあげたのは、ブンデスラートが常設化したこと、プロイセンの代表としてしかライヒ議会に出席できぬはずのライヒ宰相が実際上はライヒ宰相たるの資格において出席し、そのことを前提とする議事規則も設けられたこと、プロイセン国王としてしかブンデスラートに議案を提出できぬはずのドイツ皇帝が皇帝たるの名においてそれを行なうようになったこと、などである(G. Jellinek. *Allgemeine Staatslehre*, 3. Aufl., S. 536 f.)が、これらは、プロイセン主導によるドイツ帝国の単一国化傾向の現われと見ることができる。それが美濃部憲法学によって紹介されたとき、憲法変遷論は、外見的立憲主義の制定憲法=大日本帝国憲法に対抗して、そのより立憲的な運用を支援する意味を持つものであった。今日ボン基本法のもとでの制定憲法と憲法実例ないし憲法解釈との間の緊張関係は、とりわけ、法治国家構造の変貌過程の表現だとされている (E. Forsthoff, Die Umbildung des Verfassungsgesetzes, *Festschrift für Carl

Schmitt, S. 35 ff.)。

(7) 私の「実効的憲法」という用語に対しては、批判が寄せられている（宮本栄三「憲法変遷説の検討」、田畑忍編『憲法の改正と法律の改正』評論社一九七二年所収）が、それに対しては、本文でのべた点を強調することによって答えとしたい。同じことは、渡辺洋三氏の「制度としての憲法」という用語にむけられた批判（田畑忍「いわゆる『三つの憲法』の問題点」同志社法学八四号）についてもいえる。

二九　(2) 制定憲法の認識作業が政治学と性質を同じくする事実認識作用であることを、前に確認したが、それと憲法解釈との関係はどうであろうか。

制定憲法の認識を重視するものとされているのは、普通、法実証主義の憲法学である。そして、法実証主義に対しては、それが制定法の物神崇拝・制定法への呪縛に導くものだという批判が、しばしば向けられてきたし、また、そのような批判に対して、法実証主義のがわからは、制定法の認識を重視することはその制定法を人間として支持することと同じではないという反論が、——正当に——行なわれてきた。例えば、第二次大戦前夜に、デュペイルウが、法実証主義は全体主義への批判を回避する口実とならないか、と批判したのに対し、ワリーヌは、法律家は自分の職業上の活動の外で政治上・宗教上・道徳上の勇敢な態度をとることができること、法実証主義は評価することすなわち正当化することを拒絶することによって、自然法論者よりもっと権力から独立でありうること、を説き、「法の勇敢な概念と卑怯な概念があるのではない。勇敢あるいは卑法でありうるのは法律家である」、と反論した。(2) そして実際、彼は、ナチ占領下のパリ大学で個人主義法理論の講義を行ない、法実証主義者が「勇敢な法律家」でありうることをみずから立証した。(3)

ところで、法実証主義への批判に対する右のような反論が主張しているのは、普通は、法実証主義が立法論の次元での——さらには法に対する非法的な、人間としての批判の次元で——制定法への呪縛とは無関係なのである、ということのようである。それに反し、制定法認識を重視する科学上の態度が解釈論の次元での制定法への呪縛とも必然的に結びつくものではない、ということは、法実証主義批判者のがわにおいても、法実証主義者自身のがわにおいても、よくは自覚されていないように思われる。実際は、これまで、解釈論の解釈論としての当否は、制定法への忠実さ自体によってではなく、解釈者が欲するような事案の解決にどれだけ奉仕できるかということによって測られてきたことが、少なくなかった。にもかかわらず、法解釈という実践行為が既存の規範の認識という擬制のもとに行なわれるのが常であり、しかもその擬制は、認識対象として制定法が援用される場合には特に自覚されがたいため、制定法認識の結果が法解釈の場面でもそのまま解釈論の結論とならねばならない、というふうに誤解されやすい。

制定法認識という仕事が、認識者が同時に持つ実践的な立場に引きづられて、認識作業として徹底できなくなる、ということが起るのは、まさに右に見た事情による。すなわち、ひとは、解釈者としての自分自身にとって有利でない制定法をありのままに認識することを、意識的・無意識的に回避してしまうことが多い。制定法認識が制定者の下した法的価値判断の認識として徹底しえず、解釈者の欲する解釈（すなわち解釈者自身の法的価値判断）の投影にほかならないところの「法律意思」の「認識」という形の擬制のもとで実践上の要求と妥協してしまう、ということは、最も日常的に見られる例である。また、法実証主義者が、自己の解釈論の投影をたまたま実効的法のなかに見出した場合には、制定法認識に完全には徹底できず、制定法と自覚的に区別しないで実効的法をも認識対象にとりこむ、という例も生ずる。(4) ともかく、たいていの法実証主義者は、何らかの面で解釈論との妥協をし、制定法認識をそれとして貫くという点での徹底性に欠けることになっている。われわれは、一方で、制定法認識という仕事が法の科学の重要な一問題として成立しうるということと、他方で、法解釈に携わる実践者としては制定法と実は違うところのものを解釈として主張することができるということを、同時に明確にさせておかなくてはならない。(5)

(1) Henri Dupeyroux, Les grands problèmes du droit, *Archives de philosophie du droit et de sociologie juridique*, no s. 1-2 1938, p. 19.

(2) M. Waline, Défense du positivisme juridique, *Archives de philosophie du droit et de sociologie juridique*, nos. 1-2 1939, p. 95-96.

(3) M. Waline, *L'individualisme et le droit*, 2 éd., Paris, 1949 はその記録である。

(4) われわれは、その例を、カレ・ド・マルベールの法実証主義憲法学のなかに見出すことができる（本書前出三四―三五頁参照）。

(5) 実効的憲法にせよ制定憲法にせよそれらの徹底的に実証的な研究ということを要求するのは、科学上の方法として当然に要請される実証主義の帰結である。しかし、実効的憲法あるいは制定憲法を実践的に支持するものとしての社会学的実証主義あるいは法実証主義は、そういう科学上の実証主義から出てくるものではなくて、論者の実践的立場から出てくるものである。その点に関連して、「『実定法のみを認識すべし』という法学方法論上の法実証主義と『実定法のみに従って行動すべし』という実践上の法実証主義とは全く異なる」（「法理論における真理と価値㈡」八六頁）ということ、および「『力を法となす』法実証主義の哲学的パトロンは『実証主義』ではなく、ある種の神学や形而上学である」（「ヘラクレイトス哲学における闘争と摂理」東大教養学部社会科学紀要・一四輯・一九二―一九三頁）ということをつく長尾龍一氏の指摘を参照。

三〇　なお、右記のことと関連して注意されるべきものに、妥当性 validité, Geltung の観念がある。法実証主義の憲法学は、制定憲法を「妥当する憲法」と考えるが、さきに簡単に見ておいたように[1]、普通、ひとびとは、妥当性という観念を、法解釈の場面で利用している。すなわち、憲法解釈者は、自分の解釈を、「妥当している憲法」の認識の必然の結果として示すことによってその説得力を強化するために、自己の解釈論上の立場のさまざまのかたちの投影物に、「妥当する憲法」としての資格づけを与えておこうとするのであり、したがって、そこで、妥当性は、各人それぞれにとっての正当性を多少とも反映している。現に人々によって使われている妥当性の観念は、多くの場合、実質においてはそのようなものなのである。他面、もし科学上の観念として妥当性の観念を使おうとするのであるかぎり、それは、科学上の観念として純化して使われなければならない。そして、憲法の妥当性とは、ある規範が憲法段階の規範として存在しているという客観的事実の問題である、とされているかぎり、妥当性と正当性とのあいだには直接の関係はない。

その点に関し、エローの妥当性観念を見ておこう。(2)彼によれば、法学(3)が評価的なものでなく純理的なものであることは、二つの仕方で二つの領域において現われる。まず、法学は、実在判断をすることによって、その対象となる法秩序を確定する。というのは、ある規範秩序の全体としての妥当性――全体的妥当性 validité globale――は、その秩序が「最大の力」すなわち組織化された物理的サンクションによって維持されている、ということに依存するからである。つぎに、法学は、論理的判断を行なう。というのは、上記の法秩序の内部での個々の法規範の妥当性――内部的妥当性 vaildité interne――は、その規範の上位規範との論理的適合性に依存するからである（内部的妥当性の問題は、規範定立行為が行為者の権限内容に適合しているかどうかという、内容の妥当性 validité intrinsèque の問題と、それが所定の形式的・手続的条件に適合しているかどうかという、外面の妥当性 validité extrinsèque の問題とに分けられる）。かようにして、「結局、妥当性とは客観的な性質のものであり、妥当性の条件は被治者の意思から独立している（上位規範によって決定される条件であり、創始権力(4)については最大の〔物理的〕力の所持である）」。かように、エローにあっては、妥当性の観念が、正当性の問題とは切り離されているのである。(5)

（1）　本書前出一二三―一二四頁。
（2）　Guy Héraud, La validité juridique, *Mélanges offerts à Jacques Maury*, tome II, Paris, 1960, p. 475-490.　なお、エローについては、深瀬忠一「G・エロー教授の法理論の特質――フランスにおけるケルセニスムの批判的摂取と超克例」北大

法学会論集一四巻二号を参照されたい。

(3) ここでエローが「法学」というのは、法規範ないし法秩序の説明でなく、認識の作業のことをいう。

(4) エローにおいて、創始権力 pouvoir originaire とは、(さしあたり国内法だけを考えれば) 全体としての法秩序の中で最高位を占め、その法秩序に実効性を与えることによって妥当性を維持するところのものである。この観念について、深瀬・前掲・特に一一五頁以下。

(5) なお、エローは、自分の妥当性観念とケルゼンやメルクルの所説とのちがいを強調している。もちろん、妥当性と正当性との非直結性という点について両者に違いがないことは明らかであるから、まず問題となるのは、妥当性と実効性との関係についてのことである。しかし、ケルゼン自身、『純粋法学』の初版ですでに、個々の法規範はそれが全体として実効的な法秩序の一部をなす時に妥当性を持つ、として、全体としての法秩序の妥当性はその実効性に依存せざるをえない、ということをきわめて明瞭に説いている(前出八二頁註(1))。したがって、エローが内部的妥当性と全体的妥当性という用語で示そうとしたところのものは、ケルゼンにおいても、個々の規範の妥当性と法秩序全体の妥当性という用語によって骨格的に示されていた、といえよう。ケルゼンは、さらに、つぎのようにいう——「憲法不適合の法律もまた、憲法がそのことゆえに廃棄あるいは改正されたと見られねばならぬのでないかぎり、妥当する法律であり、かつ、そうありつづける。法律不適合の判決もまた妥当する規範であり、それが別の判決で排除されるまでは、そのかぎりにおいて妥当しつづける。ある規範の『規範不適合性』は、下位規範と上位規範のあいだの論理的矛盾を意味するのではなく、下位規範が無効とされること、あるいは、有責の機関が処罰されることを意味するのだ、ということは、さきにすでに確認されたところである」(H. Kelsen, *Reine Rechtslehre*, 1. Aufl., S. 145)。これは、ある法秩序の内部におけるひとつの規範の妥当性が、上位規範への論理的適合性だけに依存するのではなく、そのような適合性についての公権的判定にも依存する、ということを示したものである。同じことは、メルクルの、かの瑕疵予測説において、明確に定式化されている。Fehlerkalkül とは、「実定法上別に設けられたその成立条件すなわち妥当の条件を充たさないような諸行為を国家に帰属させることを法的に可能にし、かような諸行為を右の瑕疵にもかかわらず法として認識することを許容するところの、実定法上の規定」であり、例えば、違憲の法律・命令について審査権がない場合、違法の判決が確定して救済手段がない場合、がそれに当る（Adolf Merkl, *Die Lehre von der Rechtskraft entwickelt aus dem Rechtsbegriff*, Wien, 1923. S. 275 ff. 特に S. 293）。したがって、もし、エローのいう内部的妥当性が、上位規範への通常の意味での論理的適合性だけに依存するとされているのだとしたら、その点では、ケルゼン――ましてメルクル――とちがいがあることになる。

三一　(3)　これまで、政治学と憲法解釈との関係を、もっぱら、実効的憲法および制定憲法という規範の認識と憲法解釈との関係の場面で問題とし、政治学は憲法解釈の軟化とも制定憲法への呪縛とも決して直結しない、ということを確かめてきた。それは、憲法解釈が多くの場合規範認識の必然的所産として示されるという前述の事情からして、憲法解釈と政治学とが、規範認識と解釈との関係の場面において最も安直に誤って直結されやすいからである。憲法科学の中身として、私はさきに憲法規範をめぐる因果性の研究ということをもあげたが、その政治学的作業と憲法解釈とのあいだの関係については、右記のような誤解が生ずることは比較的少ないであろう。また、よりひろい意味で憲法問題に関連する政治学の仕事一般と憲法解釈とのあいだの関係――例えば、デュギが標榜した意味での社会学的＝政治学的作業、すなわち社会意識の探索と憲法解釈との関係――についても、同様なことがいえよう。したがって、ここでは、規範認識と憲法解釈との関係についていえたことが、それ以外の政治学の作業一般と憲法解釈との関係についてはより明白にいえる、ということを結論としてのべるにとどめよう。

要するに、憲法解釈はおよそ政治学とは直結しない。憲法解釈は解釈者の法的価値判断であり、したがってそれを最終的に作り出すのはあくまで解釈者の主体的立場であって、政治学的認識の所産としての何らのものでもない。政治学――だけでなく、名称を問わず一切の科学――は、解釈者の主体的な価値形成に重要な寄与をしうるであろうし(1)、また、解釈論の構成をより説得的なものにすることに大きな寄与をしうるであろう。それは、まさにそのような意味で、解釈の基礎となり、それと結合する。しかし、そのときにも、両者は論理的には断絶しているのであり、両者のあいだには、依然として、解釈者という主体的な媒介項が常に存在しうるし、また、していなくてはならない。(2) 科学と解釈を無媒介に直結したものと考えることは、どちらがわにとっても不幸な結果をもたらすであろう。解釈のがわにとっては、例えば、解釈が実効的憲法ないし制定憲法の認識に引きづられて、解釈の権力追認的な軟化ないし制定憲法への呪縛ということが生ずる。科学のがわにとっては、例えば、解釈論の立場によって実効的憲法ないし制定憲法のあるがままの認識がゆがめられて、科学が科学としての性格を自己貫徹させるためにはもとより、解釈に本来的な意味で寄与するためにも、不都合を生ずる。そのことは、憲法科学=政治学がもともと憲法解釈上の必要にうながされ直接にそれに有用たるべきものとして現われ(エスマン)、社会学主義・法実証主義・社会学的実証主義などの憲法学によってもそれぞれの解釈論上に必要に応ずるものとして行なわれてきた、という事情からして、それだけ一層、警戒される必要があるように思われる。(3) 総じて、なんらかの実践的関心が科学研究を触発し促進することはたしかであるが、それは、前述のように科学研究のプロセスのなかに適切に位置づけられることによってはじめて可能となるということを、忘れてはならない。

(1) 例えば、何が「歴史の法廷で勝利を占める」か(広中『法と裁判』一九七一年・五一頁)の検討を通じて。

(2) そのような意味で、「解釈は科学的基礎をもちうるが、それ自体けっして科学とはなりえない」(長谷川正安『憲法判例の研究』勁草書房一九五六年)といわなければならない。なお、科学と実践とをつなぐ場面にあるものとして「応用科学」という観念が使われることがあるけれども、その実体は、(イ)実践に対して必要な技術を提供する科学そのものであるか、(ロ)科学の成果をふまえたものではあるが結局のところ主体的な実践、すなわち「科学を応用した実践」(長尾「法理論における真理と価値(三)」国家学会雑誌七八巻七・八号・七一頁)であるか、そのどちらかに帰着する。科学と実践とをつなぐのは実践者以外にない。

（3）　そのことは、例えば、過去の法現象を対象とする科学である法史学や諸外国の（憲）法現象を対象とする科学である比較（憲）法学と法解釈との間の関係に、具体的にあてはまる。法史学は、最初はまず法解釈に直接役立つべきものとして現われてきたが、法史学が法史学として生存値を持ち、法解釈にも十分に寄与しうるためには、歴史学としてみずからを徹底させ、法解釈とはっきりみずからを区別しなくてはならない（この点について、世良晃志郎『歴史学方法論の諸問題』木鐸社一九七三年、一六二頁以下、また、ミッタイス『ドイツ法制史概説・改訂版』創文社一九七一年、訳者あとがき・三六九―三七四頁）。また、比較法学についても同様なことがいえる（諸外国の憲法の研究が解釈論あるいは憲法運営ないし改憲作業上の直接の必要に基いて行なわれる場合に生じうべき、偏向の危険性について、黒田了一『比較憲法論序説』有斐閣一九六四年・二一―二二頁の指摘を参照）。とりわけ、戦後日本の憲法状況のもとでは、改憲論の主張を補強しようとして、外国憲法のデータを都合にあわせてぬき出すことが行なわれており、憲法調査会でのいわゆる十七人意見書は、「一九四五―四九年の四年間に三三ヶ国で新憲法が制定されたが、二六ヶ国が改正をしている」、「スイスのような平和愛好国が軍備をもち、イギリスのような民主国が君主をもち、ソ連のような社会主義国が徴兵制を施いている……」（『憲法改正の方向』）という。かように、外国の例をコンテクストぬきに援用したり、本来数量化できない性質のデータをあえて計量して自己の主張を正当化するような「比較憲法」の戯画的性格は自明であるが、もっと一般的な意味でも、比較憲法学を直結的実用主義から解放することは重要である。これまでわが国で比較憲法学は「国法学」という枠組のなかで行なわれることが多く、学制上も、憲法学講座とならんで国法学講座が設けられていた（東京大学で一八九三年、京都大学で一八九九年に、いずれも創立と同時に両講座がおかれ、東北大学では一九二二年に憲法講座、翌年に国家原論講座がおかれた）。ドイツでいう Staatsrechtslehre は、Allgemeine Staatsrechtslehre と Besondere Staatsrechtslehre とに分かれ、後者はさらに、諸国家の特定制度を対象とする Spezielle Staatsrechtslehre と特定国家の諸制度を対象とする Individuelle Staatsrechtslehre とに分かれるものとされていた（G. Jellinek, *Allgemeine Staatslehre*, 3. Aufl., S. 9 ff.）。それゆえ、ドイツ的用語法からすると一般（あるいは普通）国法学は比較憲法学の概論、特殊国法学はその各論、個別国法学は自国憲法学、ということになるはずだったのに対し、わが国の講座制の用法は、たしかに、「憲法ノ講座ト国法学ノ講座トカ併セ設ケラルルハ、特殊ノ沿革ニ基クモノニシテ、決シテ穏当ナル名称ニ非ス、其ノ所謂『憲法』ハ日本ノ国法学ヲ意味シ、国法学トイヘルハ普通国法学ヲ意味スルモノナリ」（美濃部達吉『日本国法学』上巻上、一九〇七年、一九〇頁）といわれるべきものであった。そのさい「特殊ノ沿革」の客観的基礎にあったのは、大日本帝国憲法の解釈に携わる「憲法学」が、比較憲法学＝「国法学」から独立した特殊日本的存在であるべきだということであろう。にもかかわらず、その後、ドイツの学説に依拠した「国法学」は、ドイツの Scheinkonstitutionalismus よりもいっそう scheinbar な立憲主義を含むにすぎなかった帝国憲法を、より立憲的に運用するための解釈を用意するという、実践的な役割をはたした（典型的には、美濃部憲法学における天皇機関説）。その寄与がきわめて意味あるものだったことには、十二分の評価があたえられなければならないが、他方で、国法学が、そのような実践的要求を担わされたことの反面として、ドイツの憲法および憲法学のありかたをも批判的検討の対象としうるはずの本来の比較憲法学の要求から見れば、きわめて不十分であったことに、注意しなければならない。

三二　かように見てくると、憲法の政治学的考察ということは、結局のところ、科学——それは、ことの性質上本質的に実証的である——の視点からする憲法現象の考察ということにほかならない。一方で、「憲法学」の名のもとに憲法科学を考えたときには、それは、必然的に「政治学的」であらざるをえない。実効的憲法および制定憲法の規範を認識する仕事も、それについての法則性の追究を行なう仕事も、ともに、——その内部での規範記述と因果説明との性質のちがいを明確にしながらも——科学としてみずからを徹底させてゆかなくてはならない。他方で、「憲法学の政治学的傾向」ということは、「憲法学」のもとに憲法科学を考えたときにのみ成立するのであり、憲法解釈と政治学＝憲法科学を無媒介に結びつけようとすることは、そのどちらにとっても不都合な結果をもたらすことになる。

なお、最後に、これまで意識的に視野の外においたところの二つの問題について、簡単にのべておきたいと思う。第一に、以上の叙述では、憲法科学が科学として徹底することによってはじめて、（現実を蔽うところの）イデオロギーの批判を有効になしうる、という点に焦点をおき、憲法解釈方法論について、それ自体としては一切論じなかったが、私は、もとより、憲法学者が憲法解釈に携わること自体の意味を過少評価するのではない。私にとって、法学者による解釈の主張は、権力による解釈に可能なかぎりでの枠づけを行ない、部分的な改良を個別的に獲得してゆく——あるいは少なくとも、権力による恣意的な支配を部分的に制約してゆく——ものとして、重要な実践的役割を持つものである。本書では、付論において、比較憲法的に見た日本の憲法現象の特殊性を位置づけることをとおして、日本国憲法の解釈を行なうさいの態度についての一定の示唆をひき出そうとしている。第二に、憲法科学の政治学性ということに関して、それでは、どんな政治学＝どんな憲法科学かという、本来的な意味での科学方法論の問題にも、立入らなかった。その問題については、次節以降で検討することにしたい。

第三節　現代フランス憲法科学の方法上の特質

三三　いかなる政治学、したがっていかなる憲法科学が問題なのか、ということは、本来の科学方法論の問題に属するが、それをとりあげるさいにまず注目されるのは、フランスの大学では、『社会科学の諸方法』Méthodes des sciences sociales という講義科目や教科書を担当しているのがまさしく憲法学者だ、ということである。(1) 法学者がフランスでそのような講義や教科書を担当するとしたら私法学者よりは公法学者であろうということは、これまで見てきたように、法の社会学的・総じて科学的研究がすぐれて「憲法学の政治学的傾向」のなかで展開されてきたという事情から推察できるところであるが、それにしても、わが国で「社会科学の諸方法」を講ずるとしたら、それは法学者であるよりは、おそらく社会学者・経済学者・歴史学者だろうと思われるのと、対照的であろう。ともあれ、そのような状況のなかで、「社会科学としての憲法学」について、「それではいかなる社会科学か」という問題が多少とも自覚的に提起されているのである。もちろん、「社会科学としての憲法学」の方法はさしあたって多様でありうるし、それらのあいだの優劣は、公式的・教条的な断定によってではなく、具体的な学問上の業績をあげるための有効性に即して判定されるべきものであるが、そのことを当然のこととして留保したうえで、現代フランス憲法科学の方法のなかにふくまれている問題点を紹介し、検討をくわえることにしよう。

そのさい、とりあげる憲法学者としては、モリス・デュヴェルジェとアンドレ・オーリウをもっぱら問題とすることにしたい。この両者はいずれも、理論的にみて、「いかなる社会科学か」という方法論の問題を意識的にとりあげており、そのうえ、実践的にも——解釈論や立法論の提言という実践にも同時にたずさわる法学者の場合、その実践的立場は、社会科学者一般における意味あいにくわえて、特殊の意味を持つ——いわゆる《gauche》（左派）の憲法学として、[2] 戦後フランス憲法学の有力な傾向に属しているからである。

（1） M. Duverger, *Méthodes des sciences sociales*, 3 éd., Paris, 1964（深瀬・樋口訳『社会科学の諸方法』勁草一九六八年）：
R. Pinto et M. Grawitz, *Méthodes des sciences sociales*, Paris, Dalloz, 1964 (2 éd., 1972) など。

（2） A・オーリウ（パリ大学名誉教授、一八九七年生）は、レジスタンス運動以来、政界では、ド・ゴール臨時政権下の諮問議会副議長、社会党選出の上院議員、統一社会党のリーダー等として活躍。デュヴェルジェ（パリ大学教授、一九一七年生）は、青年時代から政治活動に関与しているが、現在、みずから《gauche》たることを標榜し、ル・モンド紙の論説担当者として、また、左派の「クラブ」等への参加を通じて、多大の影響力を発揮している。

三四　デュヴェルジェやA・オーリウにおける方法上の問題を検討するさい、具体的には、比較憲法学における憲法現象の歴史的類型学《ティポロジー》をめぐる問題に焦点をあてることが適当であろう。フランスでは、大学の講義科目および内容項目は法令で定められているが、憲法の講義においては、大革命以来のフランス憲法史および現行憲法の記述のほか、社会主義国や開発途上国を包括する比較憲法の叙述が要求され、教科書的概論書も、そのような構成に従って書かれている。ところで、憲法現象の比較を有効に行なうことができるためには、複雑な諸現象が比較可能な形態に整理されていなければならず、そのためには、一定の方法的枠組が必要である。すなわち、比較の前提としては、一定の類型学と、それに基く体系化とが——もとより、それらは確定的なものではなく、具体的な比較作業の成果によってたえず修正されるべきものであるが——必要である。[1] まさしくそのような類型学のひとつとしてデュヴェルジェやA・オーリウは、憲法現象をひとりあるきするもの、あるいは、もっぱら思想・観念としてとりあげるのではなく、「社会・経済的構造」[2] les structures socio-économiques あるいは「社会的および経済的秩序」[3] l'ordre social et économique とのかかわりでとらえる観点から、類型学を提示する。それでは、「社会・経済的構造」や「社会的および経済的秩序」という言葉で、いったいどのようなものが念頭におかれているのだろうか。それは、つまるところ、彼らの属している今日の西欧社会を、どのような歴史的類型としてとらえるか、ということにほかならない。

A・オーリウの憲法概論書は、(3)その第一部で「古典的憲法」を、第二部で「新しい諸世界の試煉のなかの古典的憲法」をあつかっているのであるが、そのさい「新しい諸世界」すなわち現代社会は、「マルクス主義社会」「ファシズム体制」「低開発社会」sociétés sous-développées「高度に発達した社会」sociétés sur-développées の四つの類型でとらえられ、現代西欧型社会はその第四のもの、すなわち高度工業社会として位置づけられている。また、デュヴェルジェの憲法概論書の新版は、つぎのような分類をしている。

- 自由主義民主制
- 権威的体制
  - 社会主義独裁
  - 資本主義の権威的独裁
    - 伝統的君主制
    - 保守的独裁
      - ファシズム
      - 低開発国の独裁

右の類型のなかで、現代西欧型社会の「自由主義民主制」は、「社会・経済的構造」の点からいえば「工業的資本主義」と「技術の発展」（「工業社会」）という二つの標識をもった社会のありかたに対応するとされているが、憲法概論書より前に書かれた「政治社会学」の教科書的概論書では、これら二つの標識のなかでもとりわけ後者、すなわち「生産力の水準」を重視する考えかたが、きわめて明瞭に出ている。(4)そこではデュヴェルジェは、「社会・経済的構造」として「生産制度およびそれが生み出すところの所有制度」を考える見解としてマルクス主義理論をとりあげ、「マルクス主義によって叙述されている国家の基本類型――奴隷制国家、封建国家、ブルジョワ国家、社会主義国家――と生産制度の基本類型との関連は、全体として見れば正しい。しかし、これら『国家類型』は、政治の観点から見て明確でなく、実際にはきわめて多様な諸体制を包含する広きにすぎるカテゴリーである」、として、「政治体制と技術・経済的発展水準との関連性が政治体制と生産手段の所有制度との関連性と同様に大きい」という。[5] 彼によれば、(1)まず、「民主制とゆたかさ」、「独裁と貧困」が対応している。「多元主義的民主制は、高度の工業化と相応している。自由な国民はゆたかな国民だとのべることは、基本的な真理を、どぎつくはあるがほとんど誇張のない定式でいいあらわしたものである。大部分の民衆がなかば飢え、未開で文盲であるような国民に多元主義的制度を適用するのは、実際上不可能である。近代的な手続の外観のもとで、古い封建的専制体制が実際は機能しつづけ、この民主的手続は、それを打倒するのを助けるどころか、それを仮装することによって永つづきさせるのにすら役立ちうる。……共産主義体制の専制的一元的性格は、おそらく、政治的権力と経済的権力の集中によっているだけでなく、この体制が確立されている国の低開発的あるいは半開発的性格にも（とりわけそれに？）よっている。……ソ連および人民民主主義諸国における『自由化』は、その経済の進展に相応している……」。デュヴェルジェは、かように「生産力の水準」を類型学の基準とすべきだとするのであるが、その例外として、「二〇世紀の最もおそるべき独裁――ナチズム――が、技術的にきわめて進んだ国、一九三三年にはアメリカについで最も進んだ国で展開した」、という事実を説明するために、(2)生産力の「発展の速度」という動態的な指標を導入する。すなわち、「歴史上、独裁は、とりわけ、急激な変動、特に急速な技術的発展の時期にあらわれている。そこでは、暴力が、あるいは変動を加速し発展を急がせるために（革命的独裁）、あるいは伝統的な秩序を維持し進展を抑制するために（反動的独裁）役立つ」。[6]

かように生産力の発展速度を問題とする見方に関連して、A・オーリウのほうは、「政治体制と経済成長」という独立の論文を書いており、[7]「結論は慎重なものとなろう。とりわけ、法則に類似するなんらかの命題を定式化するようなことは問題にならぬ」としながらも、「ある値以上の経済成長になると、自由主義的民主制の機構はもはや正しく機能できないだろう」として、つぎのようにいう。「ある社会に現存する政治制度と、その社会で発展しあるいは必然とされた社会的経済的秩序とのあいだの関連は、すでに永いこと知られて」きたが、モンテスキュウやロッシにせよ、とりわけマルクスにせよ、「経済制度の『静態』」を問題にしてきたのであり、「その『動態』すなわち成長あるいは発展の速度」を必らずしも重視してこなかった。しかし、後者こそが問題であり、第二次大戦後独立した低開発諸国で西欧型民主制が失敗におわったのは、他の諸要因とならんで特に経済的要因のゆえであり、「低開発状態から脱するために、その国は、特に初期には、急速な経済成長値をとらなければならない。……ところが、急速な成長値のためには大きな投資が必要である。……そうでなくとも食糧不足の民衆に対し、大きな努力を払うこと、とりわけ、国民所得のうちいちじるしい部分を投資にあてることを強いるためには、ほとんど必然的に、自由主義的民主制の機能とは両立しがたい強制手段をとらなければならない」。ソ連における「相対的自由化」も、スターリンの死によるだけではなく、「経済成長値の一定の鈍化と符合している」。「西欧型民主制の揺籃だった国々」については、事態はもっと複雑であり、経済成長と民主制へのあゆみとが平行したのであったが、そうでありえた背景としては、西欧諸国での当時の経済成長の速度は、現在の社会主義国や人民民主主義国などとくらべると「はるかに緩やか」だったことに、注意しなければならない。――かように、A・オーリウの場合、一見すると、デュヴェルジェにあっては「例外」を説明するための補助的指標だった経済成長の速度という動態的要因を一元的な指標としているかのようであるが、実は、生産力の水準のひくい社会における急激な成長が自由主義的民主制と両立しがたいという主張であるから、生産力の水準という静態的要因との組み合わせが指標とされている、と見るべきであろう。デュヴェルジェとちがうのは、彼にあっては二つの要因が選択的な指標（生産力のひくい社会または経済成長の急速な社会に、権威主義的体制が対応する）とされているのに、A・オーリウにあっては競合的な指標（生産力がひくくかつ経済成長の急速な社会に、権威主義的体制が対応する）とされている、ということであろう。(8)

(1)　「比較方法は、類型学が先に確立されていることを前提とする。比較は、同じ類型の事実、類似の構造を持つ事実、の間でのみ妥当する。従って比較は、事前の体系化、理論を予め立てることを、前提とするのである」（デュヴェルジェ『社会科学の諸方法』前掲邦訳三六九頁）。

(2)　デュヴェルジェは、彼の憲法教科書の第一篇「政治制度の基本類型」の第一部「自由主義的民主制」のなかで、まず、「自由主義的社会の社会＝経済的構造」をとりあげる（M. Duverger, *Institutions politiques et droit constitutionnel*, 11 éd., Paris, 1970）。

(3)　A. Hauriou, *Droit constitutionnel et institutions politiques*, Paris, 1966.

(4)　M. Duverger, *Sociologie politique*, Paris. 1966, p. 125 et s.

(5)　マルクス主義に対するデュヴェルジェの基本的な見方については、本書前出六二頁註(8)。

(6)　デュヴェルジェは、生産力の高度に発達した社会でナチズムが生まれたことを説明するものとして、ドイツ特有のものとして、第一次大戦敗戦後の道徳的危機、経済危機と失業、中流階級における共産主義への恐怖などの「偶発的要因」、権威主義的伝統など「文化的要因」のほか、一般的要因として、高度に発達した社会が心理的緊張をむしろ増大させるという心理学的見かた、また、政治的無関心を生み出すという社会学的見かたをとりあげたうえで、「もっとはるかに重要なもの」として、生産力の発展速度という指標をあげるのである（M. Duverger, op. cit., p. 134-135）。

(7)　A. Hauriou, Régimes politiques et croissance économique, *Mélanges Maury*, II, Paris, 1960, p. 405 et s.

(8)　なお、ここでは、前述のように、フランスの学界における影響力、およびその仕事の先駆的性格からして重要な二人の見解にしぼって考察をするが、新らしい世代に属する学者のものとして、新刊の Roger-Gérard Schwartzenberg, *Sociologie politique*, Paris, 1971 も、彼らの影響を随所にうけている。シュワルツェンベールは、「あまりにも長いあいだ、政治学者は、政治現象を孤立してあつかってきた。権力を社会のなかで、権力が支配する社会環境のなかで分析しないできた」とし、

「政治の類型学の歴史」を見てもそれははっきり現われている（p. 57）という。彼は、そのような類型学として、主要な分類基準として権力の機構をあげる「伝統的類型学」、「所有制度によって規定づけられる生産関係」をあげる「マルクス主義類型学」、および、「経済的発展」をあげる「現代的類型学」の三つをあげ（p. 59-114）、最後のものについて、書物の半分ちかくのスペースを費して詳述する（p. 115-328）のである。ここであげられている三つの類型学のうち第一の伝統的類型学は、権力機構の法的制度だけでなく政党のありかたをも分類基準としてとりこんだ「新古典的類型学」をそのなかに含んでおり（p. 77-78）、いずれにしても、政治制度そのもののありかたに着目した類型学として、第二、第三の類型学とはいちおうちがった次元におかれうるであろう。「社会環境」とのかかわりで存立しうる類型学としては、やはり、「マルクス主義類型学」と「現代的類型学」が、対抗的なものとして位置づけられるのであって、その点では、本文でのべたデュヴェルジェの場合と同様である。（なお、シュワルツェンベールは、多くのフランスの学者と同様に、憲法・行政法・政治学・政治思想史にまたがる著書論文をもっている。）

三五　右に見てきた議論は、一定の憲法現象を科学的に分析するにはどのようなアプローチをとるべきか、という観点から憲法学者がおこなっている議論である。したがって、ここでは、まず、「新しい諸世界の試練のなかの古典的憲法」（A・オーリウ）の現状が、主張されているような類型学によってどれだけ適切につかまえられるか、という観点からの内在的吟味からはじめる必要があろう。まず、A・オーリウの指標からすると、高度工業社会である現代西欧型社会は自由主義的民主制にとって有利な土壌ということになり、彼自身が問題にする「権力の全般的増大」「権力の中央集中」「議会に対する執行権の優越」など、多少とも権威主義的な傾向――少なくとも、「古典的憲法」における「国家権力と市民の自由とのあいだの均衡」「国家権力と地方権力とのあいだの均衡」「公権力のあいだ、とりわけ執行権と議会のあいだの均衡」にくらべて権威主義的な傾向[1]――がなぜ出てくるのか、ということを充分に説明できない。実際、彼は、そのような傾向を、「高度に発達した社会の経済的特徴」からは説明しようとしていない。

むしろ、経済的特徴からいえば、「先進資本主義社会は、第三次産業革命に結びついているだけでなく、ケインズ革命の子でもあ」り、そこでは、「社会の経済的基礎のほぼ一般的な承認」があり、「過激な革命は不可欠ではなく、事実、左翼政党さらには極左政党すら、革命的なことばづかいにもかかわらず次第に改良的になっている」とされており、権威主義的な傾向の登場を必然化するような要因は、とり出されていない。そして、権威主義的な傾向は、「高度に発達した社会の社会的および心理学的特徴」という観点から、「技術者とテクノクラートの抬頭」「議会の威信と権威の低下」「脱政治化」「カリスマ的首長の権威のもとへの逃避の傾向」などの問題との関連においてとりあげられているのである。(2) また、A・オーリウの類型学においては、権威主義的傾向の極致であるファシズムが「高度に発達した社会」において出現する可能性という問題が適確に位置づけられない、ということにも注意を要する。

それにくらべると、デュヴェルジェの場合は、高度工業社会におけるファシズムを、いちおう「例外」としてであれ位置づけている。もっとも、現代西欧型社会に生きる研究者にとって最も切実な関心対象のひとつをなしているファシズムの問題を「例外」として位置づける類型学では、はたして十分なのか、という疑問が生じようが、実は、「政治社会学」執筆以後の時点で、彼は、生産力の高水準の社会で、少数派による異議申立て《コンテスタシオン》が「機械文明とそれがもたらす生活水準に結びついている市民の大半」からのはげしい反撥をひきおこし、ファシズムにつらなってゆくことの危険性を、指摘するようになっている。(3) これは、一九六八年五月の危機をふまえた観察であるが、かつて、アルジェリー戦争末期の極右反乱の危機にさいし、「一八五一年一一月末の数日以来、独裁の危険がこれほど大きかったことはない」としながらも、「物質的および精神的な社会構造が独裁の条件からこれほど離れていたことはない」として、せまりつつある独裁は、社会構造に根をもった必然的な独裁ではなく、軍部による「純粋に技術的な独裁」にすぎぬとしていたのとくらべると、かなりちがってきており、ごく一部の社会勢力による偶発的な独裁にとどまらない構造的な独裁の危険性を、より一般的にとらえるようになってきたといえよう。さらにまた、デュヴェルジェは、生産力の問題次元から独裁を説明するだけでなく、一八四八年―一九一四年の「第一期の工業資本主義」が「新資本主義《ネオ・カピタリスム》」へと転換したのにともない計画化と組織化の遂行のために「強い国家」が要請され、「自由主義的民主制との矛盾」をきたし、「一定の条件のもとでは、新資本主義がファシズム独裁の登場を容易にする」、ということをあげるようになったのである。(5)

ファシズムの場合は別格として、より一般的な権威主義的傾向については、デュヴェルジェの場合、どうであろうか。生産力の水準を基準とする見方だけからすれば、そのような傾向は、現代西欧型社会の「社会・経済的構造」に適合的なものとしては説明できないことになる。この点に関しては、そもそも、彼が生産力の水準を政治体制の分類の基準としている背景には、生産力の水準の高さを生活水準の高さと結びつけ、したがってそれが「敵対関係を減少させ、コンセンサスを増大させる」と考える図式が横たわっている、(6)ということ自体を問題にしなければならない。生産力の水準と生活水準とを、等置はしないまでも傾向的な平行関係にあるとする見方は、たとえばフランスの状況の認識としてはかなりの程度あたっているとしても、一般的命題としては承認できないからである。一国の生活水準は生産力の水準から直接的に導き出されてくるわけではなく、それ自体政治体制いかんによって左右されるものであり、いずれにしてもさまざまの要因によって規定されてくる、ということは、世界有数の「経済大国」に住む日本国民の現実を一瞥しただけで明らかであろう。実のところ、デュヴェルジェも、生産力の水準→生活水準→政治体制のありかた、という関係を無媒介につないでいるのではなくて、「真の統合」と「偽装」のどちらがより強くあらわれるかは「国家のにない手」の問題に依存する、と指摘している。(7)かようにして、結局は、国家の公共的機能によって、敵対関係の減少とコンセンサスの増大が期待されているのだ、ということになる。それに関連して、国家がかつての自由放任の立場をすてて社会・経済生活に介入してくる《dirigisme》[8]の現象をどうとらえるのか、という問題がある。そして、かつてデュヴェルジェは、それを資本主義対社会主義の対立を超える「混合体制」として位置づけ、そこにコンセンサスの成立する土俵を見てとっていた。[9]それにくらべると最近の彼は「混合体制」という用語自体に留保的な態度を示し、[10]それを「新資本主義」とよび、前述のように、そこでの「強い国家」が「自由主義的制度との矛盾」をもたらし、一定の条件のもとではファシズムの登場を促すことがある、というようになっており、そこに見られる一定の微妙な変化には注目すべきものがあるのであるが、[11]いずれにしても、「混合体制」であれ「新資本主義」であれ、問題はともかくも生産関係の次元に属するのだということに、注意しなければならない。そうだとすれば、そういう要因を導入することによって、生産力の水準の高い社会でも国家のはたす機能いかんによっては生活水準が確保されず、したがって権威主義的傾向がいちじるしくなるということになり、それだけ一般的な現状をより適合的に説明できるようになる反面、生産力の水準——いずれにせよ生産力の問題——を強調した彼の観点の独自性はそれだけ後退してしまうことになろう。

（1）これは、オーリウ自身が対比するところである。Cf. *Droit const. et ins. pol.*, p. 537 et s.
（2）op. cit., p. 532-536.
（3）朝日新聞一九七〇年元日号所掲の論説。
（4）M. Duverger, *De la dictature*, Paris., 1961, p. 10-12.
（5）M. Duverger, *Ins. pol. et dr. cons.*, 11 éd., p. 58.
（6）M. Duverger, *Sociologie politique*, p. 336, *Ins. pol. et dr. cons.*, p. 64 et s.
（7）*Sociologie politique*, p. 329-331.
（8）さしあたり参照、私の「フランスにおける Constitution のありかたと dirigisme の観念——フランス現代憲法学の批判的検討のための予備的一考察」（高柳信一＝藤田勇編『資本主義法の形成と展開』第一巻、東大出版会一九七二年、所収）。

(9)　デュヴェルジェは、一九世紀の基本的対立だった《droite cléricale 対 gauche anticléricale》の敵対（教権主義か政教分離かのこの対立は、単純化すれば王党派対共和派という政治的対立であった）がもはや重大でなくなっただけでなく、「《capitaliste-socialiste》の対立もまた、外観上の激しさにもかかわらず、時代おくれとなった」として、「droite capitaliste と gauche socialiste はいずれも、事実上、現存の混合体制 système mixte——西欧のすべての国が、多かれ少なかれそれに向う傾向にある——をうけいれている」、という (*De la dictature*, p. 41)。

(10)　「ある国々では、公的セクターが非常に発展し、しばしば混合体制ということがいわれるまでになっている。さきに強調したとおり、……公的セクターは依然として事実上私的セクターに従属しているから、この表現は不正確である。」(M. Duverger, *Ins. pol. et droit constitutionnel*, 11 éd., p. 60-61)

(11)　註(8)の拙稿では、おもに「混合体制」論に即してデュヴェルジェの見解を紹介・検討しておいた。

三六　かように、A・オーリウやデュヴェルジェのように、憲法現象の基礎にある「社会・経済的構造」として生産力という要因を直接的にとり出し、少なくとも強調する観点によっては、現代西欧型憲法現象の権威主義的傾向を充分に説明できず、デュヴェルジェの場合には、彼自身の主張に内在する別の要因のたすけを借りることの方が、それをよりよく説明できるとすれば、生産力ないし技術水準を憲法現象の歴史的類型学の直接的な基準とする見方そのものを、再検討しなければならないであろう。

とりわけA・オーリウの場合、少なくとも「社会・経済的構造」の観点から憲法現象を見るかぎり、現代西欧型社会についての楽観的認識が特徴的であり、それは、すでに高い生産力に達した高度工業社会に対する楽観的な見方というものを前提としている。そのような見方を象徴的に示すものとして、「第三次産業革命」という概念がある。彼は、現代西欧型社会を、第一次（一八世紀末、蒸気機関、織機、鉄道）、第二次（二〇世紀初、電力と内燃機関）につづく第三次産業革命（オートメーション、核エネルギー、宇宙科学など）を経験しつつある「高度技術」の社会としてとらえる。[1] かように産業革命をもっぱら技術の開発とそれにともなう生産力の上昇――「革命」というからには多少なりとも飛躍的な上昇であろうが――としてとらえるとき、ことの性質上、一国において数字にわたってn個の「産業諸革命」が継起するということになろう。ここでは、「産業革命」は、工業化の進行一般を包括的に指す没歴史的概念となる。

もともと産業革命論の系譜においては、その概念の構成自体のなかに、イギリス産業革命に対する「悲観論的」見方と「楽観論的」見方の対立が反映しており、しかも、その対立は、現代における資本主義的工業化とそれに伴う諸矛盾を直視しようとする体制批判的見方と、それと正反対の現状弁護的見方との対立のなかで、すぐれて現代的な意味をもっているのである。[2] ところで、いわゆる悲観論的見方は、産業革命を単なる技術的な経済的変革ではなくひとつの社会革命としてとらえ、経済史を断絶的にとらえるものだといえるが、いわゆる楽観論的見方は、それを、連続的・漸進的経済進化のひとつの段階としてしか位置づけない。それゆえ後者は、歴史上の独自的一画期としての *the* industrial revolution という概念を排し、幾多の industrial revolutions が存在することを主張するのであり、こうして、一国内でも「産業諸革命」が反復するという考え方がうち出されてきたのであった。「第三次（そして第n次）産業革命」という用語は、そのような背景を持っている。それにくらべると、わが国でよく知られているロストウの「離陸」take off という概念は、一国においては一回生起的なものとされているが、それでも、社会体制の質にかかわりなく、イギリス産業革命も現代中国の工業化もひとしく包括してしまうという意味では、やはり没歴史的なものだといわなければならない。そのような、いずれにしても没歴史的な概念構成に対して、われわれは、明確に歴史的な範疇としての産業革命概念――一国において一回的であり、かつ、それだけでなく、資本と賃労働の対立＝労働力商品化を標識とする特殊近代（現代を含めた広義の近代）的な資本主義という生産様式の完成をさす概念――が歴史

認識においてはたしうる有効性というものを、あらためて再確認すべきであろう。(3)

他方、デュヴェルジェの議論のなかには、現代西欧型社会における権威主義的傾向をより適合的に説明できるような要因がふくまれているといえるが、そのことに関連して、彼が、生産力、「技術の発展」という標識を重視して現代西欧型社会を高度工業社会としてとらえながらも、ともかくもそれとならんで、現代西欧型社会を「工業的資本主義」としてとらえる生産関係の標識をも立てていたことに、注意しておきたい。デュヴェルジェのいう「新資本主義」という標識は、さきに見たとおり、国家の公共的機能を媒介として、社会的敵対関係の緩和をもたらすことによって自由主義的民主制のための順条件を提供できるとともに、その反面、それにとっての逆条件をも用意する可能性を持つのだ、とされているのである。ただし、この場合も、「第一期の工業的資本主義」および「新資本主義」という概念は、基本的にはもっぱら生産力・技術水準の発展段階に見合うものとして想定されている。すなわち、「工業的資本主義は、一九世紀に、第一次産業革命をなす一連の技術的進歩につづいて展開した。……それは、大ざっぱにいえば、一八四八年から一九一四年のあいだに開花し、一九世紀の初頭はその生成期をなし、世界大戦の戦間期が〔つぎの時代への〕過渡期である。……現代資本主義は、この第一期の工業的資本主義とは根本的にちがっている。電気、石油、そして明日は原子エネルギーが、エネルギー源としての石炭にとってかわる。技術上の発明が、より完璧でより複雑な機械を生み出す。……工業投資は厖大なものとなり、巨大企業あるいは巨大な企業連合によってのみ実現されうるものとなる。合理化、組織化、計画化が必要となり、それらが、爾後、競争よりも大きな役割を演ずるようになる」(4)というのである。さらに、そもそも「工業的資本主義」という概念自体、近代資本主義を超歴史的な——古代にも中世にもありうるような——「資本主義」から区別しようというかぎりでは、正しい方向をさしていたといえるが、その区別の標識は、つぎのようなものであった。——「広義では、生産手段の私有に基くすべての社会が、資本主義である。

……狭義では、資本主義とは、生産手段の私有に基く社会のひとつの範疇、すなわち、土地が基本的な生産手段である農業社会とくらべて、工業と商業が生産の主要な要素であるような社会をさす。混線をさけるため、この類型の社会を、――それは工業的であると同じくらいに商業的であるのだが――『工業的資本主義』ということばでよぼう[5]」。かように、「工業的資本主義」という概念そのものが、工業化の段階に達した資本主義という点で前近代社会の「資本主義」と区別されているのであって、資本と賃労働の対抗という生産関係の成立の有無を基準として区別するという視点を、欠落させたものだったのである。せっかくの「資本主義」という範疇、および、資本主義における段階の設定という問題意識から、分析のためのより有効な道具をつくり出すためには、そのような視点をとりこんだうえで概念装置の再吟味をする必要があろう。そのようにして理解された意味での「資本主義」の一段階として「新資本主義」を位置づけることによって、前述した「新資本主義」の二面的性格――これは、現代西欧型社会の憲法現象が、一方ではナチズムを原型とするファシズム型、他方ではニュー・ディールを原型とする現代福祉国家型の現象形態をとりうる、ということにほかならない――という、それ自体としては適切な認識についても、そのような二面性の構造をより明確にとらえることができるようにおもわれる。

右に見てきたような問題点の検討をとりこんだ憲法現象の歴史的類型学に基いて比較憲法学の体系化の試みを行なうことは、次章の課題である。本節の検討は、憲法現象を「社会・経済的構造」とのかかわりでとらえようとする現代フランス憲法科学に即してその論理を内在的にたどり、そのための予備的考察を行なおうとしたものにほかならない。

（1）　A. Hauriou, *Droit con. et ins. pol.*, p. 531.

（2）　以下の本文の叙述は、岡田与好「産業革命論の変遷」（高橋幸八郎編『産業革命の研究』岩波一九六五年所収）に負うところが大きい。

（3）そのようなとらえかたは、経済の量的発展史観ともいうべきものの排除を意味する。量的発展史観は、とりわけ、一方では、近代（広義の）社会と前近代社会の区別の標識をもっぱら商品経済一般の量的拡大という点に求めようとする見解として、他方で、現代社会については成長論的歴史観として現われるが、前者に対しては周知のとおり大塚・高橋史学による系統的批判があり、後者に対しても、岡田与好氏による適切な批判がある（「『工業化』と農業――S・クズネッツの成長論に対する一批判」、木下彰教授退官記念論文集『資本主義の諸問題』日本評論社一九六七年所収）。

（4）M. Duverger, *Ins. pol. et droit const.*, 11 éd., p. 56-57.

（5）op. cit., p. 55-56.

第二章　比較憲法学の体系のための試論

第一節　憲法現象の類型学

I　比較と類型学

三七　比較憲法学が憲法現象の比較を効果的に行なうことができるためには、前述のように、一定の類型学と、それに基く体系化が必要である。[1]

比較の方法として、「機能的方法」「歴史的方法」というものがあげられることが多いが、これら両者は、少なくともつぎのような意味のものとして理解するかぎり、相互排斥的なものでなく、比較が成立するためにはいずれも不可欠なものである。[2]そして、そのそれぞれに対応して、憲法現象のそれぞれの類型学が成立するであろう。

まず、法を平面的に――たとえば制定法だけに着目して――とらえるのでなくその動態において立体的にとらえるべきだ、という意味で、比較は機能的に行なわれなければならない。そのためには、多様な憲法現象を論理的諸範疇に整理する論理的類型学が必要であるが、そのようなものとしては、さきに掲げたように、憲法現象を（i）制定憲法、(ii)実効的憲法、(iii)憲法意識、(iv)憲法的社会過程全般、という範疇に整理する類型学を想定することができよう。そうすることによって、たとえばたがいに類似した制定憲法がちがった機能を示しているとき、あるいは、ちがった制定憲法が類似の機能を示しているときに、有意味な比較をおこなうことができようし、また、科学操作の方法として、規範認識（(i)と(ii)）と因果説明（(iii)と(iv)）の混同を避けるのにも役立つであろう[3]。

つぎに、歴史的方法のためには、歴史的類型学が要求される。もともと憲法学は、具体的には、ひとつの特殊歴史的社会の法、すなわち近代市民国家《ブルジョワ》の基本法の研究として、生まれ、かつ、発展してきた。そのような憲法現象から抽出された原理は、しばしば「人類普遍の原理」とよばれるのであるが――かつ、そのようなものとして主張されることによって、実践的には、人類の精神文化のために巨大な寄与をしてきたのであるが――、にもかかわらず、それが超歴史的な存在ではなく、特定の歴史社会に対応する法のありかたにほかならないことを、われわれは充分に自覚しなければならない。そして、法現象がそのように超歴史的存在でないことはもとより、自己運動してゆくものでもないとするならば、それの比較も、歴史的文脈のなかで歴史社会とのかかわりにおいて、行なわれなければならない。そのような方法をふまず、中世的立憲主義（マグナ・カルタや身分制議会）と近代立憲主義（近代の人権宣言や近代議会）、資本主義憲法の社会化と社会主義憲法、社会主義的権力集中とファシズム独裁などを、無自覚的に「比較」しても、科学上有意義な成果をのぞむことはできないであろう。(i)原則的にいって、年代的にはちがっても、比較に適した同一類型の歴史社会相互をとり出して比較をおこなうことが必要であり、ごく常識的な例をあげれば、一七世紀中葉のイギリス、一八世紀末のフランス、一九世紀中葉のドイツという時期をとり出して、それぞれの国における市民革命――あるいはその挫折――のありかたの比較のうえに、憲法現象の比較がなされる。こうして、より一般的に、一定の歴史的類型学が不可欠のものとして要請される。(ii)それに対し、歴史社会のありかたを異にする一定時点の諸国について、横切り的な比較をおこなうことも、たしかに可能であり、たとえば立憲思想の相互交流、憲法制定過程への外国の影響などの観点からする研究にとっては、必要でもある。ただし、そのさいには、歴史社会のありかたの非類似性にもかかわらず、あえてそのような比較方法をとるのだ、という自覚が必要であろう。

（1）　本書前出一一八頁。
（2）　このことにつき、参照、望月礼二郎「外国法研究における機能的方法」、および、稲本洋之助「資本主義法の歴史的分析に関する覚書」（いずれも法律時報三八巻一二号所収）。
（3）　本書前出八九―九〇頁。
なお、本文であげた四つの範疇による論理的類型学は、一つの試みであって排他的な性質のものではない。これまで行なわれた特に注目すべき提唱として、長谷川正安『憲法学の方法』（日本評論新社一九五七年）および影山日出弥『現代憲法学の理論』（日本評論社一九六七年）が、それぞれ、「憲法意識」「憲法規範」「憲法制度」「憲法関係」という四つの範疇を用いて「憲法現象の構造」を整理している。

Ⅱ　憲法現象の歴史的類型学

三八　右に見たような観点から、憲法現象の歴史的類型学のひとつの枠組を示してみよう。そのさいの座標の中心としては、われわれがそのなかで現に生きている現代西欧型の憲法現象が問題となるであろうが、現代西欧型社会をどうとらえるかについては、さきにフランス憲法科学の方法について検討したところから、「社会＝経済的構造」として生産力そのものよりも生産関係の構造を重視する見方を、再評価すべきだと考えられる。そのような観点からすれば、現代西欧型社会は、何よりも、資本と賃労働の対立＝労働力商品化という生産様式の質的な特殊性を標識とする特殊歴史的存在として理解されるところの資本主義社会に属するものとして、とらえられるであろう。こうして、いわば横軸から見た憲法現象の歴史的範疇としては、資本主義型と社会主義型とが大別され、前者はさらに西欧型と開発途上国型、後者は狭義の社会主義型と人民民主主義型とに再区分される(1)。そこでは、ファシズム型は、現代福祉国家型とともに、西欧資本主義型憲法現象のひとつの現象形態として位置づけられ、同様に、スターリニズム型と「自由化」型は、社会主義型憲法現象のそれぞれの現象形態としてとらえられることになる。また、今日の西欧資本主義型憲法現象を過去のそれと対比させてその特徴をとらえるためには、いわば縦軸から見た憲法現象の歴史的範疇が類型化されなければならない。今日の西欧型社会が前近代社会や社会主義から区別されるべき近代資本主義社会（広義）に属するとしても、その内部で、狭義の近代から区別されるべき現代的特殊性を持っているからである。(2)

(1)　それぞれの国の近代市民革命のありかたによって、それぞれの近代国家の型が、したがって近代立憲主義の型が、基本的に方向づけられる。独立生産者層のなかから自生的に成長しつつある産業資本の萌芽によってになわれた「下からの革命」には、自由主義的立憲主義が（イギリス革命、フランス革命）、特権と結びついた前期的資本が先進資本主義からの国際的外圧のもとで産業資本に転化しようとしておこなわれる「上からの改革」には外見的立憲主義が（ドイツ革命の挫折）、それぞれ対応するであろう。そのような対抗的な二つの型がひとつの革命の過程のなかで激突した典型例として、フランス革命をあげることができ、「上からの改革」に対応する一七九一年憲法が、「下からの革命」に対応する一七九三年憲法によって粉砕され、自由主義的立憲主義への方向が決定づけられたのである。(3)

(2)　国家からの自由を核心とする近代立憲主義の諸原理は、市民革命によってただちに確立するわけのものではない。それは、産業革命を経過して産業資本が確立する段階の資本主義社会における国家のありかたに、論理的に対応する性質のものである。もともと、近代資本主義経済を前近代社会の経済のありかたから区別するものは、前期的資本から峻別されるべき特定の資本形態＝産業資本の存在である。産業資本は、生産過程で生み出される剰余価値を収取することによって増殖し、資本と賃労働の対立＝労働力商品化を標識とする特殊近代的な資本主義生産様式を規定づけるのであり、その点で、歴史とともにふるいもろもろの営利活動――それが古代「資本主義」とか中世「資本主義」という名でよばれるにもせよ――が奴隷制や農奴制など所与の生産様式に寄生していたのと、まったく異なっている。

そして、産業資本が確立することによってはじめて、資本の運動が自律的となり、政治権力による保育が不必要さらには有害なものとされ、経済外的要因による経済過程の撹乱を排除して予測可能性を維持すべき内的要請が生ずる。そのようなレッセ・フェールの要請にこたえるために、消極国家という国家のありかたが必要となる。他方、後述するように、近代社会における国家への権力集中は、中世封建制社会における権力の分散状況を克服した近世絶対主義の時代をひきつぎ、さらには、技術手段の発達によっていっそう高度化しているのであり、そのような万能のレヴィアタンである国家を消極国家として枠づけ、それが独占する権力を特定のしかたでのみ行使すべきだとするところに、近代立憲主義という法原理が生ずるのである。(4) まさにこの点で、それは、権力の未集中状況のもとで並立する権力主体間に成立するところの中世的立憲主義——マグナ・カルタや身分制議会など——と範疇的に区別されなければならない。一九世紀イギリスでは、他国に先んじた産業革命を経て「世界の工場」となる裏づけをともなって、自由主義的立憲主義が典型的に定着したし、フランスはイギリスにくらべて産業資本の確立が停滞したが、一八八〇年代以降、フランス革命によって方向づけられた自由主義的立憲主義が、議会中心共和制の形をとって定着した。

なお、市民革命以後、産業革命を経過して産業資本が確立するにいたるまでの初期資本主義においては、資本・賃労働関係の成立を促進し近代立憲主義が機能しうる土壌を創出するために、国家による介入が系統的におこなわれる、ということに注意しなければならない。(5) それはいわば、「国家による自由の強制」(＝実質的自由)が「国家からの自由」(＝形式的自由)の成立する前提として必要だったということであり、たとえば、フランス革命期には、国家法による結社の解体・禁止＝特権コルポラシオンの粉砕(中間団体の排除)によって、自由な諸個人の結合としての結社の自由が国家からの自由として成立すべき前提が創出され、初期独占および団結の解体によって、営業の自由放任——独占および団結自体の自由放任をふくむ——のための土俵がつくられたのであって、それこそが、「下からの革命」

の課題にこたえることなのであった。(6) 市民革命期には国家権力の否定ではなくてその奪取こそが問題だったのであり、そこでの国家のありかたは積極国家であり（典型はジャコビニスム）、より一般的にいって、産業革命の成就にいたるまでは、消極国家を創設するための積極国家的ありかたが必要であった（イギリスにおける議会エンクロージャー）。

(3)　ところで、資本主義はそののち、内においては資本と対立する賃労働諸階級の政治的成長、外に対しては他国資本主義との競争に直面して、一定の積極的役割を国家に期待するようになり、労働者のがわからも、生活維持のために国家の積極的役割が要求されるようになった。第一次大戦は戦時体制としての必要から国家の経済への関与をつよめたし、ロシア革命は、資本のがわにとっては体制維持のため、労働者のがわにとっては生活維持のための、国家の積極性への要求を刺戟した。さらに世界恐慌は資本の運動の自律性の喪失を示し、金本位制から管理通貨制への転換にみられるように、国家による経済過程の指導は決定的なものになる。この傾向は第二次大戦後さらに全面化することになり、戦後資本主義の復興と再編は、経済計画・国有化・財政投融資などに決定的に負うているし、他方、社会的諸権利の拡大という場面でも、国家の役割の積極性が要求されることとなる。このような積極国家への要請にともなって、消極国家を前提としていた近代立憲主義の法原理もまた現代的変容をこうむることとなる。憲法の現代的ありかたは近代立憲主義とは緊張関係にたつものであるだけに、その問題点は、近代立憲主義が十分に定着しなかったところにおいて、より直截にあらわれる。ドイツにおいて現代型憲法現象の問題性がいちばん明瞭にあらわれたのは、その意味で、決して偶然ではない。

もとより、「近代立憲主義」にせよその「現代的変容」にせよ、理念型的に構成されたものであり、現実にそれぞれの国々で現われる憲法現象はきわめて複雑なものであることは、いうまでもない。また、「近代立憲主義」の理念型に最もちかい例といえるのは前述のようにイギリスとフランスであるが、たとえばフランスの場合、論理的には産業資本主義段階に対応する近代立憲主義の原理が、歴史具体的にはむしろ私的独占の段階にはいって定着する(7)（一八八〇年代、総じて第一次大戦前の第三共和制）、というふうに、現実の憲法史の過程はさまざまな屈折を経る、ということに注意したい。さらに、そもそも、イギリスにしても、その消極国家のありかたと植民地体制の関連、本国における立憲主義が植民帝国としての立憲主義的原則の現実における否認と表裏一体をなしていたこと、などの問題性が付随していることを、忘れてはならないであろう。

(1)　憲法の歴史的性格に着目した類型化として、まず、鈴木安蔵『比較憲法史』（勁草書房一九五一年）五〇頁は、「絶対主義的・君主主義的憲法、ブルジョア民主主義的ないし資本主義的憲法、社会民主主義的憲法、ファシズム的憲法、ソヴェト民主主義的憲法、人民民主主義的憲法の諸類型」をあげ、黒田了一『比較憲法論序説』（有斐閣一九六四年）第二章は、資本主義型諸憲法（半封建的・外見的立憲主義憲法、自由主義的・ブルジョア民主主義憲法、外見的社会民主主義憲法の三つに細分）、社会主義型諸憲法（過渡期の憲法、純社会主義憲法の二つに細分）、後進国・従属国型諸憲法（ラテンアメリカ諸国憲法、アジアアラブ諸国憲法、アフリカ諸国憲法の三つに細分）の基本類型を立てていた。その後、影山日出弥『現代憲法学の理論』（前出）五四頁以下が、「社会構成体に基づく憲法類型を基準にするとすれば、現代憲法は、資本主義型憲法と社会主義型憲法との二つの基本的類型においてのみ存在する」として、いっそう首尾一貫した類型化を提示した（なお参照、影山「比較憲法史序説——方法と課題」季刊・思想と科学四号）。本書における「横軸から見た類型学」も、基本的にそれと同趣旨である。

(2)　吉田善明『現代比較憲法要論（上）』（敬文堂一九七〇年）は、「横軸から見た類型学」に関しては影山氏の見解を支持し本書と同じ立場にたつが、「縦軸から見た類型学」に関しては、「資本主義型（西欧型）憲法の史的展開」として「マニュファクチァ段階における憲法」「産業資本主義段階における憲法」「独占資本主義段階における憲法」を基本類型としてとり出しており（五七頁以下）、本書で、資本主義の段階における国家のありかたの転換に即して三つの段階を設定するのとは異なっている。特に、一八八〇年代を境にして独占資本主義段階を一括する類型化では、第一次大戦後、とりわけ第二次大戦後全面化する現代型憲法現象の特徴をとらえるのには不都合であり、一八八〇年代から二〇世紀はじめにかけての近代憲法のありかたを説明するにも不十分ではないか、との疑問を生ずる。

(3)　市民革命についての筆者の理解は、基本的に、フランス革命史を中心とする高橋幸八郎氏の一連の業績（参照、『市民革命の構造』一九五〇年、『近代社会成立史論』一九五三年、いずれもお茶の水書房）に負うている。周知のとおり、高橋氏は、近代社会成立の二つの対抗的な型——「地主型専制的な＝『狭く市民的寡頭的』のエリートの方向」と「農民型自主的な＝『広く市民的民主的』のポピュレールの仕方」（『近代社会成立史論』二一六頁）、いいかえれば、「封建的土地所有者＝前期的資本家層の把握のもとに『上から』遂行される封建社会の近代商品生産社会転化」と「独立自営農民層＝産業的中産者層の主導に於ける近代商品生産社会への展望」（同上、一八〇頁）、という二つの型——を抽出する。そして、同氏によれば、フランス革命こそ「この対向的両体系の云わば社会的結集力が政治過程に於いて『古典的』に決済を遂げる歴史」（二一六頁）なのであるが、国際的には、その対抗関係は、オストエルベ＝プロイセン型と西ヨーロッパ型のあいだであらそわれ（一八二頁）、それが、「プロシャ型の絶対主義的な所謂外見的立憲主義に帰着する憲法」と「西ヨーロッパ型の民主主義的・自由主義的な憲法」との対抗（『市民革命の構造』三二頁）の基礎に横たわる。

戦前すでにうち出され、戦後日本の社会科学の再出発にさいしても大きな影響力をおよぼした高橋理論は、わずかな例外（例えば野田良之『フランス法概論(上)』有斐閣一九五五年、五二五—五二九頁）をのぞいて法学者によってはほとんど言及もされてこなかったが、最近、憲法学者のがわから、「高橋説によっては少くとも憲法現象を合理的に説明することができないのではないか」とする疑問が提示されている（杉原泰雄「憲法学よりみた『市民革命の構造』——高橋幸八郎教授の見解に関連して——(上)(下)」『社会科学の方法』四巻二、三号。なお、関連して杉原氏の『国民主権の研究』〔岩波書店一九七一年〕を参照）。論点は多きにわたり、ここで問題に全面的に言及することはできないので、杉原氏のあげる第四点——これが当面の憲法の問題にいちばん直接に関連している——だけをとりあげておきたい。杉原氏は、「高橋説の図式——封建的土地貴族＝前期的資本家層↓モナルシアン＝フイアン＝ジロンダン↓非西ヨーロッパ型（一七九一年）憲法、中小生産者層＝農民層↓モンタニャール＝ジャコバン↓西ヨーロッパ型一七九三年憲法——によるかぎり、市民革命と市民憲法の関係を合理的に説明できないものと思われる」（前掲(上)一七頁）、という。この指摘は、明確な方法的自覚に立った主張であって、これまでしばしば見られたような、一七九一年憲法が典型的に「ブルジョワ」的であり、一七九三年憲法は「過激」だから「社会民主主義的」さらには「社会主義的」、いずれにしても「反ブルジョワ的」——少なくとも「非ブルジョワ的」だという、素朴な謬見とは次元を異にしたものであり、わが国における社会科学としての憲法学の水準を高める問題提起としてうけとめられなければならない。しかしながら、杉原氏の指摘にもかかわらず、つぎの点を考えるならば、西ヨーロッパ型自由主義憲法とプロイセン型外見的立憲主義との対照についての高橋氏の命題は、依然として維持されうるように思われる。すなわち、この問題に関連しては、(i)フランス革命時点に革命の経過のなかで、一七九一年憲法と一七九三年憲法がいかなる性格のものとしてあらわれたのか、ということと、(ii)市民革命からずっとのちになって（フランスではほぼ一世紀のち）近代立憲主義が確立してゆく時点での綱領的シンボルとして、これら二つの憲法がどのような役割をはたすことになるか、ということを区別しなければならない。(i)の問題として見るかぎり、一七九三年憲法こそが——憲法自身は結局未施行におわったにしても——ブルジョワ革命の課題を最も徹底的に追求するものであり、一七九一年憲法は、そのような「下からの革命」をおさえこもうとする「上からの改革」に対応する歴史的性格を持ったものであった。杉原氏が「西ヨーロッパ型の民主主義的・自由主義的憲法」の内容としてあげている「『国民主権』・権力分立・自由権中心の人権保障」は、当時の時点においては、まさしく革命の進行を抑止する機能を持っていた——「国民主権」によって国民の直接的政治参加を否定するとともに国王に「代表者」としての位置を確保し、権力分立によって国王の手中に少なくとも執行権を留保し、財産権の神聖不可侵によって革命初期における「買戻し」による封建的権利の有償廃棄のシステムに法的保障をあたえること、などをつうじて——のであり、一七九三年憲法によってそれらが粉砕されることによってはじめて、フランス近代社会が外見的立憲主義の途にすすんでゆくことがはっきりと否定され、自由主義的立憲主義の方向が定礎されえたのであった。にもかかわらず、——あるいは、まさにそれゆえに——、(ii)の問題としては、一七九三年憲法は後代のそれぞれの時点における現状批判的運動のシンボルとなり、一七九一年憲法の方は、全体として「西ヨーロッパ型の民主主義的・自由主義的憲法」あるいはブルジョワ的憲法＝近代立憲主義の綱領的シンボルとなったのである。

なお、そのさい、一七九一年憲法にふくまれていた憲法的フォーミュラは、たしかに、その少なからざるものがそのまま

「西ヨーロッパ型」憲法に継承された（自由権の権利体系や権力分立制）が、決してすべてがそうではない、ということに注意しなければならない。近代立憲主義確立期の「西ヨーロッパ型」憲法の主権原理は、――憲法上必らずしも明示されるにはいたらないにしても――実は souveraineté nationale ではなく souveraineté populaire、すなわち、「議員や政府を、少なくともたてまえ上は選挙人団の監視のもとにおく」主権原理（Georges Vedel, *Cours de droit constitutionnel et d'institutions politiques*, Paris, 1960-1961, p. 579. なお、この点についての杉原氏の見解と私見のちがいについては、さしあたり本書後出二八八頁）となってゆくのであり、普通選挙制が一般化してゆく点とともに、むしろ、一七九一年憲法の原理が次第に否定され、一七九三年憲法の原理が、たてまえとしては承認されるようになってきている。また、一七九一年憲法の定式が継承されている例としてさきにあげた自由権や権力分立にしても、実は、十全な意味でそうなのではない。近代立憲主義確立期には、議会と行政権との関係に関するかぎり、議院内閣制――しかも議会優越の構造をもつ一元型議院内閣制――によって権力分立は変容している。自由権にしても、――後述のように、いずれにしても市民革命期の「営業の自由」＝国家による自由の強制と近代立憲主義確立期の「営業の自由」＝国家からの自由とは区別されなければならないのではあるが――、下からの市民革命によって成立する国家権力＝国家法が初期独占を解体し、自由放任主義の土俵を創設するためのものとして「営業の自由」を追求するのは、一七九三年憲法において定式化されるのであり、一七九一年憲法は「営業の自由」をかかげていなかったのである。

（4）　そのような意味で、近代立憲主義という法原理の基礎には、経済がある。第二節でもふれるように、例えば、基本的人権のカタログにおける精神的諸自由という、「人類普遍の原理」とよばれるのに最もふさわしい法原理にしても、経済過程の裏うちを伴なってはじめて存立しえたのであって、現代社会において「経済が dirigisme に傾いているとき、政治においていかに libéral でありつづけるか？　われわれの制度の現代史は、この矛盾のなかで記されている」（André Piettre, La liberté économique et son évolution, *Encyclopédie française*, X, *l'Etat*, Paris, 1964, p. 102）というべきであり、解釈論上の実践的提言としていわゆる「二種の基準」論を主張するときも、そのことが十分に自覚されていなければならない。ただし、柴垣和夫氏が基本的人権のカタログを「諸権利と経済との距離」という観点から検討する興味ぶかい論文（「資本主義経済と基本的人権」、東大社研編『基本的人権の研究』第一巻、東大出版会一九六八年、所収）のなかで、経済的自由は「資本主義社会存立の不可欠の前提条件として、およそ資本主義社会では基本的に確保され、保障されなければならない性格のもの」（三二六頁）だから「資本主義経済との関連性という点では……もっとも中心に位置し、ついで……『人身の自由』『参政権』『請求権』等がそれにつづき、『精神の自由』にぞくする諸権利は、もっとも消極的なかかわりあいしかもたぬものとして位置づけられ」る（三四四頁）、とのべるとき、われわれは、一定の注意が必要である。「精神の自由の要求が商品経済を土台としてはじめて登場するとしても、逆に、精神の自由がその表現の自由をふくめて十分に確立しなければ、商品経済が発展しえない、あるいは資本主義として確立しえない、とはけっしていえない」（三三四頁）という命題は、実在した諸々の資本主義社会における精神の自由のありかたについての、いわば類概念的考察としてはあてはまるが、理念型的意味で最も典型的な資本主義社会が確立するためには、経済的自由と精神的自由の密接な連繋が不可欠だったはずである（この点につき、高柳信一「近代国家における基本的人権」〔前掲『基本的人権の研究』第一巻所収〕五九頁の指摘が示唆に富む）。精神の自由の主張は、まず、市民革命による権力の移動と統治構造の変革によって最も典型的な近代資本主義社会への道を方向づけるために不可欠だったのであり、さらに、産業資本の確立期において、およそ国家権力の役割が限定されるべきだとされる典型的近代資本主義社会が成立するために、不可欠だったのである。

（5）「市民革命期から産業革命期までの、原始的蓄積の本格的・最終的過程における国家法の体系、性格および役割の分析」の重要性を問題提起したものとして、稲本洋之助「資本主義法の歴史的分析に関する覚書」前掲、および、『近代相続法の研究』（特に一―八頁）の提言が参照されるべきである。

（6）このことの重要性を指摘したものとして、営業の自由に関する岡田与好氏の主張（「『営業の自由』と、『独占』および『団結』」、東大社研編『基本的人権の研究』第五巻、東大出版会一九六九年所収）、およびそれに端を発しておもに『社会科学の方法』誌上で展開されている一連の論争が注目される（同誌一二、一四号の渡辺論文、一六、一七号の岡田氏の再論、一九号の影山、堀部、柴垣論文、二四号の藤田（勇）、山之内、清成、堀部論文、三一号の広中・渡辺・岡田氏による鼎談、そのほか、『公正取引』二三二号の堀部論文、二三六号の今村論文、宮崎良夫「行政国家における営業の自由㈠」社会科学研究二三巻三号、および岡田「資本主義と『営業の自由』」〔高柳信一・藤田勇編『資本主義法の形成と展開・第一巻』東大出版会一九七二年〕がある)。論争の端緒となった岡田論文は、「営業の自由を、人権としてではなく、資本主義の政策原理、資本の運動論理としてとらえ直すこと」(一五二頁)を提唱するが、それは、ひとつには、営業の自由が「歴史的には、国家による営業・産業規制からの自由であるだけでなく、何よりも、営業の『独占』と『制限』からの自由であり、かかるものとして……いわゆる「公序」(public policy)として追求されたものであった」(一二九—一三〇頁、傍点岡田氏)という歴史認識上の主張であり、もうひとつには、そのような歴史的所産である「営業の自由」を今日「人権」として主張してはならぬ、という法解釈論上の実践的提言である。法解釈論上の問題についての岡田氏の提言は、基本権の私人間効力や社会権をどう構成するかにはねかえってゆくものであり(私の「基本的人権の歴史性と法技術的構成の理解をめぐる若干の問題点」社会科学研究二三巻一号一八二頁)、とりわけまた、わが国の憲法解釈論における「公共の福祉」論批判としても論議されなければならない(私の『「公共の福祉」論の現状とゆくえ』ジュリスト五〇〇号三八—三九頁を参照)が、ここでは解釈論的主張の当否については立ち入ることをひかえ、歴史認識上の問題について私の前掲二稿の趣旨を敷衍しておくことにしたい。

この点についての岡田氏の主張は、Ⓐ何よりもまず、市民革命期について本文でのべたような「国家による自由の強制」の問題性をはっきりと提示した点で、意義深いものであった。もっとも、この意味での「営業の自由」をとらえて岡田氏は人権でないというのであるが、フランスについていえば、一七九三年の Déclaration des *droits de l'homme* et du citoyen (同年のジロンド草案でいえば Déclaration des *droits* naturels, civils et politiques *de l'homme*) のカタログのなかに、営業の自由は存在しているのである。Ⓑ産業革命を経過して産業資本主義段階になると、「営業の自由」は、原理的には成立しおわった自由放任主義の土俵を前提とし、国家によるその攪乱を排除するための「国家からの自由」に転換し、そのようなものとして法技術的に整備されることになる。フランスの場合でいえば、近代立憲主義の確立期といえる第三共和制期において、行政裁判所による行政の適法性審査の場面で、《liberté du commerce et de l'industrie》が判例上確立し、主として警察的介入の限界を画するものとしてその観念が使われる。この段階の「営業の自由」は、形式的自由の枠組であり、国家の不介入は私的独占形成の自由放任をも含意し、実際にもそれを促進し、産業資本主義は現実に私的独占の段階へときれ目なく移行したのであった。経済的自由＝国家からの自由というフォーミュラになじんだ法学者は、「営業の自由」というとき、まずこの段階の「営業の自由」を念頭に浮かべてきたのであった。まさにそのような傾向に対して、岡田氏はⒶの意味での「営業の自由」に注意を喚起したのであったが、同氏がⒷの状況を無視しているのでないことは、労働力商品の取引の独占が団結禁止解除立法によって自由に放任されるようになる事態を岡田氏がくわしくあとづけていることからも、明らかである（『イギリス初期労働立法の歴史的展開』増補版、お茶の水書房一九七〇年、特にその「附論」）。われわれは、ⒶとⒷの明瞭な区別をすることによって議論を整理することができるし、また、そうしなければならない（その試みとして、前掲「社会科学の方法」鼎談の司会にあたった広中氏の、「営業の自由・甲」と「営業の自由・乙」の区別の提唱がある）。

Ⓒところで、国家独占資本主義といわれる段階に達すると、独占形成自体が私的イニシャティヴのままに自由に放任されるのではなく、国家によって統制されることが必要となる。そのさい、(a)法的フォーミュラとしては、「営業の自由」をⒷの意味で――私的独占形成を自由に放任する形式的自由として――とらえたうえで、それに対する制約という構成がとられるが、(b)そこで標榜されている実質は、Ⓐの意味での「営業の自由」――これは独占を統制することによって得られる実質的自由である――の回復ということである。(c)ところが、そのように標榜されている実質をザッハリヒに見るなら、事態は、独占形成のメカニズム自体の国家による掌握ということにほかならない。この点については、岡田氏による憲法学批判は、(b)の眼鏡をとおして(a)のフォーミュラを批判したかぎりにおいてそれ自身ひとつの解釈論なのであり、歴史認識としては、氏自身、独禁法制に見られる(b)の志向の「歴史的限界」（『基本的人権の研究』所収論文一三七頁）をついているとおり、(c)の基本認識に立って(b)のイデオロギー性を批判することこそが、問題の中心となるべきであろう。そうすれば、独禁法制のザッハリヒな本質を(c)の観点からとらえることによって、むしろその歴史的必然性のほうが強調されることになろう（むろん、それは唯一の必然ではない。独占形成のメカニズムの国家による掌握は、自由主義の実質的回復というアメリカ型＝自由競争イデオロギーのもとにおいてだけではなく、より直接に、独占の民主主義的管理というヨーロッパ＝社会化型イデオロギーのもとでも行なわれるからである）。なお、この問題は、より一般的に、岡田氏が「政治的専制」の否定の問題にとどまらぬ「社会的専制」からの個人の防衛の問題として提起する事がらに、かかわっている（「社会科学の方法」一七号一八頁で、同氏はこの問題を

一九世紀のミルを引きながら論ずるが、この問題が一般化するのは二〇世紀のことであり、ミルはいわばその思想的先どりだったように思われる）。すなわち、国家の介入による「社会的専制」からの個人の実質的自由の防衛が標榜されるとき、たしかに、それぞれの局面でそのような主張をすることが実践的に重要な意義をもちうるとしても、ザッハリヒには、かつて「政治的専制」を行なった国家をふたたび社会生活のなかによびこんでくることにほかならない、ということが十分に自覚されていなければならないのである。

右のような認識をふまえて「公共の福祉」論につき簡単にふれておきたい。岡田氏は、現在の法学界で最も影響力をもっているとおもわれる宮沢俊義氏の公共の福祉論をとりあげ、同氏が「自由国家的」公共の福祉を人権相互間の衝突を調整する「実質的公平」の原理としてとらえることを批判し、「元来、基本的人権の平等な保障は、諸個人相互間の自由競争、したがって教授のいわゆる人権相互間の矛盾衝突の社会的承認を意味するものではないだろうか。いいかえれば、人権の平等な保障は、諸個人相互間の実質的不平等の放任を人類の進歩の条件とみなすことを本来的にふくんでいる」（傍点岡田氏、前掲『基本的人権の研究』所収論文一五二―一五四頁）、と指摘する。実際、宮沢氏および多くの法学者にあっては、「自由国家的」であれ「社会国家的」であれ「公共の福祉」は、しかたこそちがうにしてもいずれも「実質的公平」を確保するための調整原理とされているのであるが、実は、「自由国家」における自由放任主義は、競争の放任こそが人類の進歩を保障するという観点から、それへの一切の内容的介入――まさしく「調整」を含めて――を否定したはずだったのである。ただし、岡田氏は、自由競争の原理こそが「公共の福祉」だとする「経済的自由主義の本来の精神」を強調する（同上一三六頁）が、そのさい、自由競争の貫徹が「公共の福祉」の名において主張されるのはまさしく自由競争の土俵を創出するための国家による系統的介入が行なわれる初期資本主義段階のことであり――ロックにおける《public good》論は、このような観点からとらえられるべきである。なお、そのことに関し参照、杉本幹夫「基本的人権の基本問題(二)」龍谷法学四巻一号五六頁――、確立した「自由国家」における自由放任の段階では「公共の福祉」という観念自体が不要とされ消失する、ということに注意したい。それゆえ、現代における「公共の福祉」の再登場は、(a)そのフォーミュラにおいては、実質的不公平を放任する形式的自由としての「経済的自由主義」を措定し、それに対する制約として定式化されたものだということを確認すべきであり、(b)そのさい「公共の福祉」による実質的な「経済的自由主義」の回復が標榜されている、ということは岡田氏が強調するとおりであるが、(c)事態の根本的意義は、そのようなイデオロギー的構成のもとで「公共の福祉」の名による国家の全面的介入が志向されているところにあるのである。

(7)　この点について、稲本洋之助「一九世紀フランスにおける『出版の自由』」（東大社研編『基本的人権の研究』第四巻、東大出版会一九六八年、所収）は、フランスで精神的諸自由が法律による保障を見出すのは「すでに所有権の神聖不可侵にたいして深刻な疑問が示されはじめる一八八〇年代であった」（三二八頁）ことについて、「精神的自由の法律的保障は、財産的自由のそれと異なり、反体制的自由の承認をも意味し、したがって、この反体制的自由を一定の範囲内において承認し、同時にこれを体制内化する政策をとらざるをえない段階において、体制のそのような変化にしたがって形成されていく」（三六六頁）という、注目すべき見かたを提示する。ところで、産業資本主義段階と私的独占の段階では、国家の役割は本質的にはひとしく消極的であり、前者における経済的自由放任が必然的に後者を生み出すと同時に、後者においても独占形成自体が自由放任にゆだねられるのであり、国家権力と国民との関係にかかわる憲法現象に関しては、二つの段階の境界は不分明である。私的独占の段階における精神的自由の保障が反体制的自由の体制内化という客観的効果をもち、それだけではなくしばしばそういう主観的目標に導かれたものであったことはたしかだとしても、それは、反体制的自由の体制内化の積極的促進の政策――これならば、国家独占の段階でこそ精神的自由の保障が展開しなければならないはずである――という観点よりは、反体制的自由を含めた自由放任の貫徹という観点から――したがって、本来は産業資本主義段階に見合う論理構造をもつものとして――位置づけるほうが適当だとおもわれる。

第二節　近代立憲主義とその現代的変容

三九　前節で概略をえがいたように、われわれは、基本的に、産業資本主義段階の経済が論理的に想定する消極国家という国家のありかたに対応する法原理として、近代立憲主義をとらえ、また、資本主義経済の変貌にともない、論理的に想定される国家のありかたが積極国家へと転換してゆくのに対応するものとして、近代立憲主義の現代的変容という法現象を位置づける。ここでは、そのようなものとしての近代立憲主義とその現代的変容について、憲法現象のいくつかの主要な側面に即した論点の提示をおこなうことにしたい。それらの論点についての立入った研究は、本書第二部、および予定されている別の研究にゆだねられる。(1) なお、本節では、扱う問題の性質上、原則として「近代」ということばは、「現代」と対比する狭義の意味で用いられる。

(1)　本節では、私なりのシェーマをなるべく簡潔直截に提示することを心がけ、そのため、学恩をうけた多くの参考文献に関する註記はあえて行なわなかった。それについては、各論点ごとにあげておいた私の個別的研究を見られたい。

I　国　家

四〇　近代立憲主義が法による国家権力の拘束にほかならない以上、「近代立憲主義とその現代的変容」を考察するにあたっては、国家のありかたの認識からはじめるべきであろう。そして、その点について、われわれは、一方で、近代と現代を貫通している（国家と国民の関係に関するかぎり）国家への権力集中という「動かぬもの」と、他方では、近代＝消極国家から現代＝積極国家への変容という「動いたもの」とを、いずれも適切に位置づけなければならない。

i　国家への権力集中——主権の観念

四一　もともと、西洋中世の封建制社会における封主封臣間の関係は「君、君たりて臣、臣たり」という相互的誠実義務の関係であり、そこでは、総じて、正当とされる組織化された強制力（＝権力）は、教会、皇帝、国王、諸侯、自治都市、大学などに分散していた。中世について「法の主権」ということが語られるのは、何びとも主権者といえるほどに権力を集中していなかったことを意味するものにほかならない。近世絶対主義における王権への権力集中の段階で、フランス王権について、対外的にはとりわけカトリック教会という普遍的権威からの独立を、対内的にはとりわけ封建諸侯への優越を示すものとして、「主権」の観念が登場した。それ以来、市民革命後の近代国家およびさらに現代国家をつうじて、技術手段の発達にともない物理的強制力の国家による独占がますます決定的になることによって、国家への権力集中はいっそう高度化してきているのである。

　ところで、国家の主権ということがいわれるまでに権力の集中がすすむと、そのような国家における主権の所在、すなわち、国家における最高意思の所在ということが問題となってくる。もっとも君主そのものが国家と観念されている王権神授説的な絶対王制においては（「朕は国家なり」）、国家の主権の問題と、国家における君主の主権の問題は分化されず、君主主権に対抗して国民《プープル》主権が主張されたときも同様であった。それに対し、国家を、その構成員である君主や国民《プープル》とは別箇の法人格の主体としてとらえるところでは、国家の主権と国家における主権とは、論理上次元のちがう問題として区別されることになろう。

四二　近代憲法の原理としては、国家における主権は国民にあるとされ、それは現代にもひきつがれる。ところで、「国民主権」といっても、第一に、「主権」は、直接には法上の建前あるいは理念であって、法制度上の最終的権限の帰属を示すものとはかぎらないし、まして、政治上の現実的決定力そのものの所在を示すものではない。主権とは、

「権力の淵源」、「正当性《レジティミテ》」にほかならないのであり、そうであるだけに、「国民主権」は、統治の実力と正当性の分裂という実態を偽装するイデオロギーとなりうる。

第二に、「国民主権」における「国民」の二義性がある。フランス革命期において、一七九一年憲法の nation 主権は、アンシャン・レジームの君主主権を否定すると同時に、ルソー流の peuple 主権――のちに一七九三年憲法に採用される――にも対抗するものであった。「不可分で永続的な集合体」としての nation に主権が帰属するとされる場合、nation というものの概念からして主権の行使は他のもの＝「代表」者によって行なわれるほかなく、そのさい、nation は非実体的・抽象的なものでみずからの意思をもつことができないから、「代表」者の意思を国民意思によって拘束することは論理上すでに不可能であり、国民自身の意思による決定――そのような意味での直接民主主義的要因――は、原理上すでに否定される（「純粋代表制」）。それに対し、具体的に把握しうる「市民の集合体」としての peuple に主権が帰属するとされる場合、peuple はみずから意思の主体であり、したがって、国民意思による決定という意味での直接民主主義的要因は、そこでは原理的に肯定される（「半代表制」）。この peuple 主権は、フランス革命期には、下からの市民革命に対応するものとして、nation 主権＝上からの改革を破砕する歴史的役割をはたして、いったん舞台から姿を消すが、のちに、普通選挙が確立し、また、選挙民意思とのあいだに類似性が存すべきだという意味で議会の「代表」性が語られる「半代表制」の段階で、第三共和制のもとで近代憲法の原理体系のなかに実質上定着し、そのような国民＝peuple 主権の観念は、現代にはいっても第四、第五共和制憲法によってひきつがれる。イギリスで King in Parliament の主権、およびそれにつづく Parliament の主権に対して、普通選挙の実質的確立以後「法的主権は議会にあるが政治的主権は選挙民にある」といわれるときの「選挙民主権」の観念――「法的主権」とは法制度上の最高規範定立権をさすのに対し、「政治的主権」とは権力の正当性原理であり、そ

これこそが、前述した意味での主権にほかならない――、日本国憲法における「国民主権」の観念も、フランス憲法史における people 主権に相当すると考えられる。

四三　対外的側面における国家の主権性に関しては、現代的段階において、注目すべき変容が見られる。国家の対外的主権性の主張は、フランス革命期においては、国内における正当性原理としての国民主権とむすびついて、他国への不干渉をともなう国民主義《ナショナリズム》として機能し、ついで、帝国主義の段階においては、国内的同質性をイデオロギー的に粉飾して国民を他国資本主義との競争に動員する国家主義《ナショナリズム》として機能した。ところで、帝国主義段階における主権諸国家間の緊張は、主権を持たない広大な領域=植民地の存在によって緩衝されていたのであったが、全欧州規模でたたかわれた帝国主義戦争である第一次大戦は、資本主義の危機と社会主義国家の成立をもたらし、それ以後、帝国主義戦争による矛盾の解決は容易でなくなってくる。そのようななかで、国際諸組織の発達とあいまって、「憲法の国際化」とよばれるような現象が生じ、内容的にみて国際的な意義と効果をもつ一群の憲法規定があらわれた。宣戦に関する憲法的規律、戦争準備行為の法的規制、憲法による戦争放棄などである。学説のうえでも、国際法優位説や国家主権否認論があらわれた。第二次大戦後、そのような傾向はさらに進行する。地球の三分の一が社会主義国家となるとともに、戦争手段が巨大な発達をとげることによって、資本主義諸国間の戦争はきわめて困難になり、また、旧植民地での民族解放運動の高揚によって、特定の欧米諸国家だけが主権を寡占的に援用することはもはや不可能となった。第二次大戦の悲惨な戦争体験をふまえて平和への人間的熱望がいっそう切実なものとなったことも加わり、国際諸組織のいっそうの発達とあいまって、戦争、少なくとも侵略戦争の放棄の条項や主権の制限・移譲条項が憲法に登場する。なお、そのような条項はしばしば、理想主義的な平和規定としてでなく、強大国の弱小国支配の道具として機能しうるのであり、それゆえに、新興のアジア・アフリカ・ラテンアメリカ諸国によって国家の対外的主権性が強調され、また、いわゆる先進諸国間においても、主権制限における相互主義の留保条項の持つ意味が注目されることとなるのである。ただしまた、これまで法学で用いられてきた「国家主権」とは、原則として形式的＝法的次元での自己決定の可能性をさすものであるため、実質的＝政治的次元における従属を法的独立のフォーミュラでもって陰蔽するというイデオロギー的役割をも演ずる、ということにも注意が必要である。

この項に関連して、特に「国民主権」の問題につき、本書第二部本論および補章第一節のほか、私の既発表論文として、「現代の『代表民主制』における直接民主制的諸傾向」（一九六四年発表（『議会制の構造と動態』所収）、書評「長谷川正安『国家の自衛権と国民の自衛権』」法律時報四三巻六号。

ii　消極国家から積極国家への転換――近代立憲主義の現代的変容

四四　前述のように、産業資本主義段階に論理的に対応する国家のありかたである消極国家は、第一次大戦を境にして、積極国家に転換し、それにともなって、近代立憲主義の法原理は現代的変容をこうむる。

ところで、近代立憲主義とは、国家権力を拘束し、国家が独占する巨大な実力を特定のしかたでのみ行使させようとする法原理にほかならないが、そのさい、「法による国家権力の拘束」の目的は、レッセ・フェールの維持＝市民の自由な活動の保障であり、そこに、市民の社会的経済的生活への国家の原則的不介入を核心とする、自由権中心の人権体系が成立する（「自由国家」、「国家の価値中立性」）。つぎに拘束の対象は行政権、拘束の手段は原則的に議会制定法であり、統治機構の構造は、議会優位の権力分立制となる（「議会制民主主義」と「弱い政府」）とともに、統治機構を維持するための財政負担の軽減が要求される（「安上りの政府」）。また、権力拘束の手段としての法の規定様式は「機械のように計算されうる」ものであり、法解釈の任務はそれをありのままに認識することでなければならないとされ（解釈方法論としての「法実証主義」）、そのことによって、予測可能性の要求がみたされると同時に、司法権の法創造作用は否定され、法創造作用は議会に留保される（《Gesetzgebungsstaat》）。

現代の憲法現象はそのようなありかたとは対照的であり、その基本図式は、国家が法をもちいて経済→社会生活一般に積極的に関与・介入してくるところに見出される。そこでは、まず、介入の目的は、特定の価値を法の名において社会生活に貫徹させることであり（「基本価値の化体としての憲法」）、その貫徹の意味は、元来は私的自治にゆだねられていた領域に社会権が登場し自由権についても私人間効力が問題となるように、価値促進的であることもあるし（「社会国家」）、私人からの基本権剥奪や政党違憲裁判の場合のように、価値禁圧的であることもある（「たたかう民主制」）。つぎに、介入する主体は、国家機関のなかでもとりわけ行政府であり、それゆえにまた、介入のしかたも能動的であり、かつて国家の実力が、その役割を明確に限定された司法権を通じ、当事者の請求にもとづいて受動的に、侵害された法秩序の回復のため事後的にのみ発動されるのを建前としていたのと、対照的である。かように、国家機能の量的質的な拡大強化は行政権の強化としてあらわれ（「行政権優越」による権力分立制の変容」）、そのさい行政府首長は、議会をとびこして選挙民との直結性を援用することによって自己の地位を正当づける（「プレビシット的民主制」）。また、介入の手段としての法のつくり手としての議会の機能も多かれ少なかれ減退し、行政府や司法府が、法創造作用において重要な役割を演ずるようになる。すなわち、行政府については、一方で命令の役割が増大し（委任立法や法律事項の限定）、他方で、選挙人団による直接立法も、行政府首長のイニシャティヴに基く制度のもとでは、実質的には、「国民主権の貫徹」というイデオロギーのもとで行政府の対議会優位をもたらすものとして機能する（《Verwaltungsstaat》）。司法府――より一般的にいって裁判的機関――については、何よりも違憲審査制による議会立法の統制があり、また、法の規定様式における一般条項の一般化に対応して、法の解釈適用の過程における法創造性が増大し、解釈方法論としても、制定法による裁判所の緊縛を弛緩させる主張が、「目的論的解釈」や「社会学的解釈」などの名のもとでおこなわれており、裁判所が自然法を援用することによって、制定法とことなる法価値を創造することすらあり、総じて、裁判の法創造性が拡大する（《Justizstaat》または《Rechtsprechungsstaat》）。

四五　ところで、近代立憲主義において国家権力を拘束する法の存在形態と内容は、特殊なかかわりかたをもっている。権力の裏づけを得てサンクションされる社会規範を法——「妥当する法」という意味での実定法——とよぶならば、およそ国家に権力が集中している社会では、自然や社会に内在するとされる「自然法」や「社会法」などの国家外的「法」は、国家法に抗しては法として存在できない。それゆえ規範形式の問題としては、近代立憲主義において国家権力を拘束する法は国家法以外ではありえないことになる。実際、しばしば「前国家的権利」とよばれているものにしても、それが権利でありえているのは国家法によって規定されているからであり、また、それを援用して実定法上の法的保護を求める国民は、なんらかの国家機関（普通は裁判所）の最終的判定に服さざるをえない。しかし、にもかかわらず国家法による国家権力の拘束という定式が実質をもちえたのは、アンシァン・レジーム下で主張されたかつての自然法が、一方では国家法の規範内容として吸収され、他方、市民のがわの権力批判的精神態度、国家を悪——少なくとも必要悪——として見る精神史的伝統となって、右のような中身をもつ国家法を支えるものとして伏流したからであった。「前国家的権利」とよばれているものの特徴の正確な意味も、なんらかの実定法上の構造にあるのではなくて、それが国家に対する抵抗の精神態度を思想的沿革としてもち、現に基礎としている、というところにある。まさしくその点が、自由主義的立憲主義と外見的立憲主義とのちがいに対応しているのである。

ところで、現代にはいり巨大な技術手段の開発を背景として国家への権力集中がいちだんと進行してくるなかで、とりわけナチズムによって犯された「法による不正」の体験をふまえて、国家外的「法」による国家権力＝国家法への拘束という観念が生じてくる（「自然法の再生」）。しかし、その問題の背景の深刻さにもかかわらず、そのような自然法は、実は主張者の主張にほかならぬものを自然に内在するものの認識の名において主張するという意味でイデオロギー的観念であるだけでなく、国家権力＝国家法秩序に抗するものであろうとするかぎり実は法とはなりえないところのものを法とよぶという意味でも、すぐれてイデオロギー的な観念にほかならない。さらにまた、自然法は、裁判所によって援用される場面では、国家機関による国家法運用を積極的に正当化するイデオロギーとなるであろう。

かような、近代における自然法の消滅と現代におけるその再生は、抵抗権をめぐってきわめて明瞭にあらわれる。抵抗権は、アンシァン・レジームの法秩序を外からつきくずす自然法上の思想として主張されたのち、市民革命期には、革命によって成立した実定法秩序擁護のための実定法上の権利としてとりこまれ、ついで、抵抗というかたちでの人権主張の必要自体を極小化すると考えられた近代立憲主義法秩序のもとで、いったん前面から姿を消し、市民のがわの国家に対する批判的精神態度となって伏流するが、とりわけ第二次大戦後、現代的思想として再登場する。これは、巨大化した国家法秩序への抵抗を「法」の名においておこなおうとすることであるが、前述のように、それは、論理的に不可能な志向のイデオロギー的表現にほかならない。そのことを冷たく認識することは、「不正な法」への抵抗という課題が人間の尊厳の擁護にとって窮極的な課題であることを承認してなおかつ——むしろ、それを承認するゆえにこそ——、重要なことであろう。（なお、実定法上の権利としての抵抗権の再登場の意義については、のちの項でとりあげる）。

この項に関連する問題のうち、積極国家観と憲法のありかたの関連をフランスの《dirigisme》の観念について検討した私の論文として、「フランスにおける Constitution のありかたと dirigisme の観念」（高柳信一＝藤田勇編『資本主義法の形成と展開・第一巻』東大出版会一九七二年）。

Ⅱ「憲法」の観念

四六　近代立憲主義の現代的変容は、しばしば、「憲法の規範性の凋落」というかたちで問題とされることがある。しかし、近代立憲主義における「法による国家権力の拘束」は、具体的には、議会制定法による行政権の拘束を主眼としており、憲法による立法権の拘束はかならずしも中心課題ではなく、まして、憲法による市民私人の拘束の問題は登場してこなかった。後者の意味での「憲法の規範性」は、むしろ、すぐれて現代的な傾向だということができる。そしてそれは、「法による国家権力の拘束」から「法をもちいての国家権力の介入」への逆転に対応して、「価値中立的な憲法」から「基本価値の化体としての憲法」への転換が生じていることに、見合っている。

i　憲法変更の場面における憲法のありかたの転換

四七　立法権と憲法改正権が区別されているか否かによって、硬性憲法と軟性憲法がわかれる。イギリスは軟性憲法の範例であり、第三共和制フランスにおいても、憲法は人権条項をふくんでいなかったから、その領域については端的に軟性憲法であったし、統治機構の大わくについて、硬性憲法とはいっても硬さの小さなものが存在していたにとどまるのであるが、そのようなイギリスと第三共和制フランスにおいて近代立憲主義の開花がみられたことは、単なる偶然ではない。近代立憲主義は議会をにない手としたのであり、議会制定法を拘束する硬性憲法の観念は、かならずしも不可欠のものではなかったのである（なおこの点については人権に関する項を参照せよ）。それに反し、現代憲法においては、硬性憲法による立法権の拘束が主要な問題となり、立法権と憲法改正権の段階性が強調される傾向にある。

四八　憲法改正権を「憲法によってつくられた権限」だとして「憲法制定権」と区別するならば、第一に、憲法改正作用は、憲法の定める法形式にしたがってなされなければならず、第二に、憲法改正がしたがうべき法形式を定め憲法改正権を根拠づけている憲法条項（この憲法改正条項は、少なくとも改正の手続を規定し、場合によっては、改正の対象を限定する規定をふくむ）、および、憲法の根本原理は、「憲法制定権」の所産であり、所定の憲法改正形式にしたがってもなお動かすことができないものとされる（憲法改正の内容的限界、すなわち「憲法改正限界論」）。それに反し、憲法改正権と「憲法制定権」を区別しないところでは、憲法改正作用の内容的限界という考えかたは否定されるし、そのうえ、「憲法制定権」の概念構成のしかた次第では、「憲法制定権」を万能の権力としたうえでそれと憲法改正権を同視することによって、一切の憲法変更作用が法の定める形式にすら服さないという帰結がみちびき出される。

憲法変更の法形式上の拘束自体を否定する主張は、旧体制の法秩序を打倒して新らしい近代憲法秩序の登場を用意するための歴史的役割をはたした（シィエス）が、近代立憲主義のもとでは異説にとどまるのに対し、内容上の限界については、改正無限界論と限界論が対立する。前者は憲法の平和的変更――より正確には、その可能性の自由放任――、後者は特定価値を憲法の名において擁護するという実践的効果にむすびつくが、近代立憲主義の安定期にあっては、「憲法制定権」が法学のそとに駆逐されるのに対応して無限界論が主流的であり、現代における「憲法制定権」の復権とともに限界論が有力となってくる。なお、現代における「憲法制定権」の観念は、成立しおわった憲法の正当性の所在を示すものとして静的に位置づけられるときは、もっぱら改正権を制約し限界論を基礎づけるものとして現状維持的に作用する――自然法を根拠として「憲法制定権」自体への「超実定法的法」による拘束が主張されるときは一層そうである――が、それと反対に、「憲法を制定し、ふたたび発動するであろうところの力」として動的に構成されるときは、一方では正規の形式による憲法改正作用への限界を画す根拠となりながらも、他方では、ある種の憲法変更を「憲法制定権」の発動として（改正権の作用としてでなく）資格づけることによって、改正作用ではできぬはずの憲法変更を、万能の「制定権」の名において法的に承認させる決断主義的なものとして機能する（C・シュミット）。

ii　憲法運用の場面における憲法のありかたの軽換

四九　軟性憲法の場合は、憲法運用の場面におけるその最高法規性の保障という観念そのものが生じえないが、硬性憲法のもとでも、近代段階には、裁判所をにない手とする憲法保障制度による議会抑制の思想や制度は、一般的でなかった。もともと、憲法保障制度のもとで保障される「憲法」とは、実は制定憲法そのものではなく、保障の任にあたる機関によって解釈を施されたもの――たとえば「裁判官がこれが憲法だというもの」――にほかならない。ことは憲法の公権的解釈権の最終的帰属の問題であり、それをたとえば議会にあたえるか裁判所にあたえるかは、論理必然的判断ではなく政策的判断なのである。近代においては、議会制定法に対する裁判所による違憲審査制は例外的であり、アメリカの事例にしても、司法裁判所による具体的・前提的審査制の構造から見て、客観的憲法秩序の保障というより、自由権わけても経済的自由を中心とした主観的権利の確保に重点があったといえる。そればかりでなく、第三共和制フランスにおいては、憲法の公権的解釈権を議会に留保して違憲審査制を否定するというにとどまらず、議会制定法を頂点とする政治部門の憲法実例によって、ともかくも硬性憲法として構成されている制定憲法の条項が、正規の改正形式に服することなしに改廃される、という考えかたが主張された（「国民の憲法制定権」の発動としての「憲法慣習」の観念）。これは、議会を頂点とする政治部門に憲法の公権的解釈権をあたえるとともに、実質上、無定形的な――それゆえ法形式自体に拘束されない――憲法改正権をもあたえるものにほかならなかった。

それに対し現代憲法に特徴的なのは、西ドイツを典型とする抽象的審査制であり、審査権が、特別の裁判所に、法令そのものの抽象的審査を可能にするような仕方であたえられる。これは、近代立憲主義の基本図式の逆転に対応しており、市民が憲法によって国家をしばるというよりむしろ、国家が市民に対して「憲法への忠誠」を要求し、憲法の名において国家的価値を貫徹するにあたっては、裁判所が、憲法とは何かを決定するのである。その性格は、判決の一般的効力性、提訴権の帰属などの構造にあらわれているが、何よりも、市民私人（基本権剝奪条項）やその政治的組織体（政党の違憲審査）の活動が審査対象とされているところに示されている。西ドイツがこの点で典型例となっているのは、近代立憲主義の意味における国家の価値中立性の観念が十分に貫徹しなかったという背景があったうえに、ナチズムという歴史的体験にくわえて東西分裂国家という特殊的事情におかれたことによって、国家の基本価値を憲法の名によって防衛するという特殊現代的課題に、切実に当面したからである。

かように見てくると、現代における違憲審査制とりわけ抽象的審査制の一般化は、一九世紀アメリカで発達した前提的審査制と直線的に接続するものではなく、むしろ、現代型審査制と近代型審査制という緊張的関係にあるというべき性質のものである。

五〇　現代憲法に特徴的な、所与の憲法秩序の維持を標榜する制度として、なお、緊急権と抵抗権がある。緊急権は、通常の憲法作用を停止しても一つの秩序体系を防衛しようとする決断の表明にほかならず、近代立憲主義とは原理的に矛盾する。現代憲法におけるその登場の典型例はワイマール憲法四八条であったが、第二次大戦後も、第五共和制フランス憲法一六条や一九六八年ボン基本法補充条項があり、前者は行政府専権型、後者は議会関与型として特徴づけられる。

抵抗権も、近代立憲主義のもとでは前面から姿を消していたのであるが、とりわけ第二次大戦後、前述のように自然法上の思想として再登場してくると同時に、実定法のなかにも規定されるようになる。実定法上の抵抗権については、所与の実定憲法秩序の擁護のための実定法上の権利として、そのようなものとしての有効性と限界をもつことが正確に位置づけられなければならない。他方でそれは、その反面として、抵抗行動すらをも裁判所の公権的判断のプロセスのなかにのみこんで、あるものは所与の法秩序の枠のなかにとりこみ、他のあるものははじき出してゆくという機能をもつのである。とりわけ、国家機関に対するだけでなく市民に対する抵抗ということを想定している制度(西ドイツ)には、市民に対して国家のがわから課されるところの憲法忠誠義務の担保の一環としての性格が、如実にあらわれている。

(ⅰ)(ⅱ)をとおして、本書第二部本論、抵抗権について第二部補章第二節。

Ⅲ　統治機構

五一　消極国家を前提とする近代立憲主義は、統治機構の原理として「弱い政府」をたてまえとし、積極国家への転換に見あう近代立憲主義の現代的変容は、「強い政府」を要求する。そのさい積極国家観は、議会中心主義からの転換を必要とする理由であるとともに、それを正当づけ、行政権強化が危険でなく望ましいものとすらなったことを主張する論拠ともなっている。

i　議会制民主主義からプレビシット民主主義へ

五二　前近代身分制議会における「代表」は「代理」とよぶべきもので、議員は訓令委任に拘束され、議会はそれぞれの身分的利害――さらに選出母体の利害――が代弁される集会であったが、そのような「代表」観念から「全体としての利害を同じうする一つの国民の合議体」としての議会という観念、「選挙区を代表する議員ではなく王国の議会の議員」という観念への転換（一七七四年、選挙民にあてたバークの手続）は、イギリスでいちばんはやく生じた。そのような転換がより明確なかたちでうち出されたのはフランス革命期においてであったが、そのさい、nation 主権論と結びついて主張された「純粋代表」観念は、代理的「代表」観念を排除する攻撃的な機能と同時に、「真の民主制」に対する防御的な機能をはたす（シイエス）ものであった。そこでは、選挙によって選ばれる議会についても、主権者自身による決定というたてまえ自体が排除され、選挙民に対する議員の「意見の絶対的独立性」（コンドルセ）が強調されるのであり、純粋代表制は、直接民主制が現実に実施不可能だからそれに代用するために考え出された次善のものとしてではなく、それよりも原理的にすぐれた対抗的なものとして主張されたのであった。

かように「国民に対する議会の独立宣言」（ケルゼン）ともいえる純粋代表観念に対し、一九世紀を通じて、直接民主主義の代用物として、主権者の意思をできるだけ正確に表明することを建前とするところの「代表」観念が成立してくる。エスマン以来、フランス公法学はそれを「半代表」の名でよぶが、主権論としては peuple 主権に対応するこの半代表観念こそ、近代立憲主義の「代表」観念であり、そのもとではじめて、議会制と民主主義という二つのタームは背反的なものでなくなり、原理的に結合した。こうして成立する議会制民主主義の理念像は、つぎのようなものであった。国民《プーブル》の最大限の部分が普通選挙制によって選挙人団に組織され、そこに存在する諸利害・諸主張が、政治的諸自由とりわけ表現の自由の保障のもとで議会に集約される。そのような選挙の過程、および、議会での自由な公開の討論による相互説得の過程で、暫定的・相対的意味での正しい結論が生み出される（「統合機能」）。他方、そのような公開の過程は選挙民に対する問題提起的な役割をはたし、つぎの選挙での選択のための資料を提供する（「教育的機能」）――。ところで、かような無限軌道的循環が円滑に機能するためのいちばん基本的な実質的条件として、一九世紀中葉以後のイギリス（保守党《トーリー》と自由党《ホイッグ》）や同世紀末以後のフランス（穏和共和派《オポルチュニスト》と急進共和派《ラディコー》）におけるように、議会内諸政党の同質性の成立ということが必要であった。この時期においても、現実社会的にははげしい階級対立があり、しかも半代表観念のもとで普通選挙制がとられていたにもかかわらず、議会のなかにはそのような対立はそのままにはもちこまれなかった。まさしくそこに、議会制民主主義の秘密があったといえよう。

しかし、第一次大戦後、議会内にプロレタリア政党が進出して、それまでの議会内政党のブルジョワ的同質性が失われ、政党の組織化の進行とあいまって、右のような循環は機能できなくなる。そのような「議会制民主主義の危機」は、議院内閣制が採用されているところでは、行政府を支えるべき議会多数派が安定的につくり出されえなくなるという事態を生み出し（「内閣弱体・不安定」）、さらには、議会が立法機能自体をはたしえなくなる（委任立法の日常化）。そのようなところでは、慢性的な「政局不安」が現出し、それへの対処として、反対党のはたすべき役割をきりすててしまう独裁制がよび出される。一九三〇年代には全ヨーロッパ規模でそのような事態が多かれ少なかれあらわれたが、その典型例は、ワイマール議会制民主主義の崩壊過程であり、政局不安定要因の存在可能性そのものの否定（一党制）、議会機能の停止（授権法）というかたちでファシズム独裁に帰着した。かような、議会内同質性の欠落に由来する三〇年代型議会制民主主義の危機は、第二次大戦後のヨーロッパにもひきつがれ、政局不安定要因を連立内閣から排除したり、議会そのものから選挙法の操作（普通選挙の一般化後、選挙法の内容が、議会制の内実を左右するものとして特に重要である）によって排除したほか、違憲判決による政党解散など、政党間の同質性を議会の内部だけで人為的に擬制しようとする措置がこころみられた。端的な独裁という方策をとることができないために政局不安がつづくところでは、現代積極国家の要請する行政府の機能は、政治部門でなく、官僚制部門によって代替される。

ところで、一九六〇年代になると、欧州における東西緊張の緩和、国内的には生産力の上昇にともなう「消費社会」化の進行を背景として、議会内同質性の回復傾向がみられる。そこでは、積極国家の要請する「強い政府」が、反対党をきりすてることによってでなく、それを包摂することによって、それだけ十全に確保されることになるが、その反面、本来はたされるべき野党の反対機能が欠落し、政治過程が利益配分をめぐる競争となる傾向となり、議会外から既存の制度・組織をゆさぶる心情的運動が誘発される。そのような、議会内同質性の肥大による議会制民主主義の危機は、六〇年代型危機とよぶことができよう。なお、同質性の肥大といっても、さしあたり議会内のものであり、しかも可逆的なものであることは、対立の激化を想定した緊急権がこの時期に要求されていることにも示されている。

「議会の世紀」といわれた一九世紀にくらべて、議会の法的権限・地位は前述のように現代憲法において多かれ少なかれ低落するが、それは、議会制民主主義の危機の原因であるよりは、その帰結だというべきであろう。

五三　三〇年代型にせよ六〇年代型にせよ、議会制民主主義の危機に関連して、直接民主主義論が登場する。

もともと直接民主主義は、前述のように、peuple 主権―→半代表観念を前提とする議会制民主主義にとっては、対立的であるどころか、実はその論理的前提であった。それゆえ、直接民主主義は、精神論として、議会制民主主義という制度を支え、おこりうべきその頽廃を批判する原点となり、また、具体的制度論としても、さまざまの技術的方策（人民投票、人民発案、公職の直接公選、解職請求）を整備することによって、一方では媒体なしの明確な政策選択の機会を選挙民に提供し、他方では行政府首長が議会だけでなく直接に選挙民に責任を負うことを可能にさせるなど、議会制民主主義に内在する直接民主主義的要因を顕在化することが、期待される。その点で、C・シュミットが議会制民主主義における議会制と民主主義とのつながりを切断し、「近代議会主義とよばれているものなしにも民主主義は存在しうるし、民主主義なしにも議会は存在しうる」として、民主主義が独裁への決定的な対立物でないとするとき、議会主義として、あくまで純粋代表観念のもとでの議会制、具体的には、ギゾーをそのイデオローグとする一九世紀前半のフランスの議会制がとりあげられていたことに、注意しなければならない。それに対し、ケルゼンが「議会制に対する戦いは、実は民主主義に対する戦いである。この戦いを明らさまに、すなわち、民主主義に対する戦いとして戦うべきことは、誠実の要求するところにほかならぬ」とするとき、そこでは、半代表観念のもとにおける議会制民主主義の観念が、正しく前提とされていたのである。

ところが、民主主義が議会制に対抗的なものとして主張されるとき、直接民主主義は、議会制民主主義の理念としてのはたらきとは逆に、それを否定するものとして、したがって実は、議会制民主主義の論理的前提であるはずの直接民主主義の理念自体を破壊するイデオロギーとしてもはたらきうる。精神論としての直接民主主義は、無定形的なものであるだけに、しばしば、「投票の機械的計算などに基づかぬ真の民主主義」「大衆のアクラマチオ」などを援用することによって反議会制のデマゴギーに堕しやすいのであり、また、具体的制度論としても、しばしば、建前として期待されたのとは正反対に、行政府首長が議会をとびこして選挙民意思との直結性を援用することによって行政府の強化を正当化する機能だけが卓越する。かようにして、精神論としての直接民主主義の反多数決ロマンチズムと、制度論としての直接民主主義の機械的多数決主義との奇妙な結合によって、議会制民主主義が攻撃される。ワイマール議会制からナチズムへの転換期にみられた現象は、その極限的な事例であるが、より一般的に、直接民主主義が議会制民主主義に対して——全面的に否定的なものとしてではないとしても——対抗的なものとしてあらわれるとき、しばしば、「プレビシット民主主義」の名でよばれ、それは、現代国家において行政権の機能的優越を支えるものとして、重要なイデオロギーとなっている。そのさい、議会内政党の対立が昂進しているところでは、「行政権までの民主主義」は、行政権と直結しない選挙民層の異質的利害を統治機構の外にはじき出す遠心的役割をはたし（三〇年代型状況)、議会内政党の同質化がすすんでいるところでは、行政権との直結を求める政党の同質化をさらに促進する求心的役割をはたす(六〇年代型状況)のである。

以上は政治の領域における直接民主主義の問題であるが、現代においては、経済の領域にも、直接民主主義の観念が登場する。そして、前者が、行政への国民の政治的参加を主張するとともに、しばしば議会に対する行政権の優越を正当づける機能をはたすのと同様に、後者は、諮問法制や職能的会議体の制度などによる行政への経済的参加を主張するとともに、まさしくそのことによって、議会中心主義から行政権中心主義への転換を正当づけるはたらきをするのである。

議会制民主主義の危機についてのひとつの具体的考察をした私の既発表論文として、「第四共和制フランスの議院内閣制についての一考察――議院内閣制における多数派と選挙制度」(一九六二年発表、『議会制の構造と動態』所収)。議会制民主主義と直接民主主義について、本書第二部補章第一節のほか、私の既発表論説として、前掲「現代の『代表民主制』における直接民主制的諸傾向」、「強い行政府のフランス型構造」(一九六六年発表)、また、さしあたりのデッサンにとどまるが「議会制民主主義と直接民主主義――その理念と現実」(一九六九年発表)がある(いずれも『議会制の構造と動態』所収)。経済的参加の問題については、前出「フランスにおける Constitution のありかたと dirigisme の観念」。

ii 権力分立とその変容

五四 「権利の保障が確保されず、権力の分立も定められていないすべての社会は、憲法を有しない」(一七八九年フランス人権宣言)。こうして、国家諸機関の権限行使を根拠づける正当性は分立される。そのさい、近代立憲主義の要請は具体的には行政権を議会制定法によって拘束することであったから、権力分立も、抽象的な厳格分立ではなく、行政権を統制するための議会優位の構造をとった。議院内閣制という統治機構の類型は、まさしくそのような意味をもっている。ところで、議院内閣制はしばしば、立法府と行政府の「均衡と協働」の制度として説明されるのであるが、一方で元首＝君主、他方で民選議院が均衡的に相対峙し、その間に介在する大臣が双方の信任を在職の条件とすることによって両者の協働をはかるという、二元主義型の議院内閣制の図式があてはまるのは、実は近代立憲主義確立以前についてのことであり、議院内閣制の母国イギリスでは一九世紀中葉以後、フランスでも一九世紀末以後、元首（君主または大統領）の権限が名目化して行政権は内閣にうつり、内閣は議会の信任のみに依存するという、一元主義型の議院内閣制が確立するのである。歴史的に見て、二元主義型議院内閣制は君主主権の下降と国民主権の上昇という時期にあらわれる一種の均衡体制であり、後者が貫徹し国民だけが国家機関の正当性の源泉となり、しかも議会だけが普通選挙によってそれとの直結を援用できるところでは、議院内閣制は必然的に一元主義型のものとなってゆくであろう（「落水型」の構造）。それゆえ、現代にはいって二元主義型の議院内閣制が再登場してくるとき（ワイマール憲法、第五共和制フランス憲法）は、大統領の直接公選制（「均衡型」の構造）をともなっているのである。

ところで、端的な独裁制の場合は別としても、現代における「プレビシット民主主義」の傾向のもとで、行政府首長が議会をとびこして選挙民と直結することによって、行政権の機能的優越がもたらされるのであり、その点では、統治機構の構造的類型として「均衡型」（仏の二元主義型議院内閣制、米の大統領制）がとられようと「落水型」（英、独の一元主義型議院内閣制）がとられようと、ちがいはない。議会優位の一元主義型議院内閣制の構造のもとで、一定の政党状況（党規律の硬い同質的な二大政党制）が存在するとき、大統領公選制におけるのと同様――あるいは、より以上に――強力な行政権が生み出されるのである（統治機構の構造的類型学と機能的類型学）。また、慢性的政局不安定の状態のもとでも、少なくとも官僚制部門が安定しているところでは、行政権の機能は外見より以上に優越的に保たれる。

それゆえ、かつて国民の自由の確保という実践的必要から説かれた権力分立の主張は、あらたな形態を求めて主張されることになる。司法権ないし裁判所機関の役割を重視し、裁判部門と政治部門の二権分立を説く見解についてはつぎの項でとりあげるが、政治部門相互間の問題については、議会と行政権の構造上の関係からそれらの機能へと目を転じていわば社会学的な分立論を説く見解があり、わけても、政党間に成立すべき、与党の統治職務と野党の反対職務とのあいだの権力分立を主張する見解が、注目される。この見解は、国民の自由の確保という観点からと同時に、反対派の存在によって「破局的でない代替」を用意するという観点からも主張される。統治機構の現実の機能において政党がはたしている役割はきわめて大きく、前述のように、統治機構の分析道具としての機能的類型学は、統治機構の構造と政党のありかたとの組合わせを基準としてつくらなければならないほどなのであるが、国民の権利を確保するための実践的主張として政党間の権力分立ということが説かれているわけである。ただしそのさいには、政党間の同質性が欠落してしまっているときは反対の職務について語りえず（議会制民主主義の三〇年代型危機）、同質性が肥大したときはそもそも反対が存在しない（六〇年代型の危機）のであって、「権力分立」はそのような両限界の中間においてだけ成立しうるものだ、ということに注意しておく必要があろう。また、それだけに、本来自由な結社として発達してきた政党の組織・活動を政党法や憲法によって枠づけたり、選挙法を操作することによって、政党間の同質性を人為的につくり出そうとする方向と結びつきやすい、ということにも注意が必要である。

五五　近代立憲主義において、司法権は、議会制定法を前提として事後的に、また当事者の請求に基いて受動的に介入し、そのさい、既存の——「機械のように計算されうるように規定された」——法の適用だけにかかわり、法創造作用をいとなまないとされ、裁判に直接影響をあたえる法解釈学説にあっても、そのような傾向が支配的であった。

国民《プープル》主権の貫徹後も、司法府の正当性は直接国民に結びつくよりも（民選制は一般化しなかった）、かえって終身制などの身分保障によって、そのような依存関係は排除されたが、それは右に見たような状況のもとで、「裁判官の独立性は、裁判官の制定法への従属の一面にほかならぬ」とみられていたからである。ここでは、司法権は非政治的な消極的権限、「いわば無」とみられていたのであるが、にもかかわらず、それが他の権力ことに行政権と結びつくときは「おそるべきもの」になると意識されており、それゆえにこそ、たとえばフランス革命期に、裁判所は、立法権の行使に参与することを明示に禁ぜられ、議会制定法の意味に疑が生じたときのために立法府への送付という制度まで案出されたと同時に、裁判官の民選・任期制によって、行政権とそれとの間に起りうべきむすびつきを切断することが追求されたのであり、立憲主義の安定期になって、任命・終身制がはじめて定着したのである。

　現代において、裁判の法創造性が増大し、とりわけ違憲審査制のにない手となることによって、裁判所は、憲法の最終的な公権的解釈権者として、前述したような近代立憲主義の図式の現代的逆転の中心的な役割を演ずるのであるが、他方では、政治部門における権力分立の変容——さらには、社会学的権力分立の主張のにない手たるべき野党の反対機能の衰退——という傾向のなかで、裁判所に、新らしい意味での反対派として、新たな権力分立のにない手たるべき期待がよせられている。ここでは、裁判の独立は、そのような期待を根底におくものとして再構成されることになる。かような裁判部門への期待の主張については、「法治国家から裁判国家へ」といわれるような状況のもとで裁判所のはたす役割の肥大化がすすんでいるという現代的状況の半面であることとの自覚が、必要であろう。

行政権と立法権の関係について、私の既発表論説として、「現代西欧型政治制度の類型論——権力分立概念に基く類型論の再検討」（一九六八年発表、『議会制の構造と動態』所収）。裁判部門の問題について、「法の解釈における解釈者の立場と裁判官の思想・良心の自由——裁判官の独立をめぐる問題の一側面」法学セミナー一八六号、「憲法裁判における『公正』と『偏向』」ジュリスト四八七号、「裁判官の『憲法忠誠』と『価値中立』――裁判官の思想を枠づける二つのイデオロギー」(池田政章・守屋克彦編『裁判官の身分保障』勁草書房一九七二年)。

Ⅳ 人権

五六 人間らしく生きたいという要求は古くから多くの思想家や実践家によって追求されてきたが、人権という法制度というしかたでそれが応えられるようになるには、近代社会をまたなければならなかった。そしてまた、「国家からの自由」を核心とする近代立憲主義の人権体系は、現代にはいって、社会権の登場に典型的に示されるような転換を見せてくる。われわれは、まず、そのような人権の歴史的性格を確認する必要がある。つぎに、人権確保の法技術的方式についても、近代立憲主義においては、何よりも行政権の侵害に対する議会制定法による保障が問題であったのに対し、現代においては、議会の侵害に対する憲法による保障が問題となってくる、という変化が見られる。

i 近代的人権体系と現代的人権

五七 近代立憲主義における国民の権利が、中世立憲主義における「権利」範疇と形式上は接続している場合でも、両者は、その論理的構造においてまったく異なっている。イギリスの一六八九年権利章典は、「聖俗の貴族および庶民の古来の権利と自由」を確保するためのものという形式において、一二一五年のマグナ・カルタに接続しているのであるが、中世的権利とは、権力の裏づけを分有する主体のあいだでの身分的特権関係のうえに成立していたのに対し、近代的人権は、権力を集中した国家と私人との対抗関係を前提としたうえで、国家権力の不介入=国家からの自由を要求するものにほかならない。

国家からの自由を核心とする近代的人権体系の基礎には経済的自由があるが、そのさい、人間の労働力が商品形態をとり、それについての所有権の観念が成立する、という事態がきわめて重要な意味をもっている。近代資本主義を古代や中世の営利活動一般から区別する標識は、人格的拘束から自由であるとともに生産手段からも自由であるような賃労働者の存在＝労働力商品化ということであるが、そのことが法の世界で決定的に重要な意味をもつということは、すでにシイエスの人権宣言案にみごとに定式化されていた――「すべてのフランス人は、その人身の唯一の所有権者である。かれはその役務と時間とを契約することができるが、自己を売却することはできない。この始源的所有権は譲渡することができない」――。すなわち近代資本主義経済においては、すべての財貨が商品として交換されうる性格をもつから、原則としてすべての財貨について完全かつ排他的な支配権が成立し（所有権）、資本主義社会における社会関係は、原則として、商品交換の法的形態であるところの契約に基くと観念される（契約の自由――「身分から契約へ」）のであるが、そのさい、生産手段を所有しないものもまた自己の労働力の所有者として商品交換の当事者となることに対応して、すべてのものが法的人格を承認される。かようにして法のもとの平等と人身の自由（身体拘束や刑罰についての法定主義、無罪推定の原則など）が基礎づけられるのであり、それは、前近代社会にあって、生産手段を全く（奴隷）あるいは不完全にしか（農奴）所有しないものが、全く、あるいは不完全にしか法的人格をもちえなかったのと、対照的である。つぎに、何人も、労働力商品をふくめすべての自己の商品を自由市場に登場させて他の商品との優劣を競う自由を保障され、そのような条件が偶然的にでなく系統的に確保されるために、およそ国家権力の役割が限定されているような社会のありかたが必要となる。こうして、思想の自由市場における競争を保障する精神的自由が基礎づけられ、今日の異端が明日の正統となりうる可能性がすべての人に開放されなければならず、国家権力が自分自身の思想＝価値をいだいて思想を公定するようなことがあってはならぬ、とされるのである。なお、精神的自由の中核をなす思想および表現の自由は、伝統的に信教の自由の問題として争われることが多かったが、特にフランスでは、ライシテ（政教分離）をめぐる争いは、そのまま近代立憲主義に対する態度決定を意味した。

かように、特殊歴史的な経済過程の裏うちを得て、人間らしく生きたいという願望は近代的人権――「国家からの自由」――という実定的制度を見出したのであり、したがってまた、自由主義的立憲主義と外見的立憲主義の対比として前述したように、それぞれの国の経済――そして国家――のありかたに対応して、人権が実質的な社会的基盤をもつか、外見的制度にとどまるかが、わかれるであろう。

国家からの自由として構成された近代的な経済的自由の土俵のうえでは、――初期資本主義において営業の自由が国家による実質的自由の強制を意味していたのとは正反対に――、労働力商品の取引をふくめて一切の取引・営業が自由に放任され、独占形成自体が自由に放任されるのであるが、現代においては、経済過程への国家の介入ということに対応して、経済的自由への制約規定、制約の論理として「公共の福祉」などの一般条項が、憲法上あらわれる。これは、かつて自由権とりわけ所有権が「神聖不可侵」とされていたのと対照的である。もっとも、初期資本主義において所有権が「神聖不可侵」といわれるときは、他方では、自由主義の土俵を創設するための国家による介入が系統的に行なわれていた、ということに注意すべきであるし、「国家からの自由」が確立する段階でも、所有権にしても決して超歴史的なものではなく、近代社会においてはたすべき特定の歴史的役割をになったものにほかならない以上、それみずからに内在する枠を当初からその内部にもっていたことは、「自由は恣意でない」、「権利内在的制約」という表現にも示されているのであるが、そうはいっても、そこでは、実質的不公平はあえて放任されていたのであり、そのような事態と、のちに現代段階にはいってから実質的公平の回復ということを標榜して登場してくる「公共の福祉」による権利制限とは、歴史的性格を異にするものとして区別されなければならない。

ところで、経済的自由に対する現代的制約の古典的表現は、「財産権は義務をともなう。その行使は同時に公共の福祉に役立つべきである」というワイマール憲法の定式、具体的には、とりわけいわゆる公有化条項（一五六条）のなかに見出される。そのような傾向は第二次大戦後の憲法にさらに一般的にひきつがれ、エネルギー産業など基幹産業の公有化や経済計画に見られるように独占的事業の管理への国家の介入というしかたであれ（イデオロギー的には「寡占の社会化」）、独禁法制とその適用除外の操作に見られるように、独占形成のメカニズム自体の国家による掌握というしかたであれ（イデオロギー的には「自由競争の回復」）、国家からの自由として設定された経済的自由への制約が、一般化する。そのさい、例えばイタリアの制憲過程での議論を見ても、戦後の経済復興が私資本の自主的再建によることは不可能だとして、政府を中核とした経済計画化の必要が説かれており、いわゆる「反独占条項」にしても、独占体の利益を制限する道具としてそれをどれだけ使いこなしうるかという観点とは別に、その条項それ自体の基本的意義を問うならば、それは、現代資本主義のより高度の整備としての積極国家像をえがいているのである。

経済法的領域における経済的自由への制約の楯の裏がわは、社会的諸権利の登場であり、これまたワイマール憲法を原型とし、第二次大戦後の憲法で全面化した。社会保障法的領域については、社会保険と公的扶助の制度が生存権の観念のもとに包括される。それらは、人道主義的なもの、資本にとって余儀なくされた譲歩、という側面を持つが、それにつきるものではなく、資本主義の機構から不可避的に生み出されてくる社会問題という危機要因を抑制するという政治的機能、労働力保全・国内市場維持の必要にこたえるという経済的機能（社会保険制度にあっては、国家資金の調達機能がふくまれる）があり、現代資本主義自体にとって必要なものとなっている。そしてこれらの機能を、介入する国家のがわの必要ないし不要の度合におうじて自由に操作するためのものとして、いわゆるプログラム規定のドクトリンがある。

労働法的領域には、団結権・団体交渉権・争議権があるほか、経営参加や経済計画への参加などの制度も関連する。いずれも長期にわたる労働運動の成果のつみ重ねによって制度化されたものであるが、その反面、労働運動や労働者階級の組織および労資関係——および、それらを媒介として労働者政党——を国家法の枠の中にとりこみ統制してゆくものとしての側面をもっている。ただし、労働法的領域においては階級としての労働者の運動が権利主張のにない手となるから、諸々の権利や制度は、その階級的要求をになうものとして機能しうる可能性がそれだけ大きく、それをも包摂しうるだけの条件のないところでは、「社会国家」の名分は自由権を制約するだけのものとなり、労働基本権については逆にその禁圧の方向があらわれてこざるをえなくなる。

五八　社会権の登場は、かつては私的自治にゆだねられていた経済活動の領域への国家の介入を意味したのであるが、そのような事態は、精神的自由や平等のありかたにもはねかえってくる。もとより、解釈論という実践的提言をおこなう次元では、経済的自由については国家の介入をみとめて社会権の実現をはかり、精神的自由については国家の介入をみとめない、というふるいわけを主張したり（「二重の基準」説）、私人間における精神的自由や平等を確保するために——制限するためではなく——国家の介入を求める（「基本権の私人間効力」）ということは、それぞれの問題状況のなかで適切かつ必要なものでありえよう。しかしその場合にも、現代憲法の基本的な問題状況として、経済の領域における自由放任から国家の介入への転換は、精神的領域についても同様な現象を随伴せざるをえず、しかも、精神的自由への介入は、決して自由促進的なものばかりではありえぬ、ということを冷たく認識しておく必要がある。

すなわち、基本権の私人間効力が問題となるときは、企業や労働組合が私人間における自由の侵害者となるのに対し国家が自由の擁護者としてたちあらわれるだけに、「国家による自由」という観念が無反省にイデオロギー的につかわれると、精神的自由が国家に依存するという事態が生ずる。これはとりもなおさず、精神的価値の国家による公定であり、国家からの自由を核心とする、近代立憲主義の意味での自由の完全な欠落にほかならない。前述したように、市民革命期から初期資本主義の段階にあっても、やはり「国家による自由の強制」という要素が濃厚だったのであるが、そこでは、市民革命のにない手であるその主張者たちが、基本的にはすでに国家権力を掌握していたのであり、今日の事態をそれへの復帰という図式でとらえることはできない。積極国家の機能がもっぱらバラ色にえがかれるときは、国家権力を拘束する必要そのものが消滅することになり、権利本位の体系から義務重視への転換がおこるであろう（ワイマールからナチズムへの架橋となった団体主義的法教説）。さらにまた、自由権を国家によって場合により制限・剝奪することが、憲法の名においておこなわれることにもなろう（「憲法忠誠」と「たたかう民主制」）。そのさい重要な役割を演ずるのが一般条項の作用であり、その規定様式が不確定的であればあるほど、その内容は結局のところ権力のがわによって左右されることになる。

人権の歴史的性格については、本書第一部第二章第一節の註(4)(6)(7)のほか、『基本的人権の研究』全五巻によせた私の書評、「基本的人権の歴史性と法技術的構成の理解をめぐる若干の問題点」（社会科学研究二三巻一号）。

ii　人権確保の方式の近代型と現代型

五九　近代立憲主義における人権保障は、具体的には、議会制定法（法律）によって行政権に対してなされるところの保障であった（法律による行政）。そのイデオロギー的基礎づけのひとつとして、「法律は一般意思の表明である」という定式があり、そのさいしばしば、淵源における一般性（全国民の立法参加）とならんで、規律対象の一般性ということが強調された。すなわち、法律は一般的規範であり、その規律対象が特定個別的でないことによって、恣意的な支配が防止できるとされたのである。もっとも、法律＝一般的規範とするのはひとつの実質的法律概念であるが、のちに議会が全的支配を貫徹しえたところでは、形式的法律概念が支配的となり、現代議会の凋落に見あって、法律事項の限定に見られるように、あらたな実質的法律概念が再生する、ということに注意しておきたい。形式的法律概念のもとで、「法律は一般意思の表明である」という命題はもっぱら淵源の一般性の観念を意味するものとなるが、半代表制において議会がそのような観念を独占的に援用できるところで、議会制定法の優位はそれだけ強く基礎づけられる。

ところで、行政の法律適合性実効性を担保するための制度としては、イギリスのように、行政権が私人と同様に通常の司法裁判所の裁判に服する方式と、フランスのように、特別の行政裁判所であってもそれ自体が自由主義化されて、法律による行政の規律を実効的にしている方式とがあり、かつて、ダイシーは「イギリスに行政法なし」ということを誇ったが、フランス人も自国の方式の権利保障機能を誇っている。

前述のようにイギリスはもとより、第三共和制フランスも人権に関するかぎり軟性憲法の方式であったが、にもかかわらずこれら二つの例は、自由権保障がいちばん実質的でありえた例であった。すなわち、人権は立法権に対してではなく、まさにそれによって保障されるのである。もともと、基本的人権は、「法律をもってしても侵すことのできぬ権利」として説明されるのがふつうであり、思想史的沿革の問題としてはまさしくそうだとしても、近代憲法における実定制度的構成としてみれば、そうはいえない。天賦人権という理論構成になじまないイギリスの場合は当然だとしても、天賦人権論の本家というべきフランスの近代立憲主義確立期においても、まさしく、権利の保障は、実定法上は憲法でなく法律による保障として構成され、その担保装置は、立法に対する違憲審査制としてではなく行政に対する適法性審査制として構成されていたのである。硬性憲法による権利保障、まして、違憲審査制のもとで憲法の権利条項に裁判規範の性格が賦与されることは例外的であり、例外にあたるアメリカ合衆国憲法にしても、連邦憲法であって各州の合意の構成物だという特殊性をもっていたし、それにしても権利条項は当初からあったのではなく、修正条項として附加されたものだったのである。近代立憲主義確立期における憲法の本質的任務は、法律の内容を指示することにあったのではなく、その定立の手続を定めて立法権を議会に留保するところにあったのであり、そのような手続上の憲法的保障のもとで、そして、内容的には憲法による拘束から自由なものとして、議会によってつくられる法律が、権利保障のにない手としての役割をはたしたのであった。そのさい、英仏のように人権が実定法制上「憲法」の外にあるからといって、「だから法律で活殺自在だ」と考えられていたのではなく、逆に、「だからこそ法律はもとより憲法をもってしてもそれを無視しえない」、という思想が支配的だったことにも、注意しなければならない。

六〇　法律による人権保障にかわって、法律を内容的に規律する硬性憲法による人権保障、実効性を確保するための装置としての違憲審査制の問題が前面にあらわれてくるのは、学説のうえでも実定憲法のうえでも、近代立憲主義の現代的変容期に入ってのことである。

もっとも、現代の違憲審査制の本質的機能は、人権保障それ自体よりも、憲法の名における国家的価値の貫徹という点にあり、それゆえ、抽象的規範審査を可能にする抽象的審査制のほうが、アメリカで一九世紀いらい成立している具体的・前提的審査制よりも人権保障の制度としてすぐれている、と簡単にいうわけにはいかないし、前提的審査制の運用としても、憲法判断積極主義と消極主義のどちらが人権保障のために望ましいかを、抽象的に断定することはできない。また、そもそも、憲法の公権的解釈権の最終的帰属機関として、議会その他の政治部門と裁判部門のどちらが人権確保にとって適合的かということ自体、ア・プリオリに選択できることではない。抽象的審査制か具体的・前提的審査制かという点についていえば、問題は、その国の具体的な条件のもとで、裁判的機関の構成がどれだけ人権保障に適合的であるか、人権侵害にさいし審査の開始を求める権利が政治部門での少数派、さらには市民個人にどれだけ開放されているか、などの諸点にかかっている。

この項の問題につき、本書第二部本論のほか、私の既発表論文「『憲法』の観念と人権」（柳瀬博士東北大学退職記念論文集『行政行為と憲法』有斐閣一九七二年所収）。

V　現代憲法現象における福祉国家型とファシズム型

六一　これまで見てきたような現代憲法現象の諸特徴は、現代資本主義自体が要求する積極国家という国家のありかたに対応しており、そのような意味において支配層のがわの要求にこたえるものであるが、他面、被支配層のがわからの要求もそこに交錯する。被支配層のがわは、たとえば、自由放任でなく国家の介入による生活条件の回復・維持・向上を要求し（社会保障、住宅政策、公害対策、自然や文化財の保護など）、そのような任務をはたすため、国家とりわけ行政部門が無能・非能率でなく効果的に活動すべきことを要求する。そのような被支配層のがわからの諸要求がどの程度までの地位を確保しているか、そしてまた何よりも、そのような要求ないし要求をになう運動の可能性自体がどれだけ保障されているか（とりわけ労働運動にかかわる諸権利、精神的自由と参政の実質性）の程度におうじて、積極国家――したがって現代憲法現象――は、ファシズム国家型と現代福祉国家型（その原型としては、ナチズムとニュー・ディール）とに類別される。後者はまた、国民のための（「福祉」）国民の、（正当性原理）政治であるとしてもどの程度において国民による政治であるかという点において、さまざまのヴァリエーションにわかれる。たとえばフランスの学者は、イギリスの Welfare State よりも国民の主体性・能動性が強調されるような国家として Etat fonctionnel という国家像をえがいている（ビュルドー）。なお、国民による政治が欠落してしまったときはファシズムにほかならないが、その場合でも、国民のための国民の政治ということは否定されていないことに注意すべきである(Alles für das Volk, nichts durch das Volk)。

したがって、現代福祉国家とファシズムとの境界は流動的なものであることが、まず認識されなければならない。ワイマール憲法は現代福祉国家の構想のひとつの原型的な定式化であったが、ドイツで実際に現出したのはナチズムであった。そして、その過程はたしかに「ワイマール憲法の崩壊」ではあるが、両者とも社会構成体において共通であり、ひとしく積極国家を前提としているかぎり、それらのあいだの境界は流動的だったのであった。総じて現代福祉国家とファシズムの境界は流動的であり、一方では、その国の資本主義が当面している危機の程度、したがって、維持されえている社会意識の同質性の程度いかんによって、もろもろの異質の利害と価値を所与の体制内にとりこんでゆくことが可能か、それとも強力でもってはじき出すほかないかが決まってくるであろうし、他方では、被支配層のがわの抵抗力という観点からみれば、国の内外でのその力量、および、とりわけ、近代立憲主義の思想的・精神的伝統の定着度が、大きな意味を持つであろう。

実際、国家に対する距離感覚を核心とする近代立憲主義思想が多かれ少なかれ定着していてはじめて、現代においても「国家からの自由」(とりわけ精神的諸自由)が存立しつづけ、同時に、国家による介入自体の一定の積極面(国家による実質的自由の観念)が確保されることができ、だからこそまた、その反面として、現代憲法が、体制的統合の効果的手段となりえているのである。それゆえ、法実務・法実践上の提言としては、近代立憲主義の原理が現代的なるものによって侵蝕される性質のものだということを認識しながらなおかつ、近代的なるものをあえて主張し、また、そのことをとおして、憲法の現代的ありかたが体制統合のためのより高度の整備を意味しうるのだというイデオロギー批判の観点からの冷たい認識をしたうえでなおかつ、その一定の積極面を推進しようとすることが、重要な実践的意義を持つであろう。それは、法的諸改良をつみ重ね、そして、何よりもファシズムへの転落の歯どめの努力をすることが、人間の尊厳をまもるために不可欠の法実務・法実践の課題だ、ということにほかならない。

六二　そのような観点から現代日本の憲法現象を位置づけると、どうであろうか。わが国の立憲主義は大日本帝国憲法のもとで、ドイツの外見的立憲主義より以上に外見的なものにとどまり、消極国家の観念、「世に良政府なし」（植木枝盛）とみる思想は、根づくことがなかった。そのように、近代が欠け前近代が残存したままで現代に当面し、自由という事がら自体の重みを経験しなかったから、「権利中心の憲法は十七・十八世紀的で時代おくれであって、現代憲法としては義務を重視しなければならない」という種類の議論が端的に出され（たとえば憲法調査会）ており、「国家からの自由」が欠落していると同時に、国家による介入の積極的側面もきわめて貧しく、「国家による実質的自由」という観念が体制統合的なイデオロギーとしてもち出される以前の段階である。すなわち、わが国では積極国家論を裏づけるべき国家の公共性の観念が西欧とくらべてあまりに現実ばなれしており、経済至上主義は、かつての軍事至上主義が実体なき「軍事大国」を現出させたのと同様に、「経済大国」を現出させたが、国民の精神生活を荒廃させると同時に（圧倒的多数の国民にとっては）物質的生活環境をも破壊しつつあり、そのようなところで、たとえば社会的諸権利にしても、西欧におけるような体制統合的機能を期待されるというよりは、資本主義自体にとっての重荷と目されている。そのうえ、六〇年代におけるヨーロッパの緊張緩和とは対照的に、アジアでの軍事的緊張のなかでアメリカの軍事力との特殊に密接な関係が展開し、憲法の平和主義条項が、少なくともこれまでのところ、国家権力にとっての最大の桎梏となってきた。かようにして、少なくとも今までのところ、国家権力の活動は、憲法の名においてみずからを正当化するというより、制定憲法に対して憲法改正論としても憲法運用の面でも敵対するかたちを、よりつよくとってきている。

そのような特徴を見るとき、西欧について憲法実務・実践上の課題としてさきにのべた事がらは、わが国の場合、いっそうはるかに切実にあてはまるといわなければならない。わが国の憲法実務・実践上の提言において「西欧近代」を主張し、また、西欧ではすでに獲得されているような（たとえば社会的諸権利について）改良を追求することは、そのような意味において、決して「時代おくれ」でもなければ、「体制内化」を意味するものでもなく、かえって、「体制」に対する死活の試練を要求する意味を持ちうるであろう。

この項の問題につき、本書の付論を参照されたい。

第二部　「憲法の規範性」ということ

――その歴史的性格についての試論

序　章

六三　近代憲法の任務は、国家権力を法的に拘束し人権を保障するところにあるとされてきた。[1]一七八九年フランス人権宣言の、「権利の保障が確保されず、権力の分立も定められないすべての社会は、憲法を有しない」（第一六条）という条項は、近代立憲主義の核心的要請を最も古典的に定式化したものとされている。

ところで、憲法の存在理由をそのようにとらえる立場は、日本国憲法のもとでの憲法解釈論ないし憲法立法論（すなわち憲法改正論）の場面では、第一に、硬性憲法として構成されている制定憲法の改正に反対し、ありうべき改正についても、日本国憲法の基本原理を侵すことはできぬという「改正限界論」を主張するという意味において、第二に、最高法規としての制定憲法に内在する法的価値の貫徹をとりわけ法令違憲審査制の活用によって求めるという意味において、「憲法の規範性の強調」というかたちをとってあらわれてきた。日本国憲法のなりたち、および、日本国憲法をめぐるその後の事態の経過にてらして、人権主張の立場がそのようなあらわれかたをしてきたのは、解釈ないし立法論という憲法実務・実践の問題として適切であったし、また適切であるといわなければならないが、[2]そこにはひとつの理論的反省が必要であるようにおもわれる。[3]

ところで、理論的反省を必要とするというのは、さしあたっては、日本国憲法をめぐる問題状況の特殊性があってはじめて成り立つことを憲法の一般論として構成してしまってはならぬ、ということであるが、そのような反省が必要なのは、実は、決して日本についてだけのことにはかぎらない。

前述したとおり、歴史上、人権保障という近代憲法の課題がもっともよく果されたのは、一九世紀のイギリスと第三共和制前半期のフランスだとされているが、他方では、イギリスではそもそも硬性の憲法が存在せず、したがってまた、憲法運用の場面における制定憲法の最高法規性という観念も存在しなかった。また、フランスの第三共和制憲法は人権条項をまったく持たず、したがって人権に関するかぎりはイギリスと同じ状況であったし、統治機構の大わくについて定めた制定憲法自身、いちおう硬性憲法とはいえるものの、憲法改正手続と立法手続とのあいだには質的に大きな差異はなく、いわば硬度のひくい硬性憲法であり、いずれにしても、最高法規性の担保装置としての違憲審査制を知らなかった。(4) そうして他方、依然として軟性憲法の方式をとっているイギリスは別としても、(5) フランスの場合、硬憲法性が相対的につよまり議会制定法への憲法による制約という問題が――しかも支配層のがわから――提起され、多少とも実現されてくるのは、のちになって、近代立憲主義の変容ということが問題になってくる段階においてなのである。

たしかに、近代立憲主義の現代における凋落を語るとき、ひとはしばしば、「憲法の規範性」の軟化ということを指摘する。たとえばビュルドーは、「歴史的に、憲法は、権力を制約する道具であった。被治者が恣意に対しみずからを守るために、統治者に憲法をおしつけたのだ。……しかし現代デモクラシーすなわち統治するデモクラシーは、被治者と統治者とを同一視するようになる傾向を持つ。……このような条件のもとでは、人民意思が表明されるところの手続の尊重ということよりは、国家の名においてなされる決定が、まさしくすでに至上のものである人民意思の意味するものだ、という事実の方が、重要になってくる」、として、憲法の観念はもはや「ひとつの遺物」になってしまったと指摘する。(6) ところで、たしかに、近代立憲主義の核心は「権力への制約」であった。しかしそのような制約は、具体的には、何よりも立法権＝その所産である法律による行政権への制約だったのであって、憲法による立法権への制約――いわんや憲法改正権への法内容的な限界づけ――では必らずしもなかった。むしろ、憲法と法律との関係についていえば、憲法による拘束から自由な法律によって多数者支配が展開したのは、まさしく近代立憲主義の時期においてであった。してみると、憲法の硬性ないし最高法規性という場面での「規範性」の強調を、単純に近代立憲主義に見合うものとし、「憲法における規範的なるもの」の凋落を近代立憲主義の現代的変容に対応するものとして位置づけることは、ある意味では常識化したとらえかたであろうが、にもかかわらず、かなりの程度において問題点をふくんでいるようにおもわれている。以下の叙述は、そのような疑問を出発点として、フランス憲法および憲法学を素材としながら、「憲法の規範性」ということの歴史的性格について試見をのべることを、目的とする。

（1）参照、清宮四郎『全訂憲法要論』（法文社一九六一年）二六―二八頁。

（2）日本国憲法はそのなりたちにおいて、支配層にとってはその意に反して「おしつけられた」ものという性格が濃いものであったし、その後の経過においても、西欧民主主義諸国におけるもろもろの法イデオロギーが日本では支配層にとって桎梏となってしまうという特殊的後進性が存在する。たとえば、「現代福祉国家」の観念は、あまりにも現実と隔絶しているがために、現実陰蔽的なイデオロギーとしての役割すら十分にはたしえないほどであり、現代西欧資本主義の不可欠の一環となっている生存権も、わが国の資本主義には逆に重荷として意識されている。この点はちょうど、明治憲法のもとで、ドイツにおいては西欧立憲主義に対する外見的立憲主義の後進性のシンボルであった「国家主権」説が、わが美濃部憲法学の天皇機関説のかたちにおいては立憲主義の前進のシンボルとなった、という関係に照応しているといえよう。

それゆえに、人権主張を日本国憲法の「規範性の強化」というかたちで展開することは二重の方向において適切だといえる。第一に――国家と人権との緊張関係の想定から出発する近代立憲主義はアナクロニズムだ、という近代否定＝超モダニズムの形での反人権主張に対してであり、第二に――人権主張の手がかりとして憲法を位置づけること、さらには人権という観念すらもが「体制的」であって、それを「のりこえる」ことが問題だ、という形での反人権主張に対してである。

（3）そのような理論的反省がふまえられていなければ、憲法実務・実践のうえでもさまざまの混乱におちいるように思われる。実際、憲法改正の場面での「規範性の強化」の主張に関連して、「憲法擁護」→「憲法の完全実施」がそれ自体として人類の最終目標であり、いわば法の歴史が日本国憲法でもって完結するかのようにみる見解、また、実はそのうらがえしとして、憲法をになう主体を問うことをぬきにして憲法の完璧さを求めて失望するところから生まれる「憲法ナンセンス」論があらわれたり、憲法運用の場面については、憲法の最高法規性を担保する装置としての違憲審査制への過大な評価と、実はそのうらがえしとしての「裁判への絶望」があらわれているところをみると、本文でのべた危惧は裏がきされているようにおもわれる。

(4) Georges Vedel, *Cours de droit constitutionnel et d'institutions politiques*, Paris, 1960-61, p. 642.

(5) ただし、最近は硬憲法化の議論もあることについて、参照、清水睦「イギリス憲法の硬性化論」(中央大学比較法研究所二十周年記念論文集『比較法の諸問題』一九七二年)。

(6) Georges Burdeau, Une survivance : la notion de constitution, *Etudes offertes à A. Mestre, L'évolution du droit public*, Paris, 1965, p. 61.

六四　右にのべた目的のために以下では、フランスの憲法史について三つの歴史的段階[1]をとり出して検討をおこなう。

第一は市民革命期であり、いうまでもなくフランス革命期がこれにあたる。この時期にヨーロッパにおける最初の成典かつ硬性の憲法が成立するのであり(一七九一年憲法)、そこで登場するさまざまの法観念は、フランス革命のプレスティージュとあいまって、フランスおよび外国の憲法史にとって綱領的なシンボルとして大きな影響をあたえることになる。本稿の主題にとっても、一七九一年憲法の制定過程を探索することは、きわめて有益である[2][3]。

第二は、近代立憲主義の確立期であり、第三共和制の前半がこれにあたる。近代憲法の諸原理が主張されるとき、しばしば市民革命期の綱領的宣言が援用されるが、前述のように、近代立憲主義という法原理は、消極国家という国家のありかたに対応するものであり、消極国家が成立するためには、産業革命を経過することによって特殊近代的な資本主義という生産様式が完成する産業資本主義段階をまたなければならない。そのうえ、これまた前述のとおり、近代立憲主義はそのような経済のありかたと論理的な対応関係にあるとはいっても、現実の憲法史の過程はさらに多少ともずれて、フランスの場合、近代立憲主義は、ほぼ一八八〇年代以降、第三共和制憲法の運用過程――制定ではなく――のなかではじめて、議会中心的共和制というかたちをとって定着するのである。

第三は、近代立憲主義の現代的変容の段階であり、本稿の主題についても、第一次大戦後の第三共和制のもとで学説や思想のかたちで、すでにさまざまの重要な問題提起がなされているが、とりわけ、第五共和制の段階になって、実定法上も、フランス近代立憲主義の伝統からの注目すべき転換が生じてきている。

いうまでもなく、これら三つの段階設定は、現実の憲法史にそっておこなわれたものではあるが、理念型的な構成である。しかも、それにしても、とりわけ、第一の段階と第二の段階のあいだで現実の憲法史がきわめて複雑な経過をたどっているのを、ここではさしあたり捨象している。そのような限定をうけた検討であることを意識して、副題に「試論」とした次第であることをおことわりしておく。

（1）本書における憲法史の段階設定、総じて憲法現象の歴史的類型学については、第一部第二章の第一節参照。

（2）一七九一年憲法の制定過程は、われわれにとって、近代憲法のもろもろの法観念の分析にとっての宝庫となりうる。ただし、そのことは、一七九一年憲法がフランス革命時点に革命の経過のなかで――とりわけ一七九三年憲法にくらべて――すぐれて近代的な性格のものだった、と筆者が考えるからではない。この点については、特に、第一部第二章第一節Ⅱの註(3)を参照されたいが、フランス革命の経過のなかでは、一七九三年憲法こそがブルジョワ革命の課題をもっとも徹底的に追求するものだったのであり、一七九一年憲法は、そのような「下からのブルジョワ革命」をおさえこもうとする「上からの改革」に対応する歴史的性格をもったものであった。にもかかわらず、――あるいは、まさにそれゆえに――後代における綱領的シンボルとしては、一七九三年憲法はそれぞれの時点における現状批判的運動のシンボルとなり、一七九一年憲法の方は、多くの点において近代憲法のモデルとなり、ある点においては制定時点の歴史的性格を反映して近代立憲主義の確立期にはそぐわないところのものを含みながらも、全体として近代立憲主義の綱領的シンボルとなったのである。

（3）一七九一年憲法については、なお、稲本洋之助＝高橋清徳＝島田和夫＝樋口陽一『一七九一年憲法の資料的研究』（東京大学社会科学研究所資料第五集、一九七二年）を参照されたい。

六五　ところで、「憲法の規範性」の歴史的性格を検討するにあたって、以下では、第一には、憲法改正の場面における規範性の問題として、第二には、憲法運用の場面における規範性の問題として、主題にアプローチを行なう。

そのさい、第一の問題は、憲法改正権のありかたの問題としてあつかわれる。(1) そして、まず、(イ)憲法改正権と立法権との区別いかんということが検討される。実質的意味の憲法の本質的機能に着目していえば、憲法とは、一般的規範の設定（＝実質的意味での立法）の手続を指定し、しばしば、設定されるべき一般的規範の内容をも限定するところの法規範である、(2) ということができようが、立法作用によってそのような憲法を改正することができるか否かによって、軟性憲法の方式と硬性憲法の方式がわかれ、硬性憲法の場合にだけ、憲法改正の場面における立法権に対する「憲法の規範性」が問題となりうる。ところで、硬性憲法にせよ軟性憲法にせよ、これら二つの方式は憲法改正が法的拘束に服するさいの二つの態様であるが、憲法改正権の概念構成のしかたいかんによっては、つぎに見るように、憲法改正作用をおよそ一切の法的拘束から解放された法的作用とする帰結がみちびき出されることに、注意しなければならない。そうなってくると、問題はさらに、(ロ)憲法改正権と「憲法制定権」(3)との区別いかんという側面からも検討されなければならなくなる。まず、これら両者の区別があることによって、憲法改正作用は一定の法形式に――それが変更されないかぎりは――服さなければならない、とされる。そのような法形式として、憲法改正作用の従うべき手続を定める規定のほか、改正対象を限定する規定（全面改正の禁止のような量的規律のこともあれば、特定事項についての改正を禁止する質的規律のこともある）がありうる。憲法改正権と「憲法制定権」を区別することによって、さらに、憲法改正権の行使に対する法的な内容的限界も生ずることになり、憲法改正作用の手続または対象を定めた規定、および、憲法の基本原理を定めた規定は、「憲法制定権」の所産として、憲法改正権によっては――所定の法形式に従ってもなお――手をふれることができないとされる（憲法改正限界論）。それに対し、憲法改正権と「憲法制定権」とを区別しないところでは、憲法改正の内容的な法的限界という観念は生ずる余地がないし、のちに点検するように、「憲法制定権」の概念のあつかいかたによっては、憲法の変更に対する法形式上の拘束という観念自体が成立しなくなるであろう。なお、憲法改正作用が従うべき法形式として憲法改正対象の限定規定が存在するかどうかの問題と、そのような規定自体の改正を含め憲法改正作用に法内容的限界があるかどうかの問題とは、右に見たように法論理上次元を異にするが、憲法改正の場面における規範性の大小にとってどんな効果をもたらすかの点では、共通性をもっており、以下の叙述でも、二つの論理的次元にまたがって、問題を見てゆくことにする。

ところで、以上は、憲法改正権への法形式的拘束とその内容的限界についてのことであるが、「憲法制定権」と憲法改正権とを区別し憲法改正作用の形式的拘束および内容的限界を主張しながら、他方では、憲法の変更を「憲法制定権」――憲法改正権でなく――の発動として資格づけることによって、無拘束的な憲法の変更をみとめ、実質的には憲法改正作用への一切の法的拘束を否定するのと同様な効果をもたらすような主張がある。これについてものちにとりあげるが、ここでは、そのことだけを指摘しておきたい。ところで、どのような仕方であれ憲法の変更を法的拘束から解放する主張は、憲法の変更を単純な事実としてあつかうことを必らずしも意味しない、ということにも注意が必要である。そのような主張は、あらゆる法的拘束から解放された憲法変更作用をまさしく法現象として位置づけることによって、すぐれて、法イデオロギーとしての性格を発揮するものなのである。

つぎに、第二の問題は、憲法の公権的解釈権の最終的帰属いかんという観点から吟味される。ところで、憲法運用の場面における「憲法の規範性」の問題は、普通は「憲法の保障」、「憲法の最高規範性の確保」の名のもとに論ぜられる。しかし、憲法の最高法規性の貫徹といっても、所与の制定憲法そのものの自己実現が行なわれるのではなく、実は、憲法の漸次的平和的な「合理的」適応——もとより何をもって「合理的」とするかは立場によって異なるが——が期待されることも少なくない。例えば一八世紀の文書であるアメリカ憲法が、アメリカが世界の大国となった今日でも時代の要求に対応して機能しえているのは、修正条項の追加とならんで、最高裁判所が判例において示す憲法解釈のはたらきに負うところが大きい、といわれている。実際のところ、違憲審査制がある場合にも、それによって保障されるところの「憲法」とは、審査権をあたえられた特定の機関が解釈したかぎりでの「憲法」——アメリカであれば、「裁判官がこれが憲法だというもの」——であってそれ以外のものではない。(4)およそ憲法保障行為は、保障者による憲法解釈を前提としてなりたっており、それゆえ、憲法保障の担当者がだれであるかという問いは、憲法の公権的解釈権が最終的にだれに帰属するかという問いを意味する。したがって、憲法の最高法規性という概念から司法審査制という制度が論理必然的に出てくるわけのものではないし、また逆に、法律の違憲審査制がないからといって憲法の最高法規性自体が否定されているとはかぎらず、憲法を最高法規としながらも、法律の憲法適合性についての最高の判定権、憲法の最終的解釈権を議会みずからが持つことは、十分にありうる。(5)いいかえれば、法律違憲審査制の存否の問題は、立法権に対する憲法の拘束が「道義的拘束か法的拘束か」をわかつ標識となるとはかぎらず、さしあたっては法的拘束についての判定権の所在の問題である。こうして、法令違憲審査制のあるところではその審査機関が、法律違憲審査制の欠けている議会中心的民主制にあっては議会が、憲法の公権的解釈を最終的に確定する。前者の場合でも、審査権は、裁判部門にも政治部門にも与えられうるが、本論では、とりわけ、普通の裁判所に具体的事件処理の前提として審査権を与える方式＝前提的または具体的審査制と、特定の裁判所ないし裁判的機関に抽象的審査を可能にするようなしかたで与える方式＝抽象的審査制とを問題にする。(6)

そして、そのいずれの方式であれ、制定憲法そのものの実現が約束されるとはかぎらぬという点では、共通であり、議会自身が憲法保障者となっているよりは、裁判的保障のほうが制定憲法の法源としての羈束性をつよめる傾向をもつといえるのは、あくまで相対的な意味においてである。すなわち、前述のように法の解釈が法源適合性の擬制を普通経由することによって、そのかぎりで、所与の法源の羈束性が機能するのであるが、裁判部門による憲法解釈は、判決理由というかたちで示されるためにより緻密な擬制操作が要求され、また、審理の公開と対審構造のため一方的な解釈の強行が比較的妨げられ、裁判部門は政治的に中立であり法源に忠実な解釈をするものだという観念（それは必らずしも現実に即していないのではあるが）のはたらきによって実際に多少ともそのような状況が導き出されうるし、解釈学説の影響力が政治部門に対してより裁判部門に対してよりつよくはたらくことによって、そのような傾向が一層つよまることもありうる、という意味においてである。また、裁判所は、しばしば自己の権限についても審査しなければならぬから、「何人も自己の事件について裁判官たりえない」という命題とのかかわりを特に免かれえているわけでもない。同じく裁判部門による違憲審査制のなかでも、前提的審査を担当する司法裁判所については伝統的な政治的中立の観念や法源忠実性の観念が比較的つよく付着しているが、抽象的審査を担当する特別の裁判所についてはそうでないし、同じ司法裁判所であっても、上級審を法論理的に説得しなければならぬ下級審は、できるだけ既成の論理に密着した擬制が要求される、というちがいによって、法源の羈束性はかなりに変化する。かように、所与の法源の羈束性という点で、法過程一般のなかで裁判的過程が質的に特殊なちがいがあるわけではない。制定憲法不適合の憲法実例を生み出す可能性は、どの場合にも存在するし、そのような実例の内容の「合理性」が違憲審査制のもとで特に保証されるわけでもなく、むしろフランスの学界で伝統的に有力だったように、その「合理性」を特に疑う見方もある。違憲審査制は、場合によっては、他の国家行為を違憲とすることによってであれ、合憲として――あるいは統治行為論によって――追認することによってであれ、裁判的過程についてのもろもろのイデオロギーによそおわれながら、実は法源不適合の、かつ「合理性」の疑わしい憲法実例をそれだけつよく正当化する制度としてはたらくことも、またありうるのである。

そのようなザッハリヒな観点から見るとき、イデオロギー的には「憲法の最高法規性」をめぐる問題としてあつかわれている事がらを、われわれは、憲法の公権的解釈権の最終的帰属の問題としてとらえなければならない。総じて、ここでは、もろもろの法観念の機能の分析をとおしてそのイデオロギー性を明らかにするという手法をとるのであり、したがって、それぞれの法観念を、権力ないし国家機関のあいだのザッハリヒな関係の場でとらえなおすという操作が、媒介項として必要となるのである。(7)

なお、右にとりあげた二つの問題とならんで、そのような「改正」や「運用」の対象であるところの「憲法」という観念によってどのような範囲のものが意味されているか、という問題がある。「憲法の規範性」を論ずるにあたって、とりわけフランス憲法史については、その「憲法」が権利条項を含むかどうかということが、重要な意味を持っているのであり、本論でも必要な限度でその観点からの検討をくわえることにしたい。(8)

(1)　憲法の「改正」・「制定」・「変遷」という憲法変動の諸形態につき、ごく簡単な私なりの整理として参照、「憲法の改正と変遷」(法学演習講座①『憲法』法学書院一九七二年、所収)。また、この点についての諸学説の批判的整理検討として参照、屋吹善人『学説判例事典1・憲法』(東出版一九七〇年)三頁以下、三七頁以下。

(2)　Hans Kelsen, *Reine Rechtslehre*, 1. Aufl., Wien u. Leipzig, 1934, S. 73 ff., 2. Aufl., Wien, 1960, S. 228 ff.

(3)　実は「憲法制定権」という観念は、他の多くの法学上の観念と同様に実践的任務をおびて登場したものであり、その内容も甚だ多義的であるが、そのことについては本文で検討することにして、ここでは、多義的なままに、カッコつきの用語として用いておく。

(4)　「実際、違憲審査の任を課せられた機関が法律とつきあわせるのは、憲法だというよりは、憲法について自分が抱いているところの観念なのである。」(G. Vedel, *Manuel élémentaire de droit constitutionnel*, Paris, 1949, p. 124)

(5) その事態は、「法律ハ固ヨリ憲法ニ抵触スルコトヲ得ザルノ制限ヲ受クト雖モ、法律ノ内容ガ果シテ憲法ニ抵触スルヤ否ヤハ立法権自身ガ最高ノ解釈権ヲ有シ、裁判所ハ自己ノ見解ヲ以テ此解釈ニ対抗スルノ権限ヲ有スル者ニ非ス」という事態にほかならない(美濃部達吉『憲法撮要』訂正再版、有斐閣一九二五年、四九四―四九五頁)。

(6) なお、以下で法律違憲審査制の有無を問題にするさいには、もっぱら法律内容の違憲審査だけを念頭におく。法律が憲法上の手続をふんで有効に成立したかどうかの審査――フランスでいう constitutionnalité extrinsèque の審査――は法律の内容の違憲審査――constitutionnalité intrinsèque の審査――が否定されていた第三共和制期においても、肯定されていた(もっとも、狭義の憲法上の適式性だけで、法律や議院規則上の適式性には審査は及ばぬとされていた)。cf. Gaston Jèze, Le contrôle juridictionnel des lois, *Revue du droit public*, 1924, p. 422-427.

(7) なお、憲法の運用の場合における「規範性」の問題としては、憲法の公権的解釈権の帰属のほかに、実務および学説において採られる解釈の方法ということを、本来はとりあげなければならない。主としてそのような観点からおもにドイツ国法学史を対象として「憲法の規範性」を論じたものとして、小林直樹『憲法の構成原理』(とくに第二章)があるが、同書で提起された問題については、フランスについての巨視的概論を、本書第一部第一章の第一、二節で与えておいた。

(8) 本論と共通の問題意識を前提として特にその問題をそれとして検討したものとして、別稿「フランスにおける constitution の観念と人権」(柳瀬博士東北大学退職記念論文集『行政行為と憲法』所収、有斐閣一九七二年)にゆずる。なおこの点につき参照、黒田覚「フランス人の憲法観理解のための仮説」(神奈川法学二巻二号)。

第一章　市民革命期

I　憲法改正の場面における規範性——憲法改正権のありかた

六六　この点についてのフランス革命期の憲法規定は、一見ひとを困惑させるような状況を呈している。すなわち、あるときは制定憲法をたえず変更してゆく可能性が強調され(一七九三年憲法)、あるときはつくられた制定憲法の維持が力説されている(一七九一年憲法、一七九五年憲法)。しかも一七九一年憲法の場合はその二とおりの面が、ひとつの制定憲法のなかにとりこまれているのである。

一七九一年憲法は、その第七篇第一条で、まず、「憲法制定国民議会は、国民がその憲法を変更 changer する時効によって消滅することがない権利を有することを、宣言する」とうたっている。しかし、セミコロンですぐにつづけて、「ただし、経験によってその不都合が感じられた憲法典の条項を改正 réformer する権利を、憲法そのものにおいて定められる方法によってのみ用いることが国民の利益により適合するので、その手続を憲法改正議会 Assemblée de Révision によって以下の形式で行なうことを定める」、とのべるのである。そして、その手続として、周知のように、きわめて複雑かつ周到な条件が設けられていた。すなわち、三つの立法議会(一立法議会は二年)がひきつづいて、何らかの憲法条項の変更について一致した意思表示をしたときに、憲法改正の要求が成立する(第二条)。そのさい、憲法制定後の第一および第二の立法議会は、いかなる改正提案もすることができない(第三条)。そして、三つの立法議会がひきつづいて意思表示をするさい、前二つの立法議会は、それぞれ、最終会期の最後の二ケ月においてしか、それをすることができず、第三の立法議会は、第一会期の終りか第二会期の最初においてしかそれをすることができない（第四条）。その審議は、通常の立法の場合と同じ形式に服するが、国王の裁可には供されない（同）。三つの立法議会が特定の憲法条項の改正について一致した意思表示をしたとき、それにつづく第四の立法議会においてはじめて憲法改正議会が構成されるが、それは通常の議員定数のほか各県から選出される計二四九人（立法府の議員定数七四五のうち、二四九人が人口の割合によって各県から選ばれるのであるから、憲法改正議会のばあいは、人口の割合によって選ばれる議員が通常の場合の二倍になることになる）をくわえて構成される（第五条）。そのさい、右の第三の立法議会の議員だった者は、憲法改正議会の議員には選出されることができない（第六条）。そのようにしてようやく構成される憲法改正議会の議員は、「〝自由に生きるか、死ぬか〟の宣誓を全員で宣述したのち、個別に、〝前三つの立法議会の一致した要望によって自らに付託された事項について裁決することに専念し、くわえて、一七八九年、一七九〇年および一七九一年に憲法制定国民議会によって定められた王国の憲法をその全力によって維持し、かつ、全員が国民、法律および国王に忠実であること〟の宣誓をおこなう」（第七条）。憲法改正議会がその任務をおわったとき、増員として補充された二四九人の構成員はその職を去り、立法行為には参加しない（第八条）。

かように、(a)憲法改正作用の服すべき法形式として、まず、憲法改正の手続が定められているが、そのさい、改正権が行使されるための複雑な時間的限定がふくまれていることに注意しなければならない。すなわち、憲法制定後はじめの二立法議会すなわち四年間は改正の意思表示自体をすることができず、そのうえで三つの立法議会が一致した意思表示をしなければならないのであるから、結局、憲法制定後最少限十年経過しなければ、憲法改正議会は成立できないわけである。さらにまた第二条は、憲法改正が必要であるとする意思表示のさいに改正の対象となる条項をまず明示すべきだとしており、第七条は、憲法改正議会の作業の開始にあたって憲法擁護の宣誓を要求するのであるが、全面改正を排除し部分改正のみを考えるこれらの条項は、憲法改正の対象を限定する規定にほかならない。また、これらの規定の背後には、憲法改正の内容的限界を肯定する主張の、少なくとも可能性があるといえよう。そしてつぎに、(b)憲法改正はその手続においては通常の立法手続と峻別され、そのかぎりで、高度の硬憲法性を持つことになった反面、憲法改正権は立法府およびそれと類似の機関に留保されており、国王も国民自身もそれには関与しえないことになっている。そのような意味では、「いわば憲法改正権を立法権につけ足したもの」[1]ということができるほどであったといえよう。

（1）　Paul Bastid, *L'Assemblée nationale de 1789—1791 : Cours de doctorat*, Paris, 1965, p. 156.

六七　ところで、まず(a)の点についてみると、フランス革命前夜には、一七九一年憲法におけるのとは反対に、憲法のいわば絶対的な変更可能性を強調する考えかたが、シイエスの「第三身分とはなにか」で主張されていたことに注目しなければならない。かれは、まず、「憲法制定権」pouvoir constituant の万能性から説きおこす。憲法は、憲法によってつくられた権限 pouvoirs constitués を拘束するが、自分がそこから派生してくるところの国民を拘束することはできない。国民はつねに憲法を変更できるだけでなく、変更するについていかなる形式にも服さない。その形式が憲法自体によって定められているとしても、である。「……国民がどのような方式にしたがって意欲しようとも、意欲しさえすれば十分である。どのような形式でも善く、国民の意思は、つねに最高の法である。……国民はあらゆる形式から独立である。国民がどのような方式にしたがって意欲しようとも、国民意思があらわれさえすれば、すべての実定法は、その淵源であり最高の主人であるところの国民の前では、存在しなくなる」[1]。「憲法制定権」の概念は、その後の憲法学・憲法思想のうえで重要な論点のひとつとなるものであり、本書でも、かぎられた視角からとはいえとりあげることとするけれども、実はきわめて多義的につかわれているのであるが、ここでは、さしあたりつぎの二つのことを指摘しておきたい。まず、「憲法制定権」は、シイエスの場合、その論理構造において公然かつ自覚的に実定法超越的であり、その機能において実定法破壊的なものとして提起されている、ということである。[2] だからこそ、憲法制定権者である国民は、「自然状態」におけるものとして考えられ、それゆえに、国民意思がその効果をあらわすためには、「意思の自然的性格」をもちさえすればよく、いかなる形式にも拘束されぬ、とされるのである。

つぎに、そのような「憲法制定権」の概念は、当時における「憲法」観念の転換を、集約的に示すものであった。その転換とは、人間の意思にとって所与のものとしての憲法という観念――客観主義的観念――から、人間の意思の所産としての憲法の観念――意思主義的観念――への転換である。革命前夜に、フランスは「憲法」を持っているかどうかという議論がなされたとき、特権層のがわは「千三百年来存在し繁栄してきた国が憲法を持たなかった」とはばかげたことだとして、王国基本法の存在をもって憲法の存在を論証しようとしたが、それに対しシイエスは、「フランスが憲法をもっていない以上、それを一つつくらねばならぬ」と、主張した。そのさい、フランス王国に存在しつづけたとされる「憲法」は、「人間の営為の所産でなくて事物の必然」(デュポン・ド・ヌムール)[3] としてとらえられるところのものであり、それに対し、これからつくられるべきだとされる「憲法」は、他者によって拘束されることのない主権者の意思が表明される法としてとらえられるところのものであった。[4] 後者の観念のもとではじめて、人間の意思によって「憲法」を変更することの論理的可能性がうまれ、したがってまた、われわれの問題設定――憲法改正の場面における規範性の度合という問題――が成立しうるのである。ただし、同時に注意しておくべきことは、憲法の変更可能性――さらには、いわば絶対的な変更の可能性――といっても、その「憲法」は人権宣言をふくまない、ということである。その点については、項をあらためて、見ておくことにしよう。

(1)　Sieyès, *Qu'est-ce que le tiers état?*, Chapitre V.

(2)　ただし、本文のようにいったからといって、「憲法制定権」が quaestio facti とされていたというわけではない。シイエスの「憲法制定権」は、すぐれて quaestio juris であった。一般的にいって、「憲法制定権」の属性として「無条件性・自律性・根源性」（渡辺宗太郎「憲法制定権力と憲法改正権限」、『続憲法学の諸問題』有斐閣一九五六年所収）ということがいわれるかぎり、そのようなものが事実を説明する概念でないことは明らかである（参照、菅野喜八郎『憲法改正限界論についての若干の省察』近刊予定）。なお、この点をふくめて「憲法制定権」の概念と「主権」の概念との関係をのちに問題にしなければならない（後出二三二頁註(2)）。

(3)　Georges Burdeau, *Traité de science, politique* Tome IV, 2 éd., Paris, 1969, p. 22. に拠る。

(4)　このような「憲法」観念の転換について、G. Burdeau, op. cit., p. 21 et s., 90 et s., Pierre Duclos, *La notion de constitution dans l'oeuvre de l'Assemblée Constituante de 1789*, Paris, 1932 を見よ。

六八　シイエス自身、一七八九年宣言[1]の制定過程のなかで憲法委員会のメンバーとして委員会に提出した「人および市民の権利の承認および理由を付した宣示」のなかで、権利宣言を憲法に前置しかつ先議すべきことを主張したとき、「憲法の語の真の意味」は「種々の公権力の設置と内部的組織、それらのあいだの必要な連絡、および相互間の独立に関する規定」、「公の諸権力の総体および分立にかかわるもの」であるのに対し、権利宣言はあらゆる憲法に優越するものだとして、つぎのような内容の提案をしている――「……フランス国民の代表者は、今後、憲法制定権の職務を行使するにあたり、すべての社会的結合、したがってすべての政治的憲法の目的は、人および市民の権利を明示し拡大しかつ確保することにほかならないと考え、国民の代表者は、それゆえ、まずそれらの権利を承認することに専念せねばならず、諸権利の理由を付した宣示が憲法の不可欠の前提であるがゆえに憲法の案に先行しなければならず、かつ、それはすべての政治的憲法に、それらがすべて区別なく到達するよう努力すべきことの目的ないし目標を示すことだ、と判断する。それゆえに、フランス国民の代表者は、人および市民の権利の以下のごとき宣言を、実定的かつ厳粛な宣明によって承認し確定する」――。[2] かように、シイエスにおいて万能だとされている「国民の憲法制定権」をもってしても権利宣言を左右することはできず、逆に、それに服さなければならないとされ、しかも、そのような権利宣言の対憲法優越性は「実定的」な性質のものとされていたのである。

実際、一七八九年宣言が、その第二条で「すべての政治的結合の目的は、人の自然の、かつ時効によって消滅することのない権利の保全である」とし、また、第一六条で、「権利の保障が確保されず、権力の分立も定められていないすべての社会は、憲法を有しない」とのべているのは、権利宣言が、これからつくられるべき憲法の目的ないし内容についての基本的指示をうち出したものであり、権利宣言が憲法制定に時間的にも論理的にも先行し、「憲法制定権」を正当づけるとともにそれを拘束することを、示したものとみることができる。[3][4] そして、実際、憲法制定議会は、一七八九―一七九一年における憲法的デクレの制定に先立ち一七八九年宣言を先議し、一七九一年憲法典を作成するにあたっては、権利宣言を冒頭に前置するとともに、さきに「確認しかつ宣言した原理に基づいてフランス憲法典を制定することを望み」(前文)、その第一篇で「権利の保障」を、第二篇で権力分立の統治機構を定めたのであった。

ところで、一七九一年八月九日、憲法典作成にさいし憲法委員会からの報告をおこなったトゥーレは、こういっている――「諸君は、権利宣言をつくったとき、憲法に先立って、憲法が確保し保障すべき個人権および政治上の諸権利がいかなるものであるかを追求するというしごとをしたのであった。この追求の効果は、人および市民の諸権利を承認させることであった。諸君の宣言は、憲法、立法、および執行権の行使に規範として役立つためにこの承認を確認することに帰着する。この宣言に含まれているところのものは、どのような条件のもとにあろうとすべての人にひとしく適用され、また、すべての政府に――それらの政府の形態とわれわれのものとにどんな違いがあろうと――規準として役立たなければならない。しかるのちフランス憲法をつくることによって、人および市民の権利の一般的承認を特殊な仕方でもってこの憲法に適用し、また、それらの権利を憲法の保障のもとにおくことが必要だったのである」[5]。憲法制定国民議会が一七八九年から一七九一年までに採択したデクレの総体がまさに憲法だったであり、一七九一年憲法はその法典化にほかならなかった、ということ——たとえば、国王即位の宣誓は「……一七八九年、一七九〇年および一七九一年に憲法制定国民議会によって制定された憲法を維持し……」という定式を含んでいる（一七九一年憲法典第三篇第二章第一節四条）——を想起すれば、一七八九年宣言が憲法制定に先行したのは、ほぼ二ヵ年にわたり、憲法制定議会の全事業を指導する基本法としてそれを法的に拘束することを意味した、ということがはっきりするであろう。その間、一七八九年宣言は、自然法原理の宣言であると同時に、憲法（憲法制定議会の定めるデクレの総体）に優越する実定法規範だったのである。

ところが、一七九一年憲法典が成立し実定法体系の完結性がひとたび成就して以後というものは、自然法と実定法が分化し、権利宣言という規範形式そのものは実定法の世界を去ってもっぱら実定法体系に正当性を賦与する超憲法的な哲学的原理の表明となり[6]、他方、権利宣言の志向した内容は憲法典第一篇「権利の保障」のかたちで、法的拘束力をもつ実定憲法規範となったのである[7]。実際、憲法第一篇第三項の規定のしかたを見ると、「この篇において（権利宣言によってではなく——筆者註記）規定され、かつ、憲法によって保障された（「宣言された」でなく——筆者註記）自然の、および市民の権利」をもって立法府の法律を制約するものとしているのであるから、憲法典完成後の権利宣言の性格に関するかぎり、憲法第一篇によって立法権への法的拘束が明定された反面の効果として、権利宣言のほうは立法権を——まして憲法そのものを——法的には拘束しなくなった、と見るべきであろう。そしてまた、実際問題としても、一七九一年憲法の完成＝憲法典の成立の時点以前においてこそ、万能とされている「憲法制定権」をなお法的に拘束しようとするために権利宣言が固有の意味をもつのであり、その時点以後、後述のように、一方で「憲法制定権」が凍結され、成立しおわった憲法の正当性原理となるとともに、あらためてそれを法的に拘束することは不必要になったし、他方で、かつて「憲法制定権」のなかに一括されていた憲法改正権が pouvoirs constitués のひとつとして枠づけられたかぎりにおいては、それを法的に拘束するためには、超憲法的法規範としての権利宣言にたよることなく、所与の憲法の内部における憲法改正作用への法的拘束の問題として処理できることになったのであった。

ところで、そのさい、一七八九年宣言自体、権利のカタログを提示して宣言するにあたって、同時に「一般意思の表明」としての法律の優位を定め、一種の「法律の留保」的な表現をしていたし、(8) 一七九一年憲法典の「権利の保障」においては、後述のように、違憲審査制は採られず、法律の憲法適合性の判断は立法権者自身にゆだねられていたことに、注意しておきたい。その構造は、のちに見るように、立憲主義の確立期である第三共和制期にもひきつがれ、人権は、一方で、実定法制上の問題としては、そもそも憲法による保障としては存在せず、もっぱら法律による保障という形式に服し、他方で、思想的・哲学的には、それだけに「憲法をもってしても動かすことのできぬ価値」として意識されることになるのである。

（1） 一七八九年の「人および市民の権利の宣言」については、とりわけ、その制定過程について深瀬忠一「一七八九年人権宣言研究序説」㈠㈡㈢（『北大法学論集』一四巻三・四合併号、一五巻一号、一八巻三号）、その市民革命史的観点からする性格づけについて稲本洋之助「一七八九年の『人および市民の権利の宣言』——その市民革命における位置づけ——」（前出『基本的人権の研究』第三巻）がある。

（2） Préliminaire de la Constitution, reconnaissance et exposition raisonnée, *Archives parlementaires*, série I (1787-1799), vol. 8, p. 256-261.

（3） E. Zweig, *Die Lehre vom pouvoir constituant, Ein Beitrag zum Staatsrecht der französischen Revolution*, Tübingen,

1909, S. 240 は、権利宣言を、「憲法制定権の表現であると同時に制限づけ」だという。「政治的組織体の新らしい基本秩序が、そのような組織体の手のとどかぬところで個人がすでに持っていたところの権利の承認という観点のもとで判断され企てられたとしたなら、憲法制定議会にとっては、それらの権利——これは、憲法制定権の将来のあらゆる活動にとって、拘束的な原理として存続すべきものである——を表明するための必要な権限は、いうまでもなく存在したのであった」。

（4）　参照、稲本「一七八九年の『人および市民の権利の宣言』——その市民革命における位置づけ」、九〇頁註(1)。

（5）　一七九一年八月九日。Thouret, *Archives parlementaires*, I série, vol. 29, p. 292-293.

（6）　一七八九年宣言の性格については、第三共和制期の憲法学者たちのあいだで論争があった。エスマン（A. Esmein, *Eléments de droit constitutionnel*, 5 éd., *op. cit.*, p. 496 et s.)、カレ・ド・マルベール（R. Carré de Malberg, *Contribution à la théorie générale de l'Etat*, tome II, Paris, 1922, p. 580-581.）は権利宣言の法的性格を否定し、デュギやオーリウ（本書後出二四七頁以下）はそれを肯定した。これらの議論の基本性格は、権利条項を持たなかった一八七五年憲法のもとでの憲法解釈論の一環だったところにあるが、一七八九年宣言の性格それ自体の認識の問題として見るかぎり、そのどちらの議論も、一七九一年憲法典の成立の前後を区別していないところに難点があるといわなければならない。本文のように憲法典成立の前後を区別すべきだということについて、簡単ながら重要な示唆として、前掲稲本論文九〇頁註(1)。なおこの点に関連して詳しくは私の前掲別稿「『憲法』の観念と人権」五七七頁以下を参照されたい。

（7）　エスマンは、一七八九年宣言そのものの法的性格を否定するさいに、権利の宣言とちがい憲法典第一篇「権利の保障」は「真の実定的かつ義務づける法《ロワ》」だという。ただし、そのさい、法律違憲審査制がないことのゆえをもって、「フランスでは、憲法による権利の保障は立法権に課せられた道義的な制約ないし義務の価値しか持たず、それが存在しても存在しなくとも、法的状態は、はっきりと同一である」(Esmein, *Eléments*, 5 éd., p. 501-502) といっているのは首尾一貫しておらず、前述のように法律違憲審査制の存否は「道義的拘束か法的制約か」の標識となるのではなくて、「法的制約」についての判定権の所在の問題なのだ、ということを忘れたものにほかならない。また、やはりエスマンが、「市民が権利を行使しあるいは自由を享受しうるためには、その行使と享受が憲法によって保障されるだけでは十分でない。実際、個人権は、いかに正当なものであっても、無制限の範囲のものではない。それは、そうではなくて、他人における平等の権利の尊重および公の秩序の維持という、二つの限界を持っている。それゆえ、個人権の行使は、立法者がなすべきところの規制を前提とするのであり、この規制が行なわれていないかぎり、憲法のなかに書きこまれ保障された権利は、行使されることができない。それは、ひとつの単なる約束にとどまる」(op. cit., p. 500)、とのべているのは、「国家からの自由」の類型に属する諸権利について一種のプログラム規定説をとるものといえるが、これまた、憲法典本文中の「権利の保障」を「真の実定的かつ義務づける法」だとしたのと首尾一貫しないといわなければならない。

(8) そのことの指摘として、前掲稲本論文九四—九五頁、および、利谷信義「明治前期の人権と明治憲法」(前掲『基本的人権の研究』第二巻) 一二七頁を参照。

六九　「憲法制定権の万能性」という観念については人権宣言との関係が留意されなければならぬ、ということを前提にしたうえで、つぎに、シイエスにおいて「国民の憲法制定権」の万能性が具体的にどのようにして憲法改正作用の無拘束性という観念にみちびくか、ということを見ることにしよう。すなわち、国民の「普通代表」**représentants ordinaires**=立法権は憲法上の諸方式に従わなければならないが、憲法の変更は「特別代表体」**un corps de représentants extraordinaires** によって行なわれ、それは国民自身と同じ自由をもつ。「特別代表体は国民の集会にかわる。……特別代表は国民と同様に独立である。どのような仕方で彼らが代表となり集会し審議しようと、彼らは、自然状態において諸個人が意欲しさえすれば十分である。彼らは、自然状態において諸個人が意欲するのと同様に、意欲して行動していることを無視できぬかぎり(そして、彼らに委任をする国民がどうしてそのことを無視するだろうか？)、彼らの共同意思は、国民自身の意思と同じ価値をもつ」(1)。かように、シイエスは、国民=「憲法制定権」を、一方では「普通代表」=立法権から峻別すると同時に、他方で、「特別代表」=憲法改正権と同視する。

そのさい、そのような同一視の基礎にあるシイエスの「代表」観については、ひとつの注意が必要である。彼はのちに、「国民主権」とはいっても **souveraineté populaire** に対抗する **souveraineté nationale**(2) を基礎とした「代表制」régime représentatif の観念[3]のイデオローグとして活躍するのであるが、そこでの「国民」＝nation とは、ひとつの抽象的統一体であってそれ自身の意思をもちえず、「代表」されてはじめて意思をもつものであり、したがって、「代表」者と被「代表」者とのあいだの意思の一致あるいは不一致の関係——後者による前者の拘束の関係——を問題とする論理的前提をそもそも欠く性質のものであった[4]。また、政治的にも、のちのシイエスの議論は、フランスは「真の民主制」la véritable démocratie をとるべきでないという明確な立場にたった「代表政体」le gouvernement représentatif の主張であり、アンシァン・レジームに対抗すると同時に直接民主主義にも原理的に対抗することを、みずから標榜するものであった[5]。ところが、「第三身分とは何か」の時点でのシイエスの論理の展開は、必らずしもきわめて明瞭にではないがそれとはちがっていて、むしろ、「憲法制定権」を本来もっている国民によって拘束された「代表」、という観念を基礎にしているように読みとることができる[6]。そこでは、「普通代表」に対する「特別代表」の優位は、のちの段階の無拘束的「代表」観に基づくのではなくて、この時点のシイエスのいう「代表」が「普通代表」にせよ「特別代表」にせよ拘束的「代表」であり、そして、国民が「特別代表」には特別の委任を与えているからだ、という点に基礎をもつことになる。なお、レズローブは、シイエスにおいて「憲法制定権」＝国民の絶対性が実は「特別代表」の絶対性になっていることを、「特別代表」はそれ自身の自立的意思をもたず国民によって拘束され、国民を「単に表示において代表する」だけであり、「普通代表」が自立的意思をもち国民を「意思において代表する」のとちがうからだ、として説明している[7]。しかし、この時期のシイエスは、「代表」の拘束性の点で「特別代表」と「普通代表」とのあいだに区別をしているようには見えない。それはつぎのような議論のたてかたにもうかがわれる。「普通代表であれ特別代表であれ、国民代表において、影響力は、自らを代表させる権利をもつ人の頭数に比例してのものでしかありえない。代表体はつねに、それがなすべきところのことについて、国民自体にかわる。

その影響力は、〔国民と〕同じ性質、同じ割合、同じ規律を維持しなくてはならぬ」。[8]

ともあれ、そのようにして、憲法改正権は「憲法制定権」と同視され、後者の絶対性から前者の無拘束性がひき出されることによって、憲法改正作用は、一切の法的拘束から解放される。そのような主張から一七九一年憲法における前出(a)の事態への転換の過程を探索するのが、つぎの課題である。なお、他方で、「第三身分とはなにか」の段階でのシイエスにおいては、「憲法制定権」者たる国民自身が憲法改正作用にみずから実際に関与する制度は存在しなかったとしても、たてまえ上は拘束的代表のシステムであったから、この点でも前出(b)で指摘した法制度とはちがっていたことに、注意しておきたい。

（1）Sieyès, *Qu'est-ce que le tiers état ?* chap. V.

（2）「第三身分」のなかでシイエスは、nation と peuple とを明瞭に区別していない。peuple への対抗的意味をふくめて nation が登場してくるのはよりのちのことであり、一七九一年憲法においてそれが定式化されるのである。なお、革命の進行に対応するシイエスの主権論の変化を跡づけたものとして参照、浦田一郎「一七八九年におけるシェイエスの主権理論」一橋研究二三号。ただし、同論文が「第三身分」における「憲法制定権力」の「超実定性」を人民主権の論理の徹底していない点のひとつとしてあげていることには、本文一九六頁で前述したところからして、賛成できない。

（3）フランスにおける「代表」の観念についての私の考えかたを示したものとして、さしあたり、「現代の『代表民主制』における直接民主制的諸傾向」（『議会制の構造と動態』所収、三六―五八頁）を参照されたい。そのほか特に、宮沢俊義「国民代表の概念」（前掲『憲法の原理』所収）および杉原泰雄『国民主権の研究』（前掲）とりわけ三一四頁以下、および「いわゆる『半代表制』の構造について」一橋論叢六五巻一号が参照されるべきである。なお、私のような考えかたに対する杉原氏による批判的指摘をふまえた再論として、ちかく、「国民代表の実質化とその逆説」（芦部信喜編『近代憲法の原理』所収、東大出版会）を発表する予定である。

（4）そのような論理構造の分析として、R. Carré de Malberg, *Contribution à la théorie générale de l'Etat*, II, p. 241 et

s.

（5）Sieyès, *Archives parlementaires*, I série, vol. 8, p. 594. (7 septembre 1789)

（6）「第三身分とはなにか」のシイエスとのちのシイエスとのちがいをとくに強調するのは Karl Löwenstein, *Volk und Parlament nach der Staatstheorie der französischen Nationalversammlung von 1789*, München, 1922, Erster Teil, Das Repräsentativprinzip in der Staatslehre von Siéyès である。ただし、レーヴェンシュタインは、一七八九年七月段階のシイエスをすでに転回点以後のものとみるが、そこではまだ「代表」という制度の前提とされている「代表」観が、国民による影響を原理的に排除するものになっていない。レーヴェンシュタイン自身が引用している箇所(S. 17-18)でシイエスは、「国民はもちろんその代表者に大きな影響をおよぼす……しかし国民は法律をみずからつくりえないし、まして法律の執行にみずから携わりえぬ」といっているのである。それゆえ、転回点は一七八九年九月（前註参照）に求められるべきであろう。

それとは反対に、シイエスは peuple という言葉をつかうときも nation のことをいっているのであるとして、かれを一貫して souveraineté nationale → régime représentatif のイデオローグだったとしてとらえる見方もある。参照、Marcel Prélot, *Histoire des idées politiques*, Paris, 1959, p. 426.

（7）Robert Redslob, *Die Staatstheorien der französischen Nationalversammlung von 1789*, Leipzig, 1912, S. 156-157.

（8）Sieyès, *Qu'est-ce que le tiers état ?*, op. cit.

七〇　ところで、シイエスがかねて説いていたような、憲法の絶対的変更可能性の強調は、論者が既存の実定法体制に対して攻撃的な地位にあったときの主張である。そのような建前を自分が憲法をつくる立場にたつ時点でも維持しようとすれば（一七九一年憲法第七篇第一条の冒頭の宣明）、自分たちのつくる憲法を存続させたいという欲求（第一条の冒頭の宣明につづく具体的な制度）とのあいだには、ことの性質上矛盾を生じ、《et néanmoins》という接続詞でむすばれるような関係にならざるをえない。そして、その接続を矛盾ないものとして説明しようとする興味ぶかい議論と応酬が、一七九一年憲法第七篇の審議過程のなかに見られることとなる。それは憲法制定議会の大詰になっての最後の数日の経過であるが、「パッションが激し、演説ははげしい感情を露呈するままにゆだねられ、議事の中断をまねくほどであった[1]」といわれる。

論議は一七九一年の八月二九日にはじまる。憲法および改正委員会による案が、ル・シャプリエによって提出されたが、それは、「国民はみずからの憲法を再閲し完全なものとする権利を有する」ことを第一原則とし、「すべて賢明な憲法は、最大の完全さに到達しようとする意欲とそのための手段を自分のなかに包含していなければならぬ。しかしこの手段は、原理的にもその効果の点でも慎重に用いられなければならない。なぜなら、憲法を完全なものにするという口実のもとに憲法の基礎をゆるがして、革命についで革命がおこるほどになってしまうからだ」、ということを第二原則とするものであった。そして、具体的には、一八〇〇年に憲法改正議会をひらくことを予定し、そこにおいて、憲法によってつくられた諸権限が憲法を厳正に保持しているかどうか審査するとともに、憲法改正についての市民の請願、立法府および国王による改正の要求を審査する、という制度を考えていた[2]。ここで注意を要するのは、この段階では、同一の物を「憲法制定議会」とよんだり「憲法改正議会」とよんだりしていることである。たとえば、案の第二節は、本文では第一条、第二条ともに Assemblée de *révision* といいながら、節の見出しでは「Assemblée nationale *constituante* の職務と権限」といっており、そうかと思うと第一節の見出しは「Assemblée de *révision* の構成」となっている、という具合である。総じて、この段階では、「憲法制定」と「憲法改正」は概念上未分離であり、のちに（三一日フロショの演説をみよ）その両者の区別が提唱され、まさにそのことが、われわれの当面の問題にとって決定的に重要な意味を持ってくることになるのである[3]。ところで、同じ二九日に、ペティオンは、「憲法を再閲し、適切な変更をくわえる」ための憲法国民会議 Convention nationale[4] を二〇年ごとの五月一日に開くという構想を提案した[5]。これは、すでにシイエスの人権宣言案（一七八九年七月二一日）の第三二条――「国民はその憲法を再閲し改正する権利をつねに有する。改正の必要がどのようなものであれ、改正が行なわれるべき一定の時期を定めておくのも、よいことである」――にも示されていた考えかたである。[6] ところで、ペティオンの提案をめぐる議論は翌三〇日にもちこされたが、憲法国民会議の定期的招集という構想は「革命の定期化だ」として否定された。そして逆に、三〇年間憲法に手をふれることを禁止するという提案がダンドレによってなされた[7]が、それに対しては、「無用な法をつくろうとし、国民主権を侵害する」（レニョー）ものだという反論がなされ、「大へんなアジテーションが議会を支配した[8]」。結局、トロンシェが、「すべての考えを和合させ、ダンドレ氏の提案を採択しようと考えさせる唯一のモチーフと原理の厳格さとを調和させる唯一の方法」として、――すなわち、現状維持の希求とたえざる憲法の変更可能性の原理とを調和させるために――、つぎのような提案をした。「国民はみずから欲するときにその憲法を再閲する、時効によって消滅することのない権利を有する。しかし、国民議会は、国民の利益はその権利の行使を三〇年間停止するよう国民に勧告する、ということを宣言する」。そしてこの提案は、後段の「……勧告する inviter」を「……三〇年間停止することが国民の利益である」と変えて、採択された[9]。

ところで、八月三一日以後、議論は、三〇年という期間の問題からいちおうはなれて別の観点――憲法の変更《シャンジュ》と改正《レフォルメ》の区別という観点――にうつってゆき、その議論を経過することによって、三〇年条項の意味がちがったものとしてうけとめられ、そのことを媒介として、三〇年条項の目ざした目標は、確定した第七篇第一条のような形で追求されることになったのである。八月三一日に、フロショは、「偉大な国民を憲法化《コンスティテュエ》し自国に法律をあたえたことで満足する立法者は、それで自分の仕事がはたされたと信じても空しいだろう。もしも人々の気まぐれや野心がたえずその作品をおびやかし破壊しうるとしたら、彼はまだ何もしていなかったことになってしまう」、として憲法維持の必要を強調し、他方、国民の憲法変更の権利を承認すると同時に、それを行使する手段について憲法が沈黙しているときは反乱の方法しかないことになり、反乱が法的手続より好ましくないとするなら、憲法に法的手続を示さなければならない、と主張した。かれによれば、「憲法制定の主権」souveraineté constituante と「憲法改正の主権」souveraineté réformatrice とが区別され、前者からは憲法の全面変更 changer la constitution が、後者からは憲法の部分改正 réformer la constitution が出てくるが、前者は「主権の全部」であって「憲法制定体」corps constituant が必要であるのに対し、後者は「主権の一部」であって「国民会議」convention nationale でたりる。(10) かれの場合、「憲法制定体」は一二四三人から、「国民会議」は九九二人からなる会議体であって、実はいずれも「立法府の単なる延長物」(11) にすぎないのであった。

この日さらに、フロショの提案に修正をくわえた提案がダンドレによってなされ、それに基いて、憲法の部分的改正についての手続原則（三つの立法議会がつづけて改正の意思表示をしたとき、その条項についてのみ、つぎの立法議会が改正をおこなうこと）が採択される。(12) そのさい、ダンドレは、憲法の全面的変更について言及し、「われわれは憲法を変更するための様式を定めることはできぬ。全面変更は、すべての第一次〔選挙〕会の合意によって表明されるべき普遍的な意思からくるのでなければならない。そしてたしかに、憲法がそれを全体として変更しなければならぬほど悪いものかどうか第一次会が審議してはならないとしたところで、第一次会が憲法を全面的に変更するための明示の委任を与えることを妨げうるような人定の権力は存在せぬ」(13)、という位置づけをしていた。

いずれにしても、憲法の全面的変更と部分的改正とを区別することの意味は、九月二日の論議のなかで、あらためて人々に意識されることになる。九月二日に、前日一日の論議と決定をふまえて、報告者たるトゥーレが憲法最終案を提出しつぎつぎと採択されていったが、その第七篇に入って第七条まできたとき、議論が再燃した。当の条項はつぎのように規定されていた――「国民議会は、国民がみずからの憲法を再閲し変更する時効にかかることのない権利を有することを承認する。しかし国民議会は、一八二一年まではその権利の行使を停止することが一般の利益である、ということを宣言する(14)」。

この三〇年条項について、それは憲法の全面的変更にかかわるものか部分的改正にかかわるものか、ということが問題とされた。トロンシェは、かつて自分がのべたのは三〇年間憲法変更の権利の行使を停止するよう国民の利益は勧告する inviter、ということだったのであり、それが国民の利益であるとはいわなかったはずだ、として、単なる助言でなく禁止ということになるなら、後段の部分は削除したほうがよいと主張した(15)。それに関連して、バルナーヴが、憲法制定と憲法改正との区別ということを出発点として、憲法制定権への時間的拘束としてならば三〇年間の権利不行使では逆に短かすぎる、という議論をのべた。――「……憲法によって設けられその一部をなすところの憲法改正議会と、憲法制定権――これを諸君たちは承認しなければならぬ――とのあいだには、共通なものは何もない。後者を諸君は、いかなる観点からも制限する権利を持っていないのである。……トロンシェ氏が諸君にかれの提案〔三〇年条項について――筆者註記〕を行なったとき、諸君が問題としていたのは憲法制定権であった。……諸君がそれを採択したとき、諸君は今日とは全くちがう立場にあった。すなわち、諸君は、憲法を完全なものにする手段を憲法制定体によってしか考えておらず、したがって、それを用いる必要性を将来にむかって想定していたのであった。その場合には、諸君はこの点について一切規定をおくことができず、国民の運動を抑制するため、三〇年間は憲法制定権の行使を授権しないよう国民にせめて助言することができただけであった。しかしながらそれ以後、諸君は、諸君の憲法のなかで憲法改正の手段を承認したのであって、その手段は、憲法制定権の行使をきわめて長い間おそらくは不要なものとし、少なくとも、おそらくは三〇年よりはるかに先に遠ざけることになるであろう。それゆえ諸君は今日、憲法制定体を持つという権利を国民に拒否することはできないから、それを承認しなければならないが、国民に三〇年という期間を示すことはできない。それはあきらかに、あまりに短かすぎるものとなったし、おそらくは三〇年さきの全面変更をなしですませる可能性をあたえるだろうところの憲法改正の手段を諸君が憲法のなかに設けたからには、それを規定するのはきわめて軽率なことになろう。すでに憲法改正の手段を設けたのちになお、諸君が三〇年後にのみ憲法制定権を行使するよう国民に助言するのだとしたら、諸君は、この期間がすぎたらほとんど確実なものになる一個の革命を予想することによって、すべての市民に脅威をあたえることになるだろう。その予想は、そのときまでになされうるはずのすべての善きものを、おそらく妨げてしまうだろう」(16)。

すなわち、バルナーヴによれば、さきには憲法を changer することと réformer することを区別していなかったからこそ三〇年条項が必要とされたのであり、両者を分離して réforme のための憲法改正手続規定をおいたことによって、憲法を changer する作用すなわち憲法制定権の発動はおそらく不要となったはずであり、三〇年後にそれが発動するのでは逆にあまり近すぎるということになったのであった。

この日の議論のおわりに、報告者トゥーレは、この日の議論が委員会で前日になされていたら問題の困難さは解消していたはずだった、とのべ、憲法を変更する権利という原則規定をおいたうえで問題を部分的憲法改正という場面にうつす規定のしかたを提案した。すなわち、原則規定につづけて、「ただし、以下に定められる改正の様式によって特定の憲法条項に変更がくわえられうる」とする案である。しかし、この日の議論は議場混乱のうちにおわり、翌日にもちこされる(17)。翌三日、トゥーレは、書きかえた委員会案を提出し、それが結局そのまま採択されて、第七編第一条として確定したのである。この日、トゥーレは、前日の議論をふまえて、「憲法の全面変更の必要性を前提することとなる憲法制定権の行使と、細部のいくつかの条項についての部分改正のために憲法自身によって提示される改正様式とのあいだの、事物の性質にもとづく区別を基礎として」委員会報告を提出する。そして、かつてのトロンシェの三〇年条項提案については、それは「完全な憲法制定権」を持つ議会についてのものであり、それゆえ、それが禁止条項であるとすると国民の権利を侵害することになるから、「勧告《アンヴィタシオン》」にとどめることにしたのだった、と整理する。そしてトゥーレによれば、部分改正の様式を採用しなければならぬと皆が考えるようになったのは、「憲法制定体の招集という危険に対抗するための、諸君の〔三〇年間権利不行使の――筆者註〕勧告よりもまさしくより確実な保護」だからであった。「基本的によい憲法を享有している国民にとって大事なことは、細部の欠陥を矯正しうるということである。その場合、正義の不変の基礎と理性の永遠の原理のうえに基いている憲法のなかに、その全面的転覆の必要性を規定してはならない。そのことゆえに、われわれは、三〇年間憲法制定権を行使しないようにとの国民への勧告を、削除しなければならぬと考えた。なぜなら、この勧告が憲法制定体をつくるのを遠ざける目的をもっているにしても、多くの人々にとっては、これから三〇年後に憲法制定体を招集することだという現実的実質的効果をもつだろう。そして、諸君が憲法制定体という手段をほとんど不要のものとして以来は、そのような勧告はその利点をすべて失なって、いま私がのべた欠陥だけのこることになったのである」[18]。

第七篇第一条の背景にあるかような経過をしめくくって、憲法全体にとっての終節への付加がなされた。――「憲法によって設置されたいかなる権力も、憲法をその総体において、またはその部分において変更する権利を有しない。ただし、第七篇の規定に従って憲法改正の方法によって行なわれることのある改正については、この限りでない」。

（1） Maurice Deslandres, *Histoire constitutionnelle de la France*, tome I, Paris, 1937, p. 128.

（2） Le Chapelier, *Archives parlementaires*, 1. série, vol. 30, p. 35 et s.

（3） この点で、芦部信喜「憲法制定権力」（宮沢俊義先生還暦記念『日本国憲法体系』第一巻、有斐閣一九六一年）九一―九二頁が、「シェイエスだけでなく、一七九一年憲法を制定した一七八九年の国民会議を支配し、またその後のフランス公法学を貫いた基本的な観念」として、「憲法の改正は制憲権の作用だと考えられ」、「制憲権と憲法改正権とを特別に区別する主張がみ出されない」、とのべているのには疑問があり、少なくとも irreführend であろうとおもわれる。「その後のフランス公法学」については第二章以下で見るが、一七九一年憲法においては、本文で憲法制定国民議会の論議の展開に即してあとづけるように、「憲法制定権」と憲法改正権は分離されたと見るべきである。芦部氏も、右に引いた箇所につづけて、「もっとも、そこには微妙な意見の対立がある」として、一七九一年憲法第七篇第一条に定められた憲法改正は「それ自体制憲権の作用でなく、憲法によって作られた国家権力の作用」だといいながらも、「しかるに憲法制定国民会議は、そこに制憲権を規定したと考えた」と見ているのである。一七九一年憲法が「制憲権を改正権として規範化する思想」をふくんでいることは、同氏の指摘するとおりであるが、そのような思想は「制憲権と改正権とを同視」するのではなく、それまで「憲法制定権」とよばれてきたところのものを、「憲法制定権」と憲法改正権とに分離するというかたちで、具体的にあらわれたのであった。

(4) Convention nationale の語に関して、のちに一七九二年に設けられるそれについては「国民公会」という定訳があるが、固有名詞としてのその訳語とあえて区別して、本文のように訳しておいた。

(5) Pétion, *Archives parlementaires*, op. cit., p. 44 et s.

(6) Sieyès, *Archives parlementaires*, série 1, vol. 8 p. 261.

(7) d'André, *Archives parlementaires*, série 1, vol. 30, p. 62 et s.

(8) Régnaud, op. cit., p. 70.

(9) Tronchet, op. cit., p. 71.

(10) Frochot, op. cit., p. 95 et s.

(11) M. Deslandres, *Histoire constitutionnelle de la France*, op. cit., p. 131. の評言。

(12) d'André, *Archives parlementaires*, op. cit., p. 111-112, p. 117-118.

(13) op. cit., p. 111.

(14) op. cit., p. 167 et s.

(15) Tronchet, op. cit., p. 168.

(16) Barnave, op, cit., p. 169.
(17) op. cit., p. 170-171.
(18) Thouret, op. cit., p. 186-187.

七一　かような一連の経過を論理的に総括すれば、つぎのようにいうことができよう。

第一に――憲法を制定および変更する国民の権利という観念は、国民が「基本的によい憲法を享有」する段階になったときの現状維持の希求と、そのままでは正面から矛盾する性質のものであった。一七九一年九月二日のトゥーレ報告の第七篇第七条案は、まさにそのようなものとして論議の対象とされたわけであった。そして、結局、一七九一年の憲法制定議会は、それまで憲法を制定し変更する権利として一括されていたところのものを「憲法制定権」――憲法の全面変更に対応するとされた――と憲法改正権――憲法の部分改正に対応するものとされた――とに分離する[1]ことによって、つぎのような帰結をひき出すのに成功した。

一方では、「憲法制定権」の発動たる全面変更は、国民の自由な意思にゆだねられるべきものであって制度化されない、という観点から、その手続を定めないことによって、「憲法制定権」はまさしく観念化され、その発動は向う三〇年間にかぎらず、いってみれば永久に凍結される。シイエスの「第三身分とはなにか」によって提起されたときの「憲法制定権」は、前述のように、その論理構造において公然かつ自覚的に実定法超越的であり、その機能において実定法破壊的なものであったが、そのような「憲法制定権」がここでまさしく、ひとつの仕方において実定法上の概念にメタモルフォーゼをとげたのであった。ひとつの仕方においてというのは、実定法上の概念となるといっても、この場合、それは、実定法の場で発動する権力をさす実体的概念としてではなく[2]、成立した憲法の正当性原理の所在を示す概念として、そうなったからである。

他方、「憲法制定権」の発動は実際問題としても不要とされ、憲法の変更は、法形式に従うひとつの権限としての憲法改正権の次元に封じこめられた。そのことが、国民の憲法変更のたえざる可能性という大原則との関係での矛盾を論理的に解消したといえるかどうかは別として、(3) ここで重要なことは、当時のひとびとの意識においては矛盾を解消させるものとしてはたらいた、ということである。

第二に——右のような「憲法制定権」と憲法改正権の分離操作によって、「憲法制定権」は国民《ナシオン》にあるとしながらも、憲法改正権の行使（発議ないし決定）からは、実在としての国民《プープル》を排除することを合理化した。前述のように、一七九一年八月二九日に憲法委員会から提出された案では、一八〇〇年に憲法改正議会をひらくことを予定していたのであるが、そこでは、はなはだ複雑な仕方においてであるが、なんらか特定の条項についての市民の請願に立法府および国王が同意をあたえたとき、憲法改正議会にその条項が付議されることになっていた。それに対し確定した方式では、憲法改正手続が普通の立法手続よりもはるかに複雑な規制に服するという点では、すぐれて硬性の憲法なのであるが、改正権が立法府およびそれと類似の機関である憲法改正議会の手に留保されていることに、注目しなければならない。当時の現実においては、まさしくそうすることが憲法維持にとって政治的に合目的的だと考えられたのである。現に、たとえばフロショは明瞭に、「憲法を国民自身に対抗して国民のために保障すること、すなわち、空想上のよりよきものに到達するためにたえず憲法の場所をかえる気にさせる人間本性の、抗しがたいほどの傾向に対抗して保障すること」が問題なのだ、とのべていた。(4) もちろん、そのような制度を正当化するためには、必らずしも「憲法制定権」と憲法改正権の分離という構成をかりなくとも、「憲法制定権」をふくめて「代表」のイデオロギーで説明するやりかたも可能である。八月三一日のフロショやバルナーヴの主張は、むしろそうであった。すなわち、フロショによれば、「憲法制定体」についても「憲法改正議会」についても市民自身の発議を否認するのは、「フランスは代表政体である。……立法府は一般意思を表明するが、市民は個別意思を表明するだけだ」[5]からであった。またバルナーヴによれば、「国民は主権者である。しかし、代表政体にあっては、国民の代表者がかれの後見人であり、代表者だけが国民のために行為しうる。なぜなら、国民自身の利益はほとんどつねに政治上の真理にかかわっており、政治上の真理について国民は明確で深い認識を持ちえないからである」[6]。しかし、それはともかくとして、「憲法制定権」と憲法改正権との分離によって、国民に観念的な「制定権」を帰属させ、具体的な改正権の行使から国民を排除することがより容易になされた、ということはたしかであろう。

（1）M. Deslandres, *Histoire constitutionnelle de la France*, I, op. cit., p. 126 et s.

（2）「憲法制定権」が実定法上の概念であるといっても、実体的概念としてそうである仕方もある。現代における「憲法制定権」概念の再登場の場合がそうであるが、それについては、のちの章で検討する（とりわけ二六一頁以下）。

（3）カレ・ド・マルベールは、矛盾はいぜんとして解消されていないとする（R. Carré de Malberg, *Contribution à la théorie générale de l' Etat*, II, op. cit., p. 510-512 note (6)）が、ビュルドーは、「完全に調和」したという（G. Burdeau, *Traité de science politique*, tome IV, 2 éd., op. cit., p. 262.）。

（4）Frochot, *Archives parlementaires*, série 1, vol. 30, p. 96. (le 30 août 1791)

（5）Frochot, op. cit., p. 98. (le 30 août 1791)

（6）Barnave, op. cit., p. 115. (le 30 août 1791)

七二　かように、憲法の絶対的な変更可能性という原則的たてまえと、つくられた憲法についての現状維持の希求との矛盾を矛盾ないものとして説明するための論議がくわしく展開され、その結実として一七九一年憲法第七篇第一条が成立したのであった。そのさい、一七九一年の人々は、アンシァン・レジームのもとでは実定法秩序の変更を求める立場に立っていたのであり、そのような事情のもとで主張されていた法観念が、みずからが憲法のつくり手となりにない手となってその存続を希求する段階でも、たてまえとしては維持されなければならず、現状維持の希求＝本心とのあいだにずれを生み出さざるをえなかったのであった。そのことは、およそ一般的に、革命の成果としての実定法秩序を反革命から防衛しようとする法秩序の転換期についてはいえることであろうが、一七九一年憲法については、特にフランス革命の経過そのものを近代社会成立の二つの型の対抗関係としてとらえる理論仮説にたつとき、より十全に理解できるようにおもわれる。

そのような理論仮説は、わが国の高橋幸八郎氏によって最も体系的に示されているところであるが[1]、それに従えば、一七九一年憲法は、haute bourgeoisie（所有財貨の量という点においては大ブルジョワであるが、歴史的範疇としては前期資本的なもの）が、革命初期に到達した「上からの改革」の成果を維持しようとする意味で現状維持的なものとして、とらえられる。それゆえ、一七九一年の人々の現状維持の希求とは、自分のつくったものの存続をねがうという一般的な意味あいにおいてではなく、「上からの改革」を志向して革命のより以上の進行を制御し、一言でいえば革命の終熄を求めるという立場に由来しているという意味で、特に重要なのである。しかし実際には、一七九一年憲法は、制定後一年をまたずに、革命の進行のなかで廃棄されてしまった。つぎの一七九三年憲法は、petit-bourgeois（所有財貨の量からいえば小ブルジョワであるが、歴史的範疇としては、特殊近代的資本主義のにない手である産業資本が、やがてそこから自主的に成長するところの基体である）による「下からの革命」の貫徹の要求に見合うものとして、とらえられる。したがってそこでは、「下からの革命」の貫徹を求める立場が直截に、たえざる現状変更の希求となってあらわれる。すなわち、一七九三年憲法では、その人権宣言第二八条にうたわれた原則的たてまえ――「国民《プープル》はつねに、その憲法を再閲し、改正 réformer し、変更 changer する権利を有する。一つの世代は、将来の世代を自らの法に拘束しておくことはできない」――と、実際に規定された改正様式とのあいだには、大きなくいちがいはない。㈠過半数の県で、各県の第一次〔選挙〕会の十分の一が憲法改正を要求したときに、立法府はすべての第一次会を招集し、憲法国民会議 convention nationale を開くかどうかを付議しなければならない。憲法国民会議は立法府と同じやりかたで構成される(一一五、一一六条)。憲法改正手続とふつうの立法手続とをくらべると、そのちがいは、憲法改正手続開始のイニシャティヴが第一次会のがわにある点にある。そのことは、二重の意味で一七九一年憲法と対照的である。すなわち、一方では、九一年憲法改正手続が通常の立法手続よりもきわめて複雑だったのに対する意味においてであり、他方で、九一年憲法では憲法改正権が立法府ないしそれに類似の憲法改正議会に留保されていたのに対し、ここでは第一次会すなわち国民自身に改正の発議がゆだねられている点においてである。(二)また、一七九三年憲法は、憲法改正権への何らの意味での内容的制約をも設けておらず、その点で、フランス憲法史上「唯一の例外」(2)となっている。(3)

かように、たえざる現状変更の可能性をたてまえ上だけでなく追求した一七九三年憲法は、革命の進行と反革命干渉のなかでのジャコバン＝モンタニャル独裁によって、「平和が到来するまで」施行を延期され、そのまま、テルミドール反動によって、永久に施行されることのないままでおわったのであった。かように「フランス革命の巨大な箒」＝モンタニャル独裁によって、いったん「下からの革命」の基線が敷かれたのちに、革命の終熄にむけてあらわれてくる一七九五年憲法においては、現状維持――革命のより以上の進行に対しても、反革命に対しても――の欲求が、直截にあらわれることとなる。すなわち、「憲法の何らかの条項の不都合が経験によって感じられたとき」元老評議会がその改正を提案し(三三六条)、提案は五百人評議会の同意に付される(三三七条)。そのような提案および同意が九年間に三回、毎回少なくとも三年の間隔をおいてなされた場合、憲法改正議会が招集されるが(三三八条)、それは、立法府によって指示された憲法条項の改正だけに携わる(三四二条)。憲法改正議会は第一次会に改正案を提出する(三四六条)。この憲法においては、改正に着手するための時間的制限はないけれども、改正が実現するのは九年間のちでなければならないわけである。三三六条、三四二条のフォーミュラからは、この憲法が全面変更を予定していないことがうかがわれる。九一年憲法とちがうのは、改正手続への第一次会の関与をみとめたことであるが、それよりも九三年憲法と決定的にちがう点として、憲法改正（＝現状変更）のイニシャティヴは第一次会にあたえられていないということが重要である。このような改正様式の背後にある基本的発想は、ある議員のつぎのような発言のなかによく示されているといえよう。――「私は確信するが、国民の幸福、その平安、人類のやすらぎと全ヨーロッパの平和は、この憲法にくわえられることがあるかもしれないすべての変更に反対することを要求する。……何人であれ、憲法をかえようという提案をしたものには死刑を宣告すべきだ、とすら私はのぞんでいる(4)」。

（1）　高橋幸八郎氏の諸業績、とりわけ『近代社会成立史論』および『市民革命の構造』を参照のこと。なお、本書第一部第二章第一節Ⅱの註(3)および前出一八六頁註(2)を見よ。

（2）　G. Burdeau, *Traité de science politique*, IV, 2 éd., op. cit., p. 263.

（3）　のちに見るように一八七五年憲法は、その特殊な制定の経過からして、制定過程では全面変更の可能性を前提していたが、一八八四年の憲法改正によって、共和政体は憲法改正の提案の対象たりえぬという、有名な条項を付加された。

（4）　共和暦三年テルミドール二四日。

Ⅱ　憲法運用の場面における規範性――憲法の公権的解釈権の最終的帰属

七三　憲法改正の場面における憲法の規範性の維持のために、さきに見たような周到な制度をつくった一七九一年憲法が、憲法運用の場面でも、憲法の最高法規性の貫徹をつよく欲しなかったはずはない。一七九一年憲法の終節は、「憲法制定国民議会は、憲法を、立法府、国王および裁判官の忠誠に、家父の配慮に、妻および母に、若い市民の愛情に、すべてのフランス人の勇気に託する」とのべている。そして、より具体的な次元の問題としては、たとえば、刑罰によるサンクションとして、一七九一年九月二五日—一〇月六日の刑法典第二部第一篇第三節は「憲法に対する罪」を規定していた。この節は二十五ヶ条からなり、それらの罰条のうち、あるものは、憲法運用の任にあたる公務員をもっぱら念頭においたものであり、また、他のものは、よりひろく、市民一般の「憲法に対する罪」への刑事制裁を定めている。たとえば、前者の例として、第九条によれば、「憲法によって規定される立法の形式を外見上はおびている何らかの文書が法律として公示されたとき、その文書が立法府によって制定されたのでない場合には、それに副署した大臣は、死刑によって処罰される」。公務員を念頭におきながらもよりひろく市民一般にもかかわるものとして、第一九条によれば、「フランス憲法の本質的基礎である個人の自由に対するすべての侵害は、以下のように処罰される。法律によって逮捕の権限を受託した者以外で、その地位またはその職がいかなるものであっても、フランスの法律の支配と保護のもとに生きる者を逮捕する命令をあたえ、署名し、執行し、またはその者を実際に逮捕する人はすべて、法律によって定められる場合に即座にその者を警察に引き渡すためのものでなければ、六年の独房拘禁の刑によって処罰される」し、憲法の統治機構の部門についても、「第一次会または選挙会の集会を妨げ、または解散を行なわせるためのすべての陰謀または侵害は、一五年の独房拘禁の刑によって処罰される」（第一条）などのような規定がおかれている。

以上は刑事的制裁の例であるが、そのほかにも、公職につく者の憲法擁護義務という観点からの議論がなされている。一七九一年九月一五日の国民議会には、「憲法と自由の維持に軍人をして協力させるために、また国の武力を保持しているすべての市民を堕落させるようなすべての誘惑手段をうちこわすためにとるべき諸手段」についての意見が提出されている(1)。また、九月二三日は、つぎのような原則的提案がデュポールによってなされ、その原則はただちに採択された——「……憲法に対する抗議は、明らかに、公民宣誓の破棄と同じことである。能動市民の権利や公職を行使するために、公民宣誓をすることが必要だとしたら、同様に、その宣誓を破棄して憲法に反対する抗議や言明をしてはならない。……憲法に反対する抗議や言明をした者はすべて、彼らがさきにおこなった公民宣誓を破棄したものとみなされ、いかなる民事または軍事の職務をも行なうことができぬ、ということが定められるべきである」。そのうえであらためて九月二三日に、憲法委員会報告が採択されて三ヶ条からなるデクレが成立した。(2)

なお、憲法的価値の教育宣伝をはかるという側面に関して、一七九一年九月二六日―一〇月一二日のデクレによって、すべての法科大学で憲法の教育をおこなうことが義務づけられたことも、注目される。

（1） Opinion de M. l'abbé de Villeneuve-Bargemont, *Archives parlementaires*, série, 1., vol, 30, p. 690-694.

（2） *Archives parlementaires*, vol. 31, p. 112, 245-247.

七四　にもかかわらず、憲法の最高法規性を担保するものとして法律の違憲審査という制度はとられなかった。立法府が憲法に服さなければならないということ――すなわち憲法の最高法規性ということ――自体は、「立法権は、この篇において規定され、かつ、憲法によって保障された自然の、および市民の権利の行使を侵害し、阻害するいかなる法律も定めることができない」（九一年憲法第一篇第三項）と明記されている。しかし、立法府――およびその所産である法律――に対する憲法の制約の実効性を、他の機関によって確保しようという観点は、みられない。さきに引用した刑法の規定をみても、まさしく立法府によって憲法の最高法規性を維持する、という観点がつらぬかれているのを知ることができる。

そのような事態の基礎にあったのは、積極的には、法律は一般意思《ヴォロンテ・ジェネラル》の表明であるというイデオロギー（一七八九年人権宣言第一七条）であり、消極的には、違憲審査制のもとで法律の審査を担当することになるであろうところの裁判的機関に対する現実的具体的な警戒・不信の念であった。これらのことは、のちの近代立憲立義の確立期から変容期にかけてもひきつがれ、その時期には、第三共和制期に発展をとげたフランス公法学の有能な学者たちが、あるものは革命期以来の考えかたを支持し、あるものはそれを批判しながら、議論を展開している。それゆえ、われわれものちにふたたびとりあげることにしたいが、法律は一般意思の表明であるという観念のイデオロギー的性格を摘出することは容易であるにしても、フランス革命期においては、それはひとつの公理的前提となっていたのである。そして、「フランス憲法は代表制である」（第三篇前文第二条）とする一七九一年憲法においては、一般意思を表明するものが代表者 représentant とよばれ、それは、レズローブ流にいえば、既存の一般意思を「表示において代表」するのではなく「意思において代表」するのであって、一言でいえば、一般意思を国民の名において創出するものであった。そのような代表者は国王と立法府であり（第三篇前文第二条）、両者の共同作品として生産される法律の優位がみちびき出されたが、君主主権を否定する国民主権という正当性原理のもとで、実質上は、立法府のがわの優位の傾向が決定的であった(1)。それに対して、裁判所は、代表者という資格づけをあたえられなかったのである。シイエスがテルミドール国民公会で「憲法裁判所」jurie constitutionnaire を提唱したときも、その用語にもかかわらず、考えられていたのは、普通の意味での裁判所ではなかった。「……私が求めているのは、憲法にくわえられることのあるかもしれぬすべての侵害に対する訴を裁判する特別の任務をもった、真の代表体 véritable corps des représentants である……(2)」。かれの議論はのちにナポレオン体制のもとで、共和暦八年の憲法における護憲元老院 Sénat conservateur の形をとって具体化するのであるが、それは、裁判的機関であるというよりは政治的機関であった。いずれにしても、フランス革命期において裁判的機関に対する不信の念はつよく、一七九一年憲法の制定前にすでに、一七九〇年八月一六—二四日の法律の第二篇第一〇条は、「裁判所は立法権の行使に直接または間接になんら参加することができず、かつ、国王によって裁可された立法府のデクレの執行を妨げ、または停止することができない」と定め、その趣旨は、一七九一年憲法第三篇第五章第三条にひきつがれている。一八一〇年刑法典第一二七条も、「立法の規定をふくむ命令によってであれ、一または複数の法律の執行を妨げることによってであれ、法律が公示され執行されるべきか否かを審議することによってであれ、立法権の行使に介入する裁判官は、瀆職の罪となり、公権剝奪の処罰をうける」と規定した。革命期のひとびとは、かつてアンシァン・レジームのもとで高等法院《パルルマン》が国王権力に対して示したような抵抗を、裁判所が自分たちにも行なうことがないよう細心の注意をはらったわけであり、さきに引用した法律の条項は、旧高等法院が持っていた諫議権と勅令登録拒否権を否定するとともに、法規的判決 arrêt de règlement を禁止する意味をもつものであった（なお、法規的判決の禁止は民法第五条でも規定される）。そればかりか、法律の意味が不明瞭なときに裁判官がそれを解釈してはならず立法府の解釈を求めねばならぬとする、立法府への送致 référé législatif の制度すら案出されたほどであった。

　かように、立法府↓法律に対する裁判的機関による違憲審査制が否定されたというだけではなく、立法府こそが、憲法の最高法規性の確保のために積極的な期待をよせられていたといえる。前述のように、憲法第一篇にとりこまれた「権利の保障」にしても、たしかに、立法権に対する法的制約ではあるが、法律の憲法適合性についての判定権は立法権そのものに与えられ、そのことこそが憲法における「権利の保障」のために適切だとされていたのであった。そのような事情は、抵抗権をめぐっていちばんはっきり現われる。

　さきに見たように、一七九一年憲法の終節は「憲法制定国民議会は、この憲法を……すべてのフランス人の勇気に託する」と定めているが、それは「圧制に対する抵抗」を自然権のひとつとしてうたった一七八九年人権宣言第二条にてらして位置づけるとき、実定法上の権利としての抵抗権の規定だとみることができる。近代市民革命を思想的に援護した抵抗権思想は、当時のアンシァン・レジーム実定法秩序を全面的かつ超越的に批判する自然法上の権利の主張であった。そして、そのような抵抗＝革命の所産として成立した新らしい実定法秩序のなかに抵抗権が位置づけられたとき、それは、新らしい実定憲法秩序を擁護するための、実定法上の権利となる。そこでの抵抗すべき対象は、「圧制に対する抵抗」が問題なのであるから、具体的にはアンシァン・レジーム＝反革命にほかならず、一般意思の表明としての法律に対する抵抗は許されない。「法律によって呼び出され、または逮捕されたすべての市民は、直ちに服従しなければならない。その者は、抵抗によって有罪となる」（一七八九年人権宣言第七条）。総じて、実定法上の権利であるかぎりは、それについての公権的判定機関が何であるかがつねに問題となるが、ここでは実定憲法擁護を目的とする実定法上の権利としての抵抗権について、立法府がまさしくそのような公権的判定機関とされたわけであった。(3)

（1）この点については、R. Carré de Malberg, *Loi, expression de la volonté générale*, Paris, 1931, p. 51.
（2）A. Esmein, *Eléments*, 5 éd., p. 536 による。
（3）抵抗権については、「実定法上の権利としての抵抗権」というカテゴリーが承認されるかどうか自体について、見解がわかれている。そのようなカテゴリーが論理的に成立しうるだけでなく歴史的にも実在したことについては、補章第二節を参照のこと。

第二章　近代立憲主義確立期

Ⅰ　憲法改正の場面における規範性——憲法改正権のありかた

七五　フランス憲法史において、近代立憲主義の確立期としては、第三共和制の前半、より厳密にいえば一八七七年の五月一六日事件から第一次大戦までの時期を考えるのが適当である。一八七五年に制定されたいわゆる第三共和制憲法は、当時の議会で王党派があわせて多数を占めながら王党派内部での対立のために王制復古をすることができなかったという特殊な政治情勢を反映して、「王制まちの共和制憲法」として、暫定的なものというふくみでつくられたものであった。形式上も、いわゆる第三共和制憲法とは、一八七五年二月二四日の「元老院の組織に関する法律」、同二月二五日の「公権力の組織に関する法律」、同七月一六日の「公権力の関係についての法律」をあわせて、一八七五年の **lois constitutionnelles** と総称したものであった。そして、「王制まちの共和制憲法」を王制憲法に改正するのを容易にしようというふくみから、第一に、憲法改正の様式は通常の立法の場合にくらべてそれほど大きなちがいのあるものではなかったし、第二に、改正手続によって憲法の部分改正だけでなく全面変更をも行なうことが可能だとされた。第一の点についていえば、二月二五日法の第八条によれば、大統領の要求に基いて、あるいはみずから、代議院と元老院がそれぞれ投票の絶対多数をもって憲法改正の必要があることを宣言し、その後、両院が合同の国民議会 **Assemblée nationale** をひらき、構成員の絶対多数をもって改正を決定する。かように、この憲法は硬性憲法に属するとしても、いわば、その硬度はかなりひくいものであった。しかも、一八七五憲法は国民の権利に関する条項をまったくふくんでいなかったから、その領域については、硬性憲法は端的に不存在であった。第二の点は、同じく二月二五日法の第八条が「憲法的法律の全部または一部の改正」といういいかたをしているところにあらわれているが、この条項の審議過程に、さらに明確に示されている。すなわち、一八七五年二月三日にこの条項の審議が行なわれたさい、ポール・コタンが「〝憲法改正権〟ということによって、……ある時点で政体そのものを変更するすぐれて革命的な権利を意味しているのか」と質問したのに対し、憲法委員会の名においてパリがつぎのようにこたえている――「……われわれは明白に、すべての憲法的法律が全体として変更されうるものであり、政体そのものが改正の対象となりうる、と考える。この点についてはどのような曖昧さもありえないし、また、あってはならない(1)」。実際、王党派は王制復古への憲法の全面変更をのぞんでおり、かような全面変更の可能性の承認ということが、暫定的に「王制まちの共和制憲法」をみとめることの代替条件だったわけである(2)。第八条のこの規定は、すぐのちに見るように、一八八四年に共和政体を憲法改正提案の対象とすることを禁ずる条項が憲法改正によって付加されたとき、当時の首相ジュール・フェリがいったとおり、まさしく「この憲法の最も明示的に王党派的な規定(3)」であった。

ところが、逆説的にも、そのような憲法がやがて共和派によって運用されるなかで、フランスの近代立憲主義は、議会中心の共和制という形をとって定着するのである。まずもって、代議院で一八七六年の選挙によって共和派が多数を占めるようになり、ついで一八七七年の五月一六日事件で、王党派の大統領マクマオンが、共和派の支持を得ている首相ジュール・シモンを辞職させ、代議院を解散したが、選挙の結果共和派の多数が維持されたことによって政治的敗北を喫したことが、最大の転機となり、王党派＝大統領の共和派＝議会に対する敗北と同時に、解散権をはじめとする大統領の権限の名目化への慣行と議会中心主義への傾向が、決定的なものとなった。それ以後、内閣（一八七七年）についで、かねて王党派の拠点と目され、三つの憲法的法律のうちでも「元老院の組織に関する法律」がまっさきに制定されるほど重視されていた元老院が、一八七九年の選挙で共和派のにぎるところとなり、同じ年には、王党派のシンボルであるマクマオンが任期なかばで退陣し、「王制まちの共和制憲法」は、「共和派による共和制憲法の運用」の段階に入っていった。そして、一八八四年八月一四日の「憲法の部分的改正に関する法律」第二条で、一八七五年二月二五日法の第八条につぎのような追加がなされた。——「共和政体は憲法改正の提案の対象となることができない。かつてフランスに君臨した家族の構成員は、共和国大統領に選出されることができない」。同時に、同法律第三条は、一八七五年二月二四日法律の第一条から第七条まで（元老院の構成や議員の地位についての条項）から、憲法としての性格をとり、普通の法律とした。かように、第三共和制憲法は、一八七五年の時点での王党派の期待の反映として、硬性の度合が小さく改正手続による全面変更の可能性をふくんだものであったが、にもかかわらず——というよりはむしろ改正の容易さが当初の期待とは逆の方向に作用して——、一八八四年の改正によって、共和派の勝利を確認し共和制という憲法政治の土俵を確定するという具体的な観点から、改正の内容的限界が明示されるとともに、硬性憲法のカヴァーする範囲がさらにせばまって議会の可動範囲がひろげられたのである。ところで、そのような一八七五—一八八四年憲法のもとでフランスの近代立憲主義が確立していった時期は、同時にフランス憲法学の形成および発展の時期でもあったのであるが、そこでは、「憲法制定権」——憲法改正権——立法権の関係は、どう理解されていたであろうか。

（1）*Sirey, Lois annotées*, 7. série, 1871-1875, p. 674.
（2）第八条の「ただし、マクマオン元帥に一八七三年一一月二〇日法律によって賦与された権限の期間中は、この改正は、共和国大統領の提案に基いてしか、行なわれることができない」という規定も、同大統領が王党派であった事実にてらすならば、憲法の制定者が憲法改正というとき、具体的にはもっぱら王制復古のための憲法変更を考えていたことを示している。
（3）*Sirey, Lois annotées*, 7. série, 1871-1875, p. 684.

七六　まず、かつて一七九一年憲法の制定過程で分離させられた「憲法制定権」と憲法改正権は、第三共和制の公法学の主流的見解のなかではふたたび同一視され、pouvoir constituant という名で実は憲法改正権が指されることとなった。(1) ここでは、「憲法制定権」の観念について、シイエスについてさきに見たそのゲネシスどおりの意味——論理構造において公然かつ自覚的に実定法超越的であり、機能において実定法破壊的なもの——を基本的に継承し、いわばクロノロジックに「憲法を制定した力」——そして、ふたたび発動するであろうところの力——としてとらえたうえで、そのようなものを法学の対象外のもの、法の世界のそとにあるものとするのである。この場合注意すべきことは、シイエスの場合、右記のような論理構造と機能をもちながら「憲法制定権」はすぐれて quaestio juris であったのに反し、ここでは、quaestio facti として位置づけられる、ということである。公然と実定法超越的なるものは、近代立憲主義の段階を経過し、所与の憲法の世界を——程度のちがいはあれ——与件として成立する憲法学にとっては、fremd なものとなるのである。なお、「憲法制定権」を「憲法を制定し、ふたたび発動するであろうところの力」としてとらえる右のような前提は、「憲法制定権」観念のゲネシスである、シイエスの用法につながるものであるだけに、一般的なものであり、(2) それゆえにまた、「憲法制定権」を法の世界のそとにおく考えかたに対する批判も、同じ前提に立ったうえで、「そのような考えかたは憲法と憲法制定権とのあいだの階序性、それどころかクロノロジーを転倒させてしまう」(3)、という仕方でなされることになる。しかし、そのようにとらえることだけが、「憲法制定権」の歴史的用法につながるのではない。現に、さきにもくわしく検討したように、一七九一年憲法第七篇第一条は、「憲法制定権」を、憲法改正権と分離することによって凍結し、実定法上の概念に転換させたのであった。その系譜をうけついで、「憲法制定権」を、所与の憲法の存在構造をよりよく説明するための道具概念として精練し、所与の憲法の存立を根拠づけている正当性だと位置づけるならば、そのように構成された「憲法制定権」概念は、実証的な憲法学にとって fremd ではなく、有用なものでありうるであろう。この点についてはのちにあらためてとりあげるから、ここでは立ち入らないが、ともかく、この時期の「憲法制定権」論は、実は、憲法改正権を pouvoir constituant の名でよび、本来の「憲法制定権」を法の世界のそとに駆逐するものであり、その意味で「憲法制定権」の「抹殺」(4)にほかならなかった。こうして、ここでは、かつて一七九一年憲法において「憲法制定権」と憲法改正権の区別から、憲法改正の内容的限界という思考がみちびき出され、また、実質的にはそのような思考に由来するものとして改正対象を限定する憲法規定がおかれたのとは反対に、前述のように、一八七五年二月二五日法律第八条によって憲法改正の発議が明示的に「憲法の全部または一部」におよぶとされていたし、その結果成立する憲法改正のための国民議会は、両議院による発議が特定の条項についてのものである場合、その条項についてしか改正をおこなえないかどうか、という議論があり、国民議会の権限が両議院の発議の枠によって拘束されぬ、という見解も主張された(5)。また、共和政体そのものを改正対象としうるという改正無限界論が憲法制定時につよく主張されたことは前述のとおりであり、その後一八八四年の憲法改正によって付加された共和政体の改正提案禁止条項についても、その規定自体を改正することが法的に可能だという改正無限界論の主張がなされた(6)。実質的機能の面でみると、一八七五年憲法制定のときの全面変更可能論は、王制復古の主張を意味し、一八八四年憲法改正によって導入された改正対象限定規定は、共和制の定着をねらうものであったが、この段階での改正無限界論は、それとは対照的に、共和制の安定をもはや既定の事実としたうえでの、法による拘束自体を不要のものとするような事態の反映だということができよう。

ところで、この時期の「憲法制定権」＝憲法改正権同視論は、シイエスの同視論とちがって、憲法改正権を憲法上の一切の法形式から解放するまでに憲法の絶対的変更可能性を強調するものとはならなかった、ということに注意しなければならない。シイエスにあっては、万能の「憲法制定権」を法の世界に導入して憲法改正権とそれとを同一視し、憲法改正権の万能性がひき出されたのであったが、ここでは、憲法改正権を「憲法制定権」という名でよび、本来の「憲法制定権」を法の世界のそとに駆逐して、法の定める形式に服する憲法改正権だけを法学の対象とするという、いわば消極的な機能が主眼であった。(7) 実際、憲法所定の改正手続規定があるのにそれが法的に無意味なものとまで考えられていたわけではない。ただし、この点に関連して同時に注意されるべき点がある。

第一に、改正対象限定規定（共和政体条項）について「それは法的に無意味だ」といわれるとき、その条項自体の改正が可能だという意味での改正無限界論が意味されているだけでなく、その条項があるまでそれを無視して共和政体を対象とする改正提案をすることが可能だということまでが含意されていることがある、という点である。フランスでは、次章で見るように、第三共和制後半期にはいり、一七八九年宣言の法的性格を根拠として憲法改正作用への法的拘束を説く見解が有力に主張されるようになってもなお、改正限界論か無限界論かという点では無限界論が一般的なのであるが、例えばそのなかでバルテルミおよびデュエスは、共和政体を憲法改正提案の対象とすることを禁止する条項は「有意義な政治的効果を一八八四年のフランスでは持った」が「憲法の一部分の絶対的な不可変性を結局のところ聖化するものだから、厳密な法的観点からは、明らかに価値をもたぬ」というとき、「かような規定が、憲法制定者の後継者と将来の世代に対し義務づける法的効力を持たぬ単なる願望をなすものだ、ということは明らかである」とし、「せいぜい、形式および手続を尊重するとしても、一八八四年に制定されたかの第八条の改正を求めることから始めねばならぬ〔にすぎない〕」という。(8) これは、改正対象限定規定自体を改正しうるという主張にとどまらず、その条項の存在そのものを法的に無視しうるという主張をも、含んでいる。すなわちこれは、単に改正無限界論の主張にとどまらず、憲法改正作用がしたがうべきところの規律そのものを否定する主張である。しかし、改正作用がしたがうべき規律のうち、手続規定については法的効力を否定しておらず、対象限定規定についてだけそれを否定しているのは、シイエスが一切の法形式の法的効力をみとめないのとちがっており、その点では論理的に首尾一貫していない。ラフェリエールも改正無限界論を主張するが、やはりそのさい、「憲法全体が全体として改正可能でなければならぬ」というとき、改正対象限定規定が改正可能だという意味なのか、限定条項があるにもかかわらずそれを無視して直接に共和政体を改正提案の対象とすることが法的に可能だという意味なのか、問題がのこるところであり、「ある時期に行使された pouvoir constituant は将来行使されるであろうところの pouvoir constituant に優越するものではなく、たとえ特定の点についてであれ、後者を制約しようとすることはできない[9]」という理由をかかげるかぎり、単なる改正無限界論の主張にはとどまらず、バルテルミおよびデュエスについて指摘したのと同じ問題を含んでいるというべきである。

第二に、憲法改正の正規の法形式によらないでも憲法条項の改廃が法的に可能だ、という議論が、憲法慣習論によって主張されていた。憲法慣習論は、前に詳述したように[10]、制定憲法に適合しない憲法実例が一定の要件を充たすとき——あるいはそれすら必要なしに——「憲法慣習」となり、所与の制定憲法の条項を改廃してみずから憲法法源の地位を占める、ということを主張するのであるが、憲法実例のつくり手は議会をはじめとする国家機関にほかならないから、憲法慣習論は、その実質においては、本来は憲法みずからが定めた改正権者に留保されているはずの権限を、その他の国家機関にもゆだねることを意味する。すなわち、憲法に定められた所定の憲法改正権の発動のほかに、憲法に定められていない——したがって必然的に無定形の——憲法改正を、憲法実例のつくり手である国家機関が行なうことを、法的に承認することを意味する。そして、そのさい、国家機関によってつくられる憲法実例のなか自体にであれ、憲法実例が憲法慣習として資格づけられるための要件として付加的にであれ、まさしく「最高の制憲者」＝国民の意思を擬制することによって、「慣習の憲法制定力」(カピタン)を基礎づけ、そのようにして右のプロセスのイデオロギー的正当化がこころみられたのであった。これは、「国民主権」論、「国民の憲法制定権」論のイデオロギー的発動のひとつの典型であり、そのようにして、いったん表むき法学の領域外に駆逐したはずの「憲法制定権」が、いわば裏口から再導入され、いってみればヌキ身の実体的概念として常駐することになる。(11) その活動は、無定形のものであるだけにいかなる法形式にも——手続的拘束にすら——服さず、したがって、憲法上の憲法改正権が正面からはなしえぬところのことをも、あえてなしうることになる。その機能は、一般的抽象的にいうなら、ビュルドーのいうとおり、「不明確で議論の余地ある主権者意思」(＝これは憲法実例である)が「明確な主権者意思」(＝これは制定憲法である)に優先すること、「そのことによって同時に、憲法からその存在理由をうばうこと」にほかならない。(12) その具体的歴史的機能は、どのような制定憲法のもとで、どのような憲法実例が問題となっているかによってちがうが、第三共和制の場合は、「王制まちの共和制憲法」のもとで共和派による共和制的憲法運用を貫徹させるのを、支援することであった。

(1) たとえば、A. Esmein, *Eléments*, 5 éd., op. cit., p. 511 et s., 542 et s. の用語法を見よ。かような用語法は、デュギやカレ・ド・マルベールなどによってもひきつがれる(後出二三六頁、二四七頁以下)。

(2) 芦部「憲法制定権力」(前出)一一六頁が、「本来の制憲権は……、権力の正当性の根拠が国民に存するという契機と、国内における最高権力の窮極的な行使者は選挙人団であるという契機をもつ国民主権説の、いわば権力的要素に力点がおかれた概念である」としているのは、そのような一般的状況を反映したものである。そしてまた、第三共和制期の憲法学と同様に、「権力的要素」ゆえに「憲法制定権」を法外的なものとして位置づける見解がある。杉原泰雄『国民主権の憲法史的展開㈠』(一橋大学法学研究六号)二一五頁は、「憲法制定権」は「その本質上政治問題であり、法外の現象」だからそれをもって「国民主権の法的構造を論ずること自体に方法論上の混同があり、不当」だとしている(同『国民主権の研究』三四二頁以下も「憲法制定権」の「法外」性を強調する)。かつて美濃部憲法学が、主権万能論を否定しながらも(『日本憲法』第一巻〔有斐閣一九二一年」七〇—七一頁)、「主権」ということばは否定せず、いわば機関主権論的構成をした（この点については、長谷川正安「憲法学史・中」『日本近代法発達史講座』第七巻〔勁草書房一九五九年〕一八四頁の指摘を参照）のに対し、「憲法制定権」万能論の否定は「憲法制定権」概念そのものの否定につながっていった（『憲法精義』有斐閣一九二七年、七一九—七二〇頁）、というちがいも、「主権」と「憲法制定権」とをさきのような意味で区別するあつかいかたを前提としている。

　しかしながら、本文でのべるように、そのような超実定法的改廃権という意味での「憲法制定権」概念だけが歴史的に実在したわけではないし、他方で、主権概念自体、そのゲネシスにおいては「超実定法的」なものだったはずである。かように見てくると、「主権＝法的」、「憲法制定権＝法外的」というわけかたは採ることができず、主権と「憲法制定権」は相おう概念であり、それが「実定法的」なものとしても「超実定法的」なものとしてもつかわれてきたと見なくてはならない。そのような理由で、私は、「主権」＝「憲法制定権」ということばのつかいかたをする。なお、右にとりあげたのは、芦部論文からの引用で明らかなように、「主権」における正当性的契機と権力的契機のうち権力的契機をとり出して、「憲法制定権」観念を構成するとらえかたであるが、それとはいわば逆に、むしろ正当性的契機をとり出して「憲法制定権」観念を構成する考えかたがある。カール・シュミットの場合がそうだといえよう。かれにおいては、「非常的状態を決断するもの」が「主権者」であり、ワイマール憲法第四八条によって内容的に限界のない絶対的権力を賦与されている大統領がそのようなものとして位置づけられる（C. Schmitt, *Politische Theologie*, 1922, S. 12）のに対し、「憲法制定権」は、国民に帰属するとされているからである。中村哲『主権』（「法学理論篇」41日本評論社一九五二年）九四頁は、黒田覚氏の制憲権論をひきながら、「主権」を「憲法制定権」＝国民に属する「眠れる主権」と「被制定権」＝「国家権力」とに分解する論理的操作に注目する。国民の主権＝「憲法制定権」を「眠れる」ものとしてとらえるのは、主権＝「憲法制定権」の所在は正当性の所在であり国家権力の実体の所在を意味するのではない、ということを明らかにしうるかぎりで、適切なものといえよう。ただし、黒田氏が、「憲法制定権力の主体が、常時的状態に於て、恣意的方法に於て権力を行使するものとの意味をもつものではない」（『日本憲法論（上）』弘文堂一九三七年、二三四頁）というとき、「眠れる」ものの覚醒の可能性がたえず存在しているとするなら、シュミットの場合に憲法制定権が「可能性としては、つねに依然として現存し、この権力から派生した一切の憲法、および、この憲法の枠内で効力をもつ一切の憲法律的規定と並び、その上に存在する」（尾吹善人訳『憲法理論』創文社一九七二年、一一八頁）とされているのと何程の距離があるといえるかが、問題である。その点で、「つねに国家権力にとっては国民は他者である」（『主権』六八頁）ことを強調する中村氏と黒田氏との差異はやはり大きいといわなければならない。最後に、しかしながら、中村氏は、「憲法制定権という概念が、憲法の制定という機能についていわれている概念であるから」主権という概念と完全に重なるものではないとのべているが、一方では、——同氏自身が主張するとおり——国民主権とは国民が「現実に政治上の決定権を有していること」を意味せずあくまで「政治上の要請」（六八頁）であること、他方では、「憲法制定権」とは過去の一定の時点に事実上憲法を制定した力をさすのではなく、憲法制定の権威、したがって制定された憲法の正当性をさすということ——これらのことからすれば、両者はまさしく相重なりあう概念だといえよう。本註でのべた点については、なお、補論第一節を参照されたい。

（3） Georges Burdeau, *Traité de science politique*, tome IV, 2 éd., op. cit., p. 214 note (58).

（4） 芦部・前掲、九八頁

（5） Cf. A. Esmein, *Eléments*, 5 éd., p. 977 et s. ただし、エスマン自身は、拘束を肯定する。

（6） のちに、第一次大戦後、一七八九年人権宣言によって憲法改正作用が法内容的に拘束される、と主張する見解が有力にうち出されるようになってくる段階においてすら、憲法改正無限界論が一般的であり（二五〇頁）、それどころか、一八八四年に追加された共和政体条項の法的効力自体を否定する見解すらあったほどである（二三五頁註(8)(9)参照）。ただし、エスマンは、その条項の法的価値を、そのまま肯定している（A. Esmein, op. cit., p. 977.）。

（7） 芦部信喜「憲法改正の限界」（『憲法講座』Ⅳ〔有斐閣一九六八年〕所収）が「法実証主義的無限界説」と「主権全能論的無限界説」とを区別したのに倣って、本文でのべた前者を「主権万能論的同視」、後者を「実証主義的同視」とよぶことができよう。ただし、筆者が「実証主義」というときは、いわゆる「法実証主義」を限定的にさすのではないことを、留保しておく。

なお、これら二つの型の同視論の機能を対照させるときには、フランスの学説ではないが、ブルクハルトの見解に注意を要する。かれは憲法制定作用と憲法改正作用の区別を否定し、「憲法改正は、法的観点からすると、つねに革命的事象である。

それは、法秩序の支配のもとではなくて、法秩序の枠外でなされる」(Walter Burckhardt, *Die Organisation der Rechtsgemeinschaft*, Basel, 1927, S. 217-218) という。かれは一切の憲法変更作用を「法秩序の枠外」におくのではあるが、——そしてその点で、国民が意欲しさえすればその憲法変更作用はすべて「最高の法」だというシイエスとフォーミュラのうえで対照的なのであるが——、それらの作用を「すべて単なる政治的または社会的作用で、法的作用ではない」(清宮四郎「憲法改正作用」一九三八年、『国家作用の理論』〔有斐閣一九六八年〕所収一五〇頁)というときには一つの付加的説明が必要であり、実は、成功したすべての「革命的事象」＝憲法変更作用に法としての効力を賦与するところに、眼目があったのである(かれの憲法改正作用論と「法の効力」概念の関連について、参照、菅野喜八郎「W・ブルクハルトの憲法改正作用論」新潟大学法経論集一三巻三号所収)。こうして、ブルクハルトの見解は、憲法改正作用を実定法の拘束から解放しながら、なおかつ、それを法的に資格づけるものであるという点で、シイエスの同視論と同じ機能を示すその変種といえよう。

(8) Joseph—Barthelemy et P. Duez, *Traité élémentaire de droit constitutionnel*, Paris, 1926, p. 226.

(9) Julien Laferrière, *Manuel de droit constitutionnel*, Paris, 1943, p. 280.

(10) 本書前出**一一**、**二七—二八**を見よ。なお、カピタンによって典型的な憲法慣習論が定式化される時期は第一次大戦後なのであるが、憲法慣習の例としてフランスでまず挙げられるのが一八七七年以降の、大統領による解散権不行使——総じて大統領権限の名目化——であることにも示されるように、このイデオロギーがまず活躍した場所は、第一次大戦前の、近代立憲主義の貫徹期であった。

(11) ビュルドーは、憲法慣習の観念に批判的な立場からであるが、つぎのようにいう。「憲法制定権が憲法をつくり変更する力だとしたら、その活動が、法的に組織された行使態様にかぎられないことは、承認されなければならない。実際それは、活動をやめることはない。一般に、このたえざる活動は、憲法慣習とよばれて考慮されてきた……」(G. Burdeau, op. cit., p. 246.)「問題は、慣習が憲法制定権の行使態様であるかどうかである」(op. cit., p. 292.)。

(12) G. Burdeau, op. cit., p. 294.

七七　つぎに、憲法改正権と立法権との関連はどう考えられていたであろうか。エスマンによれば、「一八七五年憲法が組織する pouvoir constituant〔実は、前述のように、憲法改正権のこと――筆者註記〕は、その構成要素においては通常の立法権と異ならない(1)」といわれていた。カレ・ド・マルベールも、「要するに、一八七五年憲法は、フランス公法をして、fonction constituante〔これまた、憲法制定作用ではなくて憲法改正作用のこと〕と fonction législative を区別しないイギリスの方式にむかって大きな一歩をふみ出させた。それは、憲法改正権を、議会自身ではないにしても、少なくとも議会の通常の構成員からなる集会にあたえているかぎりにおいて、イギリスの方式に近づいたのである(2)」とのべている。むろん、エスマンやカレ・ド・マルベールも注意ぶかいいいかたをしているとおり、憲法改正権と立法権の帰属は、まったく同一なのではなかったが(3)、実質的には同一にちかいものであった。また、前述のように、憲法に権利条項がふくまれておらず、その領域については、硬性憲法は端的に不存在であった。かようにして人権は、実定制度上は、憲法による保障としてではなくもっぱら法律による保障として存在し、法による行政の拘束を担保する行政裁判によって具体的に確保されるものとして構成された。そのさい、人権が実定法制上「憲法」の外にあるからといって、「だから法律によって自在に活殺できるのだ」という思想ではなく、逆に、「だからこそ、法律はもちろん、変転する憲法をもってしてもそれを無視することはできぬ」という思想が、支配的だった、ということに注目しなければならないし(4)、何よりも、この時期に人権保障のにない手とされたのは議会だったということを、ふたたび想起する必要がある。これまでわが国では、権利保障が法律による保障としてしか存在していない事態を、もっぱらドイツ的意味での「法律の留保」、したがって外見的立憲主義の標識としてとりあげることが一般的であるように見える。しかし、前述したように、近代立憲主義における権利保障は何よりも行政権に対抗して法律によってなされる保障だったことからするならば、イギリスや第三共和制フランスがもっぱら法律による権利保障という、法律の留保と同じ形式上の枠組をとったのは、これらの国が近代立憲主義の典型だったに**もかかわらず**ではなく、まさしくそうであったからこそであった、として位置づけなければならないであろう。

かように、権利条項が憲法には含まれていなかったからこそ、一七八九年権利宣言に憲法としての性格を与えようという提案がなされたり、後述するように違憲審査制を主張する前提として、憲法改正論ないし解釈論として、権利条項を憲法のなかに含ませようという議論も出されたが、この時期には有力になることができなかった。また、バトビーの大著『公法および行政法の理論的・実用的提要』は、「一七八九年の原理がわが公法の基礎だということは、そのことを明示的にはのべていない憲法やシャルトの体制のもとですら、疑いのない命題である。……一八七五年二月二五日憲法はこの点について沈黙しているが、にもかかわらず、そのような法文上のちがいのなかに体制の変化をみてとることは、だれの考えにもうかんではこない」として、みずから「その意義と効果」について論じ、一八七五年憲法は「倉皇の作品であり、一種の党派間の政治的妥協」であって「完成品をつくる時間がない」間につくられたものだったからして、「憲法の沈黙を援用するなら、ただひとつの憲法原理もないというところまでゆかざるをえぬ」として、「一七八九年以来いわばあらゆる憲法の基礎をなすところのすべての権利」は「憲法原理」だ、と主張する。しかしながら、「憲法原理」の性格は必らずしも明確でない。「権利宣言は、ひとつの憲法がいかなる精神で構想されたのかを示すものであり、疑いが生ずるときは、前文に示された一般原理にさかのぼって、疑いを解決することができる。……それは、宣言された権利を立法者が限界づけるたびごとにその監視にぶつからねばならぬところの厳格な証人のようなものである。一言でいえば、それは法の法 loi des lois である」、とのべるとき、「法の法」という表現はあたかも権利宣言の法的効力を主張するものであるかのようにも見えるが、前後の叙述からすれば、バトビーの正当性原理として、憲法解釈の指針たるべきものとされているようにおもわれる。そのうえ、この時期には、宣言は法の正当性原理としても、権利宣言がことさらに援用されることは一般的でない。およそ安定期には、ことさらに原理をかかげること自体、必要性がそれほど大きくはないであろう。

そのような事情にくわえ、一八八四年憲法改正によっていくつかの条項が憲法として性格を失ない、硬性憲法がカヴァーする事項的範囲はさらにせまくなった。かような状態のところにあって、憲法改正権と立法権とのあいだの階序性はいちじるしく不分明なものとしてうけとられていた。一七九一年憲法は、改正手続に関与するのが立法府ないしそれと類似の機関にかぎられていたとしても、改正手続がきわめて複雑だという意味で高度の硬性憲法だったのであるが、ここでは、そのいずれの意味でも、憲法改正権と立法権との区別はより稀薄になっている。そのうえ、さきにとりあげた憲法慣習論においては、実質上、立法権——だけにかぎらず国家機関一般であるが——の作用に憲法改正権の発動と同じ法的効果が付与された、ということを、重ねて指摘しておかなければならない。

ところで、『第三身分とはなにか』の議論と比較すると、シイエスの場合、憲法改正権は、じつは、万能の「憲法制定権」がそのまま法の世界に導入されたところのものであり、まさしくそれゆえに、立法権と区別される性質のものであったが、ここでは、「憲法制定権」は法の世界から駆逐され、まさしくそれゆえに、憲法改正権と立法権はもはや峻別される性質のものではなかった。すなわち、憲法改正権がしばしば pouvoir constituant という名でよばれていても、それはシイエス的意味においては実は pouvoir constituant ではなくて pouvoirs constitués のひとつにほかならず——まさにその意味で、この時期の pouvoir constituant 論は、実は pouvoir constituant 抹殺論にほかならぬのである——、そのようなものとして立法権と同質のものなのであった。なお、いったん法の世界から追放された「憲法制定権」が憲法慣習論によって裏口から再導入される場面では、ことの性質上、「憲法制定権」は特定の憲法改正権者によってになわれるのではなくて、立法権をはじめとする国家機関一般によってになわれるのであり、かようにして、いずれにしても、憲法改正権——正規のそれであれ、憲法慣習論の効果としてのそれであれ——と立法権との質的差異は否定されるのである。

(1) A. Esmein, *Eléments*, 5 éd., op. cit., p. 694.

(2) R. Carré de Malberg, *Contribution*, II. op. cit., p. 567-568.

(3) たとえば、両院合同の国民議会では、下院の多数＋上院の少数（多数派）と上院の多数（少数派）とが対立するということがおこりうるから、各院で別々に議決するのとはちがう結果になりうるだろう。Marcel Waline, Quelques réflexions sur la notion de constitution en droit public français, *Archives de philosophie du droit et de sociologie juridique*, nos 1-2, 1933, p. 117-119. は、第三共和制憲法について憲法改正権（ここでも pouvoir constituant という用語がつかわれているが）と立法権との差異を否定する説としてカレ・ド・マルベールをあげてそれを批判し、憲法と法律とのあいだには形式上の差異が存在するとのべている。たしかに、第三共和制憲法について憲法改正権と立法権のあいだの差異――したがって硬憲法性――が全くないと単純にいってしまうことは誤りである。もっとも、カレ・ド・マルベール自身は単純にそのようなことを主張したのではなく、さきに本文でのべたように、慎重ないいかたをしている。

(4) かつてエスマンは、イギリスをひきあいに出してこう書いた――「われわれのシステムが個人権にあたえているところの保証があまりに不確かだと見る人々を、ひとつの省察によって安心させることができる。世界でイギリスほど個人権がまさによく確保されている国はない。ところがイギリスの議会は絶対的に主権的なのであり、すべての領域について自由に立法することができる。この点についての最良の保障は、風習（mœurs）および国民の精神のなかに、そしておそらくは両院制のなかに見出される」(Esmein, *Eléments*, 5 éd., p. 502)。

エスマンのいう「風習および国民の精神」は、イギリスだけでなくまさにエスマンの母国においても人権にとって重要な役割をはたし、のちにヴデルは、第三共和制の体験をふりかえってつぎのようにいうことができたのである。――「〔イギリスと第三共和制フランスという〕これら二つの例は、もしそれを一般化していうなら、人権の尊重の完全さは、その宣明の厳粛さと逆比例している、ということを示す傾向にある。なぜなら、イギリスの制度と第三共和制の制度は、うたがいの余地なく、どちらも、人権を非常に尊重したものだからである。……人権が絶対的なものとしてすべての市民の精神のうちにあるような国では、その定式化の厳粛さは、特別の重要さをもたない。人権が確立したときから、それが特別の力をもって宣明されることは必要でなくなる」(G. Vedel, *Cours de droit constitutionnel et d'institutions politiques 1960-1961*, Paris, p. 642.)。そしてまた、実際、そのような伝統は最大の試練であるファシズムにも耐えて、今日にいたっているようにおもわれる。

ところで、第三共和制前半の近代立憲主義確立期は、とりもなおさずフランスにおける近代憲法学の体系化の時期であり、その時期に培われた人権観は、今日の大学の学制や学問分科の構成のしかたにも反映している。フランスで憲法学が対象とする「憲法」とは要するに統治機構・政治制度であり、人権の問題は、憲法の講義である Droit constitutionnel et institutions politiques の枠のなかではあつかわれていない。それは、一方では、裁判的担保をともなう法の問題として、行政の適法性審査を素材とする Libertés publiques の講義のなかであつかわれ、また他方では、法思想史ないし政治思想史の問題として、Histoire des idées politiques の講義のなかで論ぜられているのであり、いわば、「憲法」よりもより抽象的な思想史の次元と、より具体的な行政法の次元とに分解されているのである。《*Libertés publiques*》の標題をもつ概論書として、G. Burdeau (3 éd., 1966), C. A. Colliard (4 éd., 1972), J. Robert (1971) のものがある。

(5) 一九〇九年一二月二一日の、代議院での提案。Cf. R. Carré de Malberg, *Contribution*, II, p. 582.

(6) A. Batbie, *Traité théorique et pratique de droit public et administratif*, 2 éd., Paris, 1885, p. 8-10.

II　憲法運用の場面における規範性——憲法の公権的解釈権の最終的帰属

七八　第三共和制憲法は、憲法の最高法規性を担保すべき特別の機関や手続をまったく規定していなかったから、問題になりえたのは、司法裁判所ないし行政裁判所が具体的訴訟の処理の前提として違憲審査権を行使しうるかどうか(具体的・前提的違憲審査制、フランス流にいえば、違憲の抗弁による法令審査)だけであった。そして、法律を対象とするそのような審査については、エスマンがつぎのようにのべていた。——「一八七五年憲法が発効してからというものは、裁判所が法律の合憲性についての裁判官でありうるかどうかという問題は、提起されなかった。その問題はほとんど提起されえなかった。というのは、一八七五年憲法は立法権と pouvoir constituant〔憲法改正権のこと〕を分離し、立法府が憲法に抵触することを禁じたとはいえ、他方で、立法府の活動領域をすこしも制限しなかったからである(1)」。「すこしも制限しなかった」といえるかどうかは別として、権利条項が憲法のなかに欠けていたことは、たしかに、制定される法律の内容が憲法に違反するという事態をほとんど考えられないものにしていたといえよう。だからこそ、違憲審査制が提唱されるときは、ほとんどつねに、権利条項を憲法のなかにあらためて編入するという措置——あるいは憲法解釈の操作によって権利条項を憲法のなかに読みこむこと——の提唱をともなっていたのである。判例としては、かなり後期になってから、法律違憲審査権の肯定論者によって先例として援用されるものもでてくることはたしかであるが(2)、そのように読むきめ手を提供するものではなく、他方では逆に、審査権をはっきり否定するものをあげることができる(3)。立法論としても、いくつかの提案がなされたにしても、いずれも実現はしなかった。たとえば、一八九四年三月に下院でナケ議員により一院制が主張されたとき、一院制の不都合を抑制する制度としてアメリカ流の違憲審査制が提唱された——「拘束的な憲法をつくること、その憲法のかたわらに、アメリカでのように、法律が憲法に反するとき、具体的訴訟において個人を法律への服従から解除することができるような司法最高裁判所を設けること、これは、諸君らの裁判所が市町村長の布令が法律に適合しないとき具体的訴訟においてそれを無効にしうるのと、まったく同じことである(4)」。また、一九〇三年二月二八日のジュール・ロシュの下院での提案は、一七九一年権利宣言を憲法に編入し、破毀院をしてその条項の適用を監視させる、というものであったし、同年一月二八日のシャルル・ブヌワの提案は、「一七九一年権利宣言に由来する市民の権利と自由に対してくわえられる侵害を認定すべき」最高裁判所をつくるというものであった(5)。しかし、これらはいずれもうけいれられなかったわけであるし、学説のうえでも、有力な学者たちによって法律違憲審査制が憲法解釈論としてであれ憲法改正論としてであれ主張される

のは、――いずれにしても実現はしないのであるけれども――第一次大戦後の時点においてのことであった。(6)

こうして、法律という規範形式をとってなされる憲法の公権的解釈が最終的のものであり、かつ、他方で法律制定への大統領の関与が名目的のものとなることによって、結局、憲法の公権的解釈権は議会に帰属した。もとより、いうまでもないが、そのことは、憲法の最高法規性そのものの否定を意味するわけではなく、「フランス法においては、議会の作品の憲法との適合性を判定するのは議会である。最後の言葉をもつのは議会である」(7)、ということを意味したのであった。

(1) A. Esmein, *Eléments*, 5 éd., op. cit., p. 538.
(2) Conseil d'Etat, le 7 août 1909, *Sirey*, 1909 partie III, p. 145 et s.; Conseil d'Etat, le 1er mars 1912, *Sirey*, 1913, partie III, p. 137.――いずれもモリス・オーリウの評釈があり、前者については「判決は、一九〇五年の法律は争議に適用されるかぎりにおいて違憲だという命題によってしか、法的に説明されえず、それゆえ、法律の違憲性ということに有利な先例として援用されるであろう」(*Sirey*, 1909, partie III, p. 147.)とのべ、後者についても、「コンセイユ・デタは……一九〇五年法と……基本法……とのあいだの矛盾に当面し、基本法に有利にその矛盾を裁断した」(*Sirey*, 1913, partie III, p. 138.)とするのである。
(3) Conseil d'Etat, le 23 mai 1901, *Dalloz*, 1902, partie III, p. 87.
(4) A. Esmein, op. cit., p. 538. による。
(5) A. Esmein et Joseph-Barthélemy, *Eléments de droit constitutionnel*, 6 éd., 1914, p. 601. による。
(6) 註(2)で紹介したモリス・オーリウの主張は、この時期としては例外的だったといえる。
(7) Joseph-Barthélemy, *Précis de droit constitutionnel*, 2 éd., Paris, 1933, p. 115.

七九　ところで、そのようなありかたの背景には、フランス革命期について指摘した観念が、ひきつがれている。すなわち、積極的には、法律は一般意思の表明であるという観念であり、消極的には、裁判的機関に対する不信の念である。実際、革命期以後、基本的に一貫して、法律に対する裁判的機関による違憲審査は制度化されず[1]、共和暦八年憲法で護憲元老院 Sénat conservateur が設けられたときも、それはシイエスの jurie constitutionnaire の系譜をひく政治的機関であって、裁判的機関ではなかったのである。

　ところで、この時期に法律＝一般意思の表現ということがいわれる場合には、革命期とちがった要因としてつぎの二つの事がらがあることに、注意しなければならない。

　ひとつは、第三共和制憲法における権利条項の欠除である。一七九一年憲法の前におかれた一七八九年人権宣言自体については、その法規範的性質いかんをめぐる議論があるのであるが、少なくとも、一七九一年憲法には、本文第一篇の「権利の保障」が存在した。ここでは、そのようなものも欠けており、いずれにせよ、権利に関してはそもそも法律が最高法規であって、憲法の最高法規性の保障装置について語るための前提が欠けていたわけであった。それゆえにまた、前述のとおり、法律違憲審査制の提唱は、多くの場合その前提として、——憲法改正論としてであれ憲法解釈論としてであれ——権利条項の憲法への編入を主張したのであった。しかしそのような主張がより強力に展開するのは第一次大戦以後、すなわち近代立憲主義の現代的変容に見あってのことであり、近代立憲主義の確立期においては、議会に対抗する憲法による権利保障ではなく、議会をにない手とする権利保障という発想が、革命期においてよりもより直截にみられるのである。そして、実際にもこの時期に、議会による法律制定というかたちで、フランスにおける自由権の実定法化が確立した。たとえば、一八八〇年代における、集会の自由（一八八一年六月三〇日法律）、出版の自由（八一年七月二九日法律）、職業組合結成の自由（八四年三月二一日法律）などであり、ついで、結社一般の自由（一九〇一年七月一日法律）や政教分離《ライシテ》＝信教の自由（一九〇五年一二月九日法律）である。

　もうひとつのちがいとして、かつて「法律は一般意思の表明」といわれたときには、しばしば、法律の淵源における一般性（全国民の立法参加）という観念とならんで、法律の規律対象における一般性という観念が含意されることがあった[2]のであるが、いまや、後者の標識については「法律＝一般的規範」という実質的法律概念にかわって形式的法律概念が登場し[3]、「法律＝一般意思の表明」の内容としては前者の標識だけがのこることとなった。そのうえ、そのさい、法律の淵源における一般性を基礎づける「代表」イデオロギーが、「純粋代表」の観念から「半代表」[4]の観念に転換した。カレ・ド・マルベールがいうとおり、国民意思と議会との区別をしない考えかたが「一七八九―九一年以来」この時期まで一貫しているということ[5]はたしかであるが、その根拠とされる「代表」イデオロギーは、実はちがっているのであり、かれ自身、「代表」ということばについて、(1)エタ・ジェネローにおける制度、(2)フランス革命期の代表制、(3)直接民主制にかたむいている半代表制、の三つを明確に区別しなければならない、とのべていたのである[6]。カレ・ド・マルベールが用いる「半代表制」という観念は、一九世紀の末にエスマンによってフランス公法学に定着させられたものであった。さきに簡単にふれたように、「純粋代表」観念のもとにあっては、直接民主制がたてまえ上すでに排除され、「代表」者と「被代表」者＝国民とのあいだの意思の一致もしくは不一致を問う根拠が論理上すでに排除されていたのであり、それゆえに、一七九一年憲法では、いかなる意味でも国民によって選挙されず、したがってその意思と国民意思との一致の保障がないところの国王が、立法府とならんで「代表者」でありえたのであり（第三篇前文第二条第二項）、そのようにして、国王と立法府とのあいだにはともかくも権力分立の関係が成立したのであった。それに反し、「半代表」観念のもとにあっては、「代表はもはや直接民主制の代用物にほかならないのであり」、「選挙人の意思によって表明されるところの事実上の国民意思をできるかぎり正確に表明し実行する」[7]ことが目的とされるから、国民意思と自己の意思との一致性をよりつよく援用できる機関が、それだけよりつよく「代表」の資格を獲得しうるのであり、普通選挙によって選任される議会の他国家機関に対する優位は決定的なものとなる。かように、ひとしく議会＝法律の優位を基礎づけるといっても、その効果は、「純粋代表」観念よりも「半代表」観念の方がより卓越しているといわなければならない。しかも、フランスの場合は、二人のナポレオンが人民投票によって帝制を正当づけた歴史があったため、人民投票のプレビシット[8]的傾向ということが極度に警戒され、原理的には「選挙人の意思によって表明されるところの事実上の国民意思」の貫徹すなわち直接民主主義が標榜されるからこそ——そうであるにもかかわらず、ではなく——、国民意思は、人民投票そのほかのいわゆる直接民主主義的装置によってでなくて、もっぱら議会において表明されるべきだという、議会中心主義が根づよく定着することになった。この時期に、**pays légal**＝議会と **pays réel**＝選挙民との疎隔という観点から議会が批判されることがあったが、そのこと自体、第一に、**pays légal** の外部に **pays réel** があり、前者は後者の反映でなければならぬというたてまえを示す（かつては、pays légal そのものが国民意思であり、pays réel なるものは存在する余地がなかった）とともに、第二に、**pays réel** は **pays légal**＝議会においてのみ——排他独占的に——真に表明されうる、という主張を意味していたのであった。

（1）もっとも、それには異説があり、革命期以後の判例のなかで、法律違憲審査制の主張者によってしばしば、審査権を肯定したものとしてあげられるものがいくつかあることは、たしかである。たとえば、Henri Berthélemy, Les limites du pouvoir législatif, *Revue politique et parlementaire*, décembre 1925; Les lois inconstitutionnelles devant les juges, *Revue politique et parlementaire*, novembre 1927. は、そのようなものとして、一八三三年の Paulin 事件の破毀院判決のほか、一八三八・四・一二、一八五一・三・一五、一八五一・一一・一七、一八六三・四・一五の破毀院判決をあげ、これらはいずれも違憲の抗弁をしりぞけたが、違憲審査ができないという理由によってではなく、違憲でないという理由によってだった、と読むのである。

なお、革命期以来の法律違憲審査制の歴史について、杉原泰雄「フランスにおける違憲立法審査の歴史と理論」（一橋大学法学部研究年報四号)、宮沢俊義「仏国裁判所の法律審査権」(一九二五年)および「仏国裁判所の法律審査権について」(一九二六年)――いずれも『憲法と裁判』(有斐閣一九六七年)所収――を参照。

(2) R. Carré de Malberg, *La loi*, op. cit., p. 5-6 は、ルソーについてそのことを指摘している。

(3) R. Carré de Malberg, op. cit., p. 38-39, 53-54.

(4) この観念について、さしあたり、前出二〇四頁の註(3)を参照。

(5) R. Carré de Malberg, *La loi*, op. cit., p. 136.

(6) R. Carré de Malberg, *Contribution*, II, op. cit., p. 381. ただし、ルネ・カピタンは、一九二一年の《Contribution》とちがって一九三一年の《Loi》では「半代表制」という観念をカレ・ド・マルベールはほとんど使っておらず、第三共和制の議会制が依然として「代表制」の原理によって支配されていると考えるようになったのではないか、という問題指摘をしている。Cf. R. Capitant, Carré de Malberg et le régime parlementaire, *Relation des journées d'études en l'honneur de Carré de Malberg 1861-1935*, Paris, 1966, p. 140.

(7) A. Esmein, Deux formes de gouvernement, *Revue du droit public et de la science politique*, 1894, p. 24-25.

(8) ここで「プレビシット」とは、本来は事案に対する国民意思の表明であるべき人民投票が、事案の提出者である人と密接にかかわって機能する現象をいう。くわしくは、私の別稿「現代の『代表民主制』における直接民主制的諸傾向」(『議会制の構造と動態』所収、一〇七頁以下)の分析を参照されたい。

第三章　近代立憲主義の現代的変容期

I　憲法改正の場面における規範性——憲法改正権のありかた

八〇　フランスにおける近代立憲主義の現代的変容期として、第三共和制の後半、すなわち第一次大戦後の第三共和制をまずとりあげることができるが、この時期は、制定憲法の規定そのもののうえでは第一次大戦前とおなじであり、さしあたって憲法改正権と立法権との関係からみるなら、両者のあいだの階序性はいちじるしく不分明であった。ところが、この時期になると、解釈学説のうえで、人権の領域についての硬憲法性の主張が強力にうち出されてくる。すなわち、権利条項をふくまないところの一八七五年の三つの憲法的法律のほかにも、人権の領域において立法権を拘束する「憲法」が存在する、という主張であり、そのかぎりにおいて、立法権と憲法改正権とのあいだの区別を強調することとなる主張である。それはとりわけ、憲法の公権的解釈権の帰属のレベルで法律違憲審査制を主張するための前提として、法律の内容を制約する「憲法」がそもそも存在することをまず主張する、という実用的な意味をもっていたのである(後出IIを参照)。

ところで、そのような主張は、実は、一八七五年の三つの憲法的法律とならぶ法(＝α)が存在することだけではなく、さらに、それに優越する法(＝β)が存在することをも主張し、そのことによって、立法権に対する拘束(＝α)だけではなく、pouvoir constituant に対する拘束(＝β)をも主張するものであった。たとえばデュギは、「一七八九年人権宣言がいまだに実定法の効力をもっているかどうか」という問題に「躊躇なく肯定的にこたえ」たうえで、人権宣言は「普通の立法者 législateur ordinaire と同じく législateur constituant も遵守しなければならぬ上位の原則」であり、「一七八九年の体系においては、権利宣言、憲法 lois constitutionnelles および普通の法律 lois ordinaires という、階序関係にある三つの法規範が存在する」、とのべる[1]。また、モリス・オーリウは、つぎのように主張する――「法は社会的領域において重要なこととヨリ重要でないこととのあいだに区別をする。それゆえにこそ、ヨリ重要なこと、すなわち私的生活――その継続性は政治形態の継続性よりもヨリ本質的である――の社会的諸制度を保護するために、法は、憲法のうえに、また、pouvoir constituant のうえに、文明を構成する個人主義的な秩序と正義の基本的諸原理の正当性をうちたてている[2]」。そのさい、「文明の基礎であって憲法自身に優越する正当性を構成するところの公序と個人主義的正義の諸原理」は「社会的憲法 constitution sociale[3]」とよばれ、人権宣言は「社会的憲法の成文[4]」にほかならない。もともとオーリウは、一八七五年憲法のもとで「フランス人の公権の原則あるいはフランス人の個人権が憲法上のいかなる存在をももたぬという、途方もないことになる論理的帰結を容認してはならぬ」として、人権宣言と権利保障が憲法の pars translatitia として慣習となった、と主張し、さらにそれよりも「おそらくもっとたしかなシステム」として超憲法的正当性＝社会的憲法の主張を展開したのである[5]。これらの場合、législateur constituant あるいは pouvoir constituant を拘束する法、といういいかたがされるとき、まずもって、憲法改正権への拘束を意味していることに注意しなければならない。たとえばデュギの場合、「一七八九年人権宣言が législateur ordinaire だけでなく législateur constituant をも拘束し、一八七五年二月二五日憲法第八条の条件にしたがって構成される国民議会は、一七八九年宣言の条項に反する法をつくることができぬ[6]」といういいかたには、そのことが明瞭にあらわれている。ところがまた、たとえばオーリウが pouvoir constituant の問題として「部分改正の場合」とならべ「新らしい憲法の定立あるいは全部改正の場合」をあげているときには[7]、

pouvoir constituant への拘束ということによって、新憲法の制定作用への拘束をも主張することになっている。

まず、αの次元の問題、すなわち、権利条項をもたぬ一八七五年憲法のほかに憲法と同位の法=権利条項を措定して立法権を拘束しようという硬憲法性の強調の主張は、第一次大戦以前にもそうであったように、実務のうえで、憲法の最高法規性を担保する法律違憲審査の主張をみちびき出すための前提であった。憲法の公権的解釈権を最終的に裁判所にあたえるためには、そもそものような憲法が存在していなければならず、αの主張は、一八七五年の所与の憲法のかたわらにそのような法の存在を擬制する主張にほかならなかったのである。後述するように、判例はこの時期にも依然として法律違憲審査権を否定しており、そのことはさしあたり憲法の公権的解釈権が裁判所に帰属することを否定したにとどまり、権利条項が憲法と同位の法として存在するという主張自体を明示的に否定したとはいえないにしても、すくなくとも、そのような主張を肯定するものではなかった。なお、つけ加えて指摘しておくなら、コンセイユ・デタの判例は、一七八九年人権宣言をそれとして正面からではないが、「法の一般原理」principes généraux du droit の内容として包摂したうえで、「法の一般原理」を法律と同位の効力をもって行政権を拘束するものとして適用している。(8) そして、そのような効力段階にあるものとしてなら、一八七五年憲法以外に「憲法」が存在することをつよく否定したカレ・ド・マルベールもまた、承認している。(9)

βの次元の問題、すなわち、超憲法的法の存在の主張については、αについて右にのべたような状況であった以上、判例によって承認されなかったことはいうまでもない。ところでβの主張は、超憲法的法によって憲法改正権を拘束することを主張するものであり、実質的には、憲法改正の内容的限界の主張であったが、そのような結論をひき出すためには、必らずしも超憲法的法の存在をもち出すことは必要でないはずである。前述のように一七九一年憲法は、それまで「憲法制定権」とよばれていたところのものを観念的な「憲法制定権」と具体的な憲法改正権とに分離することによって、後者に対する手続上のみならず内容上の拘束をも、ひき出したのであった。ところが、たとえばデュギの場合、そもそも、実質的にはあきらかに憲法改正への内容的拘束を主張しながら、フォーミュラにおいては、改正無限界論をとっている。(10) 総じてこの時期には、議論のしかたにおいて前の時期の伝統がひきつがれ、憲法改正権への制約を、それと区別されたヨリ上位の「憲法制定権」でもって基礎づける改正限界論は、採られていないのである。(11) 新憲法の定立の場面をも念頭において pouvoir constituant という用語を使うオーリウの場合でも、それは、改正権への限界を画す規準であるよりは、制約をうける対象であった。ところで、憲法の改正ないし制定への拘束を超憲法的法でもって基礎づけようとする主張は、超憲法的法の主張であるかぎりにおいて、なんらかの意味で自然法論であらざるをえないであろう。それは必らずしも、自然に内在する万古不易の法の主張であるとはかぎらず、むしろ、デュギにおけるように、形而上学にかわる社会学的・実証的志向の優位という時代的思潮のもとで、社会の実証的観察の結果の名においてひき出されるところの社会に内在する法＝社会法を、国家法の上位にある法として主張するものがあらわれる。(12) そのようなものとして、それはたしかに「自然法の再生」といってよいものであり、かつてフランス革命期に、憲法については明確に、人間意思によってつくられるものという観念が成立し、それゆえにこそ「憲法制定権」が語られることになったのに対し、人権宣言の諸原理は、決して宣言によって創設されたのでなく単に確認されただけであり、そのようなものとして憲法制定自体を拘束する法だとされていたのと、一応の対応関係にあるといえよう。ただし、その時点は、近代憲法の実定法体系が出現する以前であって、人権宣言は自然法であると同時に実定法として意識されていたのに、一七九一年憲法が成立し、第一篇「権利の保障」をふくむ実定法体系が完結した段階では、まさしくそのことによって、人権宣言の拘束の性質は、実定法の世界を去って哲学的・思想的次元のものとなったはずであった。そのような実定法体系の完結性をひとたび知ったうえで、あえて国家法に上位する法の存在を主張するところに、この時期の自然法論の特徴があることに、注意をしておきたい。

ところで、右に見てきたような、超憲法的法——あるいは少なくとも憲法と同位の法——の存在を一八七五年憲法のそとに擬制する主張は、しばしば「慣習憲法」論あるいは「憲法慣習」論とよばれることがあるが、それは、前章で見た「憲法慣習」論とはちょうど正反対の機能をはたすものであることに、注意しなければならない。さきにとりあげた「憲法慣習」論の典型はカピタンであるが、それは、制定憲法後にたえずつくり出される憲法実例に「制憲者」＝国民の意思を擬制することによって憲法法源性をあたえ、いわば無定形の憲法改正を法的に承認するのであり、——普通「慣習」が現状固定的にはたらくのとちがって——たえず現状変更に法的正当化をあたえると同時にさらにそれを促進する役割をはたした。それに対し、ここでは、制定憲法前（一八七五年前）の人権宣言に憲法法源性、さらには超憲法的法源性をあたえ、立法権、さらには憲法改正権——場合によっては新憲法の定立作用をもふくむが、少なくとも憲法改正権——を枠づけようとする現状維持的機能が問題となる。[13]もっとも、現状維持といっても、その具体的なねらいは論者によってさまざまであり、維持すべき「現状」の中身はいろいろである。デュギの場合、それは「社会連帯」[14]であり、オーリウの場合は「個人主義的秩序」——さらに具体的には「本質的には私企業の経済的自由であるところの自由」[15]——であった。したがってまた、一七八九年人権宣言を援用するときに考えられているのも、オーリウの場合は個人主義的自由主義の宣言そのものでありえたであろうが、デュギの場合は、社会的色彩をよみこんでとらえられたところの人権宣言となるであろう。[16]

いずれにしても、共通していることは、近代立憲主義確立期における議会への信頼の動揺という事実に照応しているという点である。こうして、第一に、議会の制定にかかる法律への信頼の動揺に対応して立法権への拘束が、第二に、議会の構成員によって行なわれる正規の憲法改正への信頼の動揺に対応して憲法改正権への拘束が、第三に、議会を筆頭とする政治部門の憲法実例による無定形的な憲法改正を正当化する「憲法慣習」論への抑制が、主張されたのであった。そのさい、このような主張が、人権宣言の憲法性さらには超憲法性の主張というかたちで説かれたことが、さきにも指摘しておいたようにこの時期の特徴である。そうなったについては、消極的には、前述のように、pouvoir constituant ということばで憲法改正権をさし、それと区別された「憲法制定権」の観念を法の世界のそとに追放して改正無限界論を採る、前の時期の考えかたの影響がひきつがれていたため、憲法改正権を拘束するためには直接に人権の登場をもとめる方がより容易であった、ということがあげられる。また積極的には、制定憲法に欠けていた権利条項を解釈論上の操作によって補充する必要が人権宣言の憲法性の主張をよび出し、さらに、逆説的ながら制定憲法に権利条項がなまじ存在しなかったまさにそのことによって、一七八九年宣言の超憲法性が、容易にひき出されたといえる。これら消極積極両面について、第四共和制期以降は事態が変化してくるのであり、一方では、「憲法制定権」と憲法改正権の区別→憲法改正限界論がしだいに有力に主張されるようになるとともに、他方では、制定憲法に前文のかたちで人権規定がとりこまれるようになった。そこでは、憲法改正の場面での「憲法の規範性」の強化の主張は、人権宣言=超憲法的法の存在の主張をもち出してよりは、「憲法制定権」論のかたちでおこなわれるようになる。第三共和制後半の時期は、そのような意味ではひとつの過渡期であったということができよう。

（1）L. Duguit, *Traité de droit constitutionnel*, tome III, 2 éd., Paris, 1923, p. 560 et s.

（2）M. Hauriou, *Précis de droit constitutionnel*, 2 éd., Paris, 1928, p. 255.

（3）op. cit., p. 339.

（4）op. cit., p. 624 et s.

（5）op. cit., p. 339.

（6）L. Duguit, op. cit., p. 564.

（7）M. Hauriou, op. cit., p. 249.

（8）これについても、後述二七九頁註(6)でふれる。

（9）R. Carré de Malberg, *Contribution*, II, op. cit., p. 582.

（10）L. Duguit, *Traité de droit constitutionnel*, IV, Paris, 1924, p. 539 et s.

（11）Joseph-Barthélemy et P. Duez, *Traité élémentaire de droit constitutionnel*, Paris, 1926, p. 226. Julien Laferrière, *Manuel de droit constitutionnel*, Paris, 1943, p. 280. なお、これらの見解については前出二三〇—二三一頁を参照のこと。

（12）前出**八**を参照のこと。なお、オーリウも、「国家」＝「政治的憲法」の外にあってそれに優越するところの「社会」＝「社会的憲法」の存在を主張するかぎりにおいて「社会法」学派のひとりであるが、そのために標榜する方法は、決して実証科学的ではなくて哲学的であった。この点について、前出**九**を参照。

（13）なお、本文で対極的に位置づけたところの、制定憲法後的憲法慣習論と制定憲法前的慣習憲法論のいわば中間に、一連の「憲法慣習」論がある。それは、制定憲法後的な憲法実例をふくめて、憲法実例に憲法慣習としての資格づけをあたえるのであるが、そのさいに反復性を要求する。「憲法上設けられた機関の活動領域を定め限定づける憲法規範のすべてが一八七五年のきわめて短かくしばしば不明確な条項のなかに包含されている、と考えるのは、あやまりである。国家の組織、公の諸権力の配置と関係についての規範の少なからざる部分は、慣習規範である。慣習規範とは、確立した慣行と実例であって、その継続性が、とりわけ、両院によって普通の法律の形式で採択された条文の反復から由来し、また由来しうるようなものである、といっておきたい。これらの規範の前で、議会は立ちどまらなければならぬ。議会がそれを侵すとき、議会が制定する法律は、結局、一八七五年の三つの憲法律のいずれかの成文の条項に違反する法律と同じ程度において、違憲である」（L. Rolland, Projet du 17 janvier et la question des《décrets-lois》, *Revue du droit public*, 1924, p. 49. 50.）。慣習という語のふつうの慣用からいえば、このような場合こそが「憲法慣習」あるいは「慣習憲法」というべきなのかもしれない。ともあれ、このような場合には、実例の反復性や継続性が要求されているかぎりにおいて、——とくに、実例に対する opinio juris の添加という条件を操作することいかんによっては、——カピタンの憲法慣習論のような、ラディカルな現状変更のイデオロギーとはならず、かなりの程度において現状維持のイデオロギーとして機能しうるであろう。カピタンが憲法慣習＝不文憲法を裁判所によって解釈させることはもはや不文憲法でなく判例憲法になってしまうとして、不文憲法はあくまで「国民という源から直接に噴出する」(R. Capitant, Le droit constitutionnel non écrit, *Recueil d'études sur les sources du droit en l'honneur de François Gény*, III, Paris. 1934. p. 7.) としたのに対し、それが、裁判所によるサンクションをみとめるときには、そのちがいはいっそう明らかになる。

(14) L. Duguit, *Traité*, I, 3 éd., 1927, p. 128, 125.

(15) M. Hauriou, op, cit., p. 49.

(16) たとえば、デュギのつぎのような財産権観をみよ。――「財産権は、社会的効用にのみ基くものであり、そのような社会的効用の限度においてしか存在してはならぬ。立法者は、それゆえ、個人の財産権に、……社会の必要に適合するすべての制限をくわえることができる」。(L. Duguit, *Traité*, III, 2 éd, p. 618.)

八一　第三共和制後半期にみられたような、憲法改正権と立法権の区別をつよめようとする主張は、第二次大戦後の憲法制定にあたって、部分的にではあるが、とりいれられた。いわゆる四月憲法草案は、一九四六年五月の人民投票で否決されたが、第一に、憲法改正について「国民《プーブル》によって採択されたこの憲法は、国民《プーブル》によってのみ改正される」という原則を宣明し、国民議会（一院制の立法議会）が、まず、議員の過半数による議決で改正対象を定めて改正の発議をおこない、発議以後少なくとも三ケ月を経過したのちに第二回の審議に付したうえで、憲法改正案を作成する。この案の採択は、通常の法律の制定手続によるが、その後、人民投票に付される（第一一三条）。また、共和政体は改正提案の対象としえない（第一一五条）という一八八四年法をひきついだ規定をおいたほか、第三共和制憲法が一九四〇年に、ドイツ占領のもとで「改正」というかたちをとって実は破壊されてしまったことにかんがみ、[(1)]「外国軍隊によって本土の全部または一部が占領されているとき、憲法改正の手続に着手しまたはそれを遂行することはできない」（第一一四条）という規定をおいた。これら第一一四および一一五条の規定の趣旨は、十月に成立する第四共和制憲法（第九五条および九四条）、および、一九五八年の現行第五共和制憲法（第八九条五項および四項）にもひきつがれている。また第二に、四月草案では、第三共和制憲法ではそもそも存在していなかった人権条項が憲法の条項として導入され、憲法の第一―二一条において「自由」が、第二二―三九条において「社会的経済的権利」が規定され、人権の領域についても憲法改正権と立法権が分離されることとなった。それにくらべると、十月憲法では、第一の点については、「国民《プーブル》によって採択されたこの憲法は国民《プーブル》によってのみ改正される」という四月草案の基本原則は後退して人民投票が必要的なものでなくなり、その第九〇条によれば、「憲法改正はつぎの手続によってなされる。――国民議会〔下院〕の構成員の絶対多数により採択される決議によって、改正をおこなうことが決定されなければならない。――決議は改正の対象を明定する。――決議はすくなくとも三ヶ月を経過したのち第二回の審議に付され、第二回の審議では、第一回の審議と同じ条件のもとで処理されなければならない。ただし、国民議会から議案を送付された共和国評議会〔上院〕が同じ決議を絶対多数で採択したときはそのかぎりでない。――第二回の審議ののち、国民議会は憲法改正に関する法案を作成する。それは国会に付され、多数決により、また通常の法律について定められたと同じ手続によって表決される。――それは、国民議会の第二回の審議で三分の二の多数によって採択されるか、両院のそれぞれによって五分の三の多数によって表決されたときをのぞいて、人民投票に付される……」のであるが、第三共和制憲法にくらべれば硬憲法性は相対的には大きくなったといえよう。第二の点については、人権条項が本文から前文にうつされ、「一七八九年権利宣言が確立した人および市民の権利と自由……を厳粛に再確認」するとともに、「現在とくに必要なものとして、以下に掲げる政治的経済的および社会的諸権利を宣言する……」というかたちで規定された。もっとも前文の性質については争いがあったが、実はその争いは、前文が憲法としての法規範性をもつかどうかという効力自体についてのものではなくて、効力のサンクションの主体すなわち前文の公権的解釈権の帰属いかんについてのものであった。憲法委員会の法律審査権が憲法前文との抵触が問題となるようなものには及ばない（第九二条三項）ということが援用されるとき、論議の論理的次元はまさにそのようなものであり、前文の事項については法律と憲法の抵触について議会自身が判断する、という主張だったのである。(2) また、前文であげられているいくつかのフォーミュラが「真の法規範をそこからひき出すにはあまりに漠然としている」といわれるときも、議会が前文に拘束されていないということではなく、法律と前文との適合関係いかんについて議会みずからが判断するにさいしてそれだけ大きな判断の自由があることを、意味するにとどまるのである。(3)

一九五八年の第五共和制憲法でも、事態は基本的におなじであり、右の第一の点については、第八九条によって、「憲法改正の発案権は、総理大臣の提案にもとづいて共和国大統領に、および国会の構成員に、競合して属する。大統領または議員の提案にかかる改正案は両議院によって同一の文言で表決されなければならない。改正は人民投票によって承認されたのちに、確定する。――ただし、大統領提案にかかる改正案は、共和国大統領が両院合同会議として招集される国会に付託することを決定するときは、人民投票に付されない。この場合、改正案は、有効投票の五分の三の多数を集めた場合でなければ、承認されない……」とされる。第二の点については、憲法の前文に、「フランス国民《プープル》は、一九四六年の憲法前文によって確認され補充された一七八九年宣言によって定められた人権……への愛着を厳粛に宣言する」と定められた。この憲法では、条文番号を付されていない部分と第一条とがあわせて「前文」として位置づけられていることからしても、前文と本文の法規範性のちがいは一九四六年憲法以上に消えているとみられている。(4)

（1）　一九四〇年七月、一八七五年二月二五日憲法第八条の規定にしたがって両院合同の国民議会がヴィシーでひらかれ、「フランス国の新憲法を一または複数の法令によって公布するためのすべての権限」をペタン政府に授権する七月一〇日法が制定された。

(2) この点を明確にしたものとして、G. Vedel, *Manuel élémentaire de droit constitutionnel*, Paris, 1949, p. 326-327 を見よ。ド・ローバデールも、前文が憲法委員会による憲法判断の対象とならないからといって、その法的性格の問題が無意味になるわけでない、と指摘する。「形式的意味の法律による憲法前文のありうべき侵犯に関しても、ある法律が憲法に合致するか違憲であるかということは、審査手続が作用しえぬばあいでも、やはりきわめて重要である」(A. de Laubadère, *Cours de droit constitutionnel et d'institutions politiques 1955-1956*, Paris, p. 445) 総じて、法律違憲審査制がないからといって議会が憲法に拘束されぬことを意味するわけでない、ということについては、前出一八九頁および二〇一頁註(7)を見よ。

(3) この点については、Vedel, op cit., p. 326 のとらえかたは本文でのべたところとちがい、「あまりに漠然としている……フォーミュラ」にはその法規範性そのものを否定するもののようである。

(4) たとえば、G. Vedel, *Droit administratif*, 2 éd., Paris, 1961, p. 181.

八二 かように、第四共和制憲法から第五共和制憲法にかけては、一方では、権利条項が憲法の明文にとりこまれ、人権の領域についても硬性憲法が成立し、他方では、統治機構の領域をふくめ、憲法改正権と立法権の区別への傾向が、かつての一七九一年憲法の場合とはちがって、憲法改正手続への人民投票の――部分的ではあるが――導入というかたちであらわれている。ところで、これから二つの要因は、あるコンテクストのなかにおかれると、憲法改正の場面における「憲法の規範性」を弱める機能をはたすものとして逆転的にはたらきうることに、注意しなければならない。

すなわち、人民投票の導入についていえば、憲法改正作用におけるその役割を強調することによって、憲法改正権と立法権との区別の基礎づけの力点を、憲法と法律との規範段階上のちがいという点ではなくて、憲法改正権の行使に国民が直接参加するという点に求める、という考えかたがありうる。そうなってくると、実はもはや憲法改正権と立法権の区別すなわち硬憲法性ということ自体ではなく、人民投票によって成立する法と議会制定法との区別ということが、主要な標識とされることになる。現に、第五共和制のもとで、一九六二年と六九年に、憲法改正の大統領提案が、憲法改正手続を定めた第八九条ではなく、大統領の人民投票発議権を定めた第一一条を援用しておこなわれた。(1) そうしてまた、六二年の事例につき、憲法第八九条を無視した手続の違憲性が憲法院で争われたさい、憲法院は訴について判断する権限を持たないとしたが、その理由づけとして、問題となっているのが憲法改正作用だからということ（すなわち憲法改正権と立法権との区別ということ）ではなく、それが人民投票によって採択された法だということ（すなわち loi référendaire と loi parlementaire との区別ということ）(2) に焦点をあわせている。すなわち、判決によれば、「憲法六一条は、組織法律および普通の法律の憲法適合性を判断する任務を憲法院に与えている」が、「憲法が六一条でとりあげようとした法律とは、議会によって可決された法律だけであって、人民投票の結果人民によって採択され国民主権の直接の表現をなすところの法律ではない、という帰結が生ずる」。(3) もちろん、憲法改正権と立法権を区別し憲法改正権を「憲法制定権」と同視することによっても、憲法改正の限界を否定し（第三共和制期）、さらには憲法改正作用を一切の法的拘束から解放すること（シイエス）ができ、そうすれば、憲法改正法を対象とする違憲審査の可能性を当然に否定することができるのであるが、(4) それにしても、憲法院はそのような構成ではなく、人民投票によって採択された法と議会制定にかかる法との段階性をとり出したのであり、そのような考えかたを最も直截に貫徹させれば、人民投票の絶対性の観念にたどりつくであろう。憲法院判決の論理的レベルは、その結論自体は、憲法の最高法規性を保障する装置としての違憲審査制――したがって憲法の公権的解釈権の帰属――についてのものであるけれども、人民投票によって採択された法が憲法院の審査権のそとにあるという判断の理由として、そのような法は「国民主権の直接の表現」だからということをあげていることからして、判決の論理そのものを追ってゆけば、憲法の最高法規性そのもの、硬憲法性自体の否定にゆきつくことになる。

というのは、人民投票の絶対性という観念は、憲法改正作用であれ立法作用であれ、それが人民投票によるかぎりは、それへのそもそも手続的な拘束自体を一切否定する、という役割をはたすのである。すなわちそれは、「国民主権の直接の表現」ということを援用するかぎりにおいて、人民投票を主権者意思の発動として位置づけるのであり、ルネ・カピタンを典型とする憲法慣習論が議会その他の国家機関の憲法実例を民衆主権＝国民の「憲法制定権」の発動として位置づけたのと、類似の機能をはたすであろう。(5)

そして、そのさい、さきにあげたもうひとつの要因――人権条項が前文のかたちでではあれ憲法のなかに編入されたということ――のためにかえって、人権が憲法のそとにあって超憲法的規範として憲法改正権――まして「憲法制定権」――を拘束するというイデオロギー的構成が、とり難くなってくる。そのことはちょうど、一七八九年宣言が一七九一年憲法第一篇「権利の保障」というかたちで憲法にとりこまれ、憲法としての法規範性を取得すると同時に、宣言そのものは実定法的拘束でなく哲学的拘束を持つ性質のものに転換したのと、同様である。

(1) 六二年には可決され、六九年には否決された。両者とも、そのような手続が選択されたのは、憲法第八九条の改正手続によるならば必らず経過しなければならない議会での審議をはぶき、そのような意味で議会をとびこして大統領が選挙民に直接アピールするという政治的意味が追求されたからである。さしあたり、六二年の事例については、樋口「現代の『代表民主制』における直接民主制的諸傾向」(『議会制の構造と動態』所収、一二三―一二五頁)、六九年の事例については、稲本洋之助「フランスにおける憲法改正の動向」法律時報一九六九年四月号、を参照。

(2) M. Duverger, *Institutions politiques et droit constitutionnel*, 8 éd., 1965, p. 643.

(3) この判決についてくわしくは、私の別稿「人民投票によって採択された法案の違憲審査」(『議会制の構造と動態』所収、一九二頁以下)を参照されたい。この判決を支持する見解のいちばん実質的な理由は、憲法院が「明確に宣明されかつ計測された人民意思と明らさまに対立するものとして現われる」(Léo Hamon, note, *Recueil Dalloz*, 1963, jurisprudence, p. 398 et s.) ことになるのを避けるべきだ、という考慮にあるといえよう。

なお、判決はもっぱら権限問題に終始したのであるが、憲法改正条項（八九条）を無視した手続の合・違憲性という内容問題については、違憲説が多数であった（合憲説としては、P. Lampué, Le mode d'élection du Président de la République et la procédure de l'article 11, *Revue du droit public*, 1962, p. 931 et s. が、普通の法律については三四条以下、組織法律については四六条、憲法改正については八九条がそれぞれ、通常的な場合の立法手続を規定しているのであり、一一条はこれら三種の法にひとしく適用される特別の手続だ、という)。もっとも、デュヴェルジェは、憲法一一条を用いたことが違憲だとしながらも、憲法三条が人民投票を国民主権の表明だとしていることを論拠にして、国民は「ウイ」と答えたことによって、「人民投票のもともとの違法性をいわばカヴァーした」(op. cit., p. 526-527)、とのべる。これは、「国民主権の直接の表現」という観念を判決が権限問題判定のきめ手としたのに対し、内容問題判定の論拠として援用したものだといえる。

(4) これまで諸規範のあいだに段階関係を規定する場合は、loi référendaire と loi parlementaire の区別ではなく、憲法―法律―命令というふうに規範の効力における上下関係を考えるのが普通であり、そのような観点からするならば、本件については、憲法改正法であるがゆえに憲法六一条による憲法院の審査権の範囲外にある、という考えかたが導き出されるであろう (Louis Favoreau, Le conseil constitutionnel régulateur de l'activité normative des pouvoirs publics, *Revue du droit public*, 1967, p. 33) が、そのためには、憲法改正権を pouvoirs constitués のひとつとしてとらえることが必要であり、pouvoir constituant として位置づけるときは、そのような憲法改正権の作用を pouvoirs constitués のひとつにすぎぬ憲法院が審査することはおよそ不可能となる。

(5) カピタンの憲法慣習は、国家機関の憲法実例に主権者＝国民の名において正当化をあたえるものであった。ここでは、正当化をうけるのは、直接は、人民投票に参加する選挙民自身であるが、実質的機能の面を見るなら、人民投票提起者の政治的決断である、ということに注意する必要がある（前出二四六頁註(8)、およびとりわけ後出二六七頁註(16)を参照せよ）。

八三　もとより、右の憲法院判決の論理構成については、少なくともつぎの指摘をすることができるであろう。第一に――人民投票における国民は、選挙人団に組織された有権者の集合であり、そのようなものとしては主権者ではなく憲法上の機関だと考えるのがふつうであろうが、[1] そうすれば、人民投票は「主権の直接の表現」ではなくて憲法上の機関の活動となり、そのようなものとして憲法の拘束をうけるものとなり、したがって違憲審査権の有無のレベルでも、それによって成立した法の審査をなしうる論理的可能性――必然性ではないにせよ――がひき出されるはずである。第二に――第一点の裏がえしの論点となるが、判決と同じく違憲審査権の有無のレベルではそれを否定するとしても、人民投票における国民を主権者でなく憲法上の機関＝選挙人団としてとらえれば、憲法改正への手続的拘束そのものの否定ではなく、それを前提としたうえで、憲法の最高法規性の保障手段として選挙人団に憲法の最終的な公権解釈の権限をゆだね、人民投票の適憲性については選挙人団みずからの判定によるという意味で憲法院の権限外におく、という構成が可能なはずである。そして何よりも、第三に――判決のように人民投票を主権の直接の表現ととらえるとしても、人民投票だけがそう資格づけられねばならぬ理由はなく、憲法そのものこそが「主権の直接の表現」だとするとらえかたも、成立しうる。とすれば、主権者意思の観念は、人民投票の絶対性をだけではなく、逆に、憲法改正作用――それが人民投票によるものであれ――への法的拘束の強調を説明するイデオロギーとしてももち出されうるはずのものである。ことは主権の観念をどのようなものとして設定するかによっているのであり、その観念を実体化し、成立しおわった実定憲法の世界でなお時に応じ――そして、ことの性質上、無定形的に――活躍しうるものとして考えるのか、それとも、成立した実定憲法の正当性の所在を示すものと考えるのかによって、同じ「主権」ということばが対照的なはたらきを示すであろう。

実際、憲法院判決がうち出した方向というものは、第二次大戦後のフランスおよび外国（とくに西ドイツ）の学説のなかでは、決して支配的傾向だとはいえず、一般的傾向はむしろそれと逆むきである。右に指摘した第三点に関連して、つぎのような問題がある。

憲法院判決は主権ということばをつかうのであるが、事態を「憲法制定権」というタームにおきなおして見るならば、[2] 第三共和制期に法の世界から追放されていた「憲法制定権」を再登場させてそれを発動させ、かつてカピタンによる「憲法制定権」の裏からの導入がはたしたように、人民投票を法の拘束から解放すると同時にそれに法の名による正当化をあたえるものといえる。ところが、他方、第二次大戦このかた、学説の傾向としては、まさしく、憲法改正権から区別された「憲法制定権」を法の世界に再登場させるさいに、かつての一七九一年憲法第七篇第一条の論理を継承して、憲法改正の手続的拘束はもとより内容的な限界をも基礎づけるという役割を課すと同時に、「憲法制定権」自体の発動は凍結してしまおう、とする見解がかなりに有力になってきているのである。

(1) G. Burdeau, *Droit constitutionnel et institutions politiques*, 11 éd., 1965, p. 111.

(2) 「主権」と「憲法制定権」の関係については、前出二三二頁註(2)でのべたところを参照。

八四　「憲法制定権」の観念は、近代立憲主義の確立期——したがってまた近代憲法学の成立期——に法の世界から駆逐されたが、第三共和制後半にはいってもその伝統はひきつがれて、憲法改正権への拘束の主張すらも、「憲法制定権」によって画される改正の限界づけという形では行なわれず、依然として改正無限界論が優勢であった。[1] それに対し、第二次大戦後は、限界論もしだいに有力になってくる。[2] その経緯を象徴的に示すのは、無限界論から限界論へのビュルドーの改説である。[3] その背景には、第二次大戦後の諸憲法のなかに、憲法改正の対象限定に関する規定が少なからず登場するという事実があり、[4] 総じて、価値中立的憲法から基本価値の化体としての憲法へという、法思想史的な転換がある。ビュルドー自身によれば、それはつぎのように定式化される——「ひとつの憲法は単に統治のメカニズムの記述なのではなくて、憲法が共同体活動の原理として提唱するところの哲学的および社会的な価値規準として、ひとつの法理念が、憲法の条文に化体されている。この法理念を変更し、あるいは別のものでおきかえるということは、国家の作用ではない。それゆえ、その権限を国家機関——たとえ憲法改正機関であっても——にあたえることはできない」(5)。このような問題意識に立ってビュルドーは、一七九一年の人々の主張にいわばたちかえり、第三共和制期の支配的見解によって同視されていた「憲法制定権」と憲法改正権とを、ふたたび区別する。かれ自身の用語をもってすれば、「始源的憲法制定権」pouvoir constituant originaire と「制度化された憲法制定権」pouvoir constituant institué との区別である。こうして、後者すなわち憲法改正権は、前者によって法的拘束をうけることになり、憲法改正作用は、法形式に服するのみならず、内容的限界をも課せられることになった。

なお、フランスでの注目すべき事実として、第四共和制憲法および第五共和制憲法の定立にあたり、それに先行する法形式が定められる例が生じた。一九四五年一一月二日法律と一九五八年六月三日法律である。そのうち後者は、憲法案を「一九五八年六月一日に叙任された政府」が作成して人民投票に付すべきこととともに、その憲法案が五つの基本原則(6)を適用したものであるべきことを定めたものであるが、この法律をもって第四共和制憲法の改正条項（第九〇条）の改正と考えるならば(7)、問題はもっぱらに憲法改正規定の改正の能否、および憲法改正対象限定規定の法的効力の有無の問題となるといえよう。しかし、一九四五年一一月二日法律の方は一八七五年憲法との法的連続性を主張することがより困難だからして、それと一九四六年憲法との関係は、憲法の制定（改正でなく）そのものへの法的拘束という問題を提起する。この法律は、第三共和制憲法への復帰を否定して新らしい憲法の制定を選択した一〇月二一日の人民投票の結果成立したものであり、憲法確定までの暫定的な統治機構を定めるとともに、「憲法制定議会」が最初の集会から七ヶ月以内に憲法案を作成してその後一ヶ月以内に人民投票に付すべきことを義務づけている。この「前憲法《プレ・コンスティテュシオン》」は、「憲法制定議会そのものを拘束する」という意味では「超憲法的法」であり(8)、それによって規律される憲法定立手続はもはや「始源的憲法制定権」の作用ではなくて「制度化された憲法制定権」の作用とみなければならない。[9] そうしてみると、「制度化された憲法制定権」は、狭義の憲法改正以外の形においても現象することになる。

ともあれ、ビュルドーの改説によって代表されるような学説の近時の傾向は、憲法院判決の論理をおしつめて得られるであろうような帰結とは正反対の結論に達するのであるが、「憲法制定権」の復権ということ自体は、――さきに指摘したとおり「主権」ということばによってであるが――、まさしく憲法院判決の論理の基礎でもあったのである。「憲法制定権」観念の登場がこれら正反対の結果のどちらにみちびくかは、この観念の構成のしかたいかんによっている。

ビュルドーは限界論に転向するにあたって限界論の意味するところを明瞭にし、「憲法はただ、性質あるいは重要さからして制度化された権限の可能性を超えるような改正をおこなう権限を、改正機関に対し拒否するにとどまる。そのような改正をおこなうことは、つねに、始源的憲法制定権に属する」[10] としているが、そのさい、人民投票による意思表示をあくまでも「制度化された憲法制定権」の作用としてとらえ、「始源的憲法制定権」のほうは一七九一年憲法の考えかたと同様にその発動をいわば凍結した、[11] ということが重要である。同じことをきわめて明確に定式化しているものとして、エローの指摘がある。「始源的権力は憲法を生み出すとともに消えさる。なぜなら、限定された権限をもつ憲法上の諸権限と無限定の権能をもつ始源的権力とが共存することは不可能だからである。始源的権力は、諸権限の分割を排除し、憲法秩序を排除する[12]」。

他方、このような見解とは反対に、「始源的憲法制定権」と「制度化された憲法制定権」＝憲法改正権を分離しても、国民の意思表示とりわけ直接的意思表示を、後者でなく前者の発動として位置づけるとすると、憲法改正権が正面からは行なえないところの憲法変更をすべて、「始源的憲法制定権」の発動という名においてなしうることになる。これはまさしく、「主権」というタームによって、憲法院判決がうち出した方向であるが、「憲法制定権」というタームにおいては、カール・シュミットの場合が典型的である。かれは、「憲法制定権」と憲法改正権とを区別することによって、憲法改正の形式的拘束と内容的限界を主張すると同時に、「憲法制定権」を凍結するのではなく、まさしくそれと正反対に、実定法の世界で「可能性としては、つねに依然として現存し」て発動するものとして、いわば「憲法制定権」のエネルギー解放をおこなう。そして、国民の「憲法制定権」の発動態様としては黙示の国民の同意でもって足り、いずれにしても、「人民の直接的意思表示の自然な形式」は「集合した群衆の賛成または反対の叫び、喝采」だとされるのであるから、[13] 国民意思自体が、常人の目ではとらえることのできぬ一種の不可視的祕蹟となってしまう。シュミットのばあいは、「秘密個人投票による私的意思の累計」は「国民意思」でも《öffentliche Meinung》でもないとして、acclamatio によってこそ「国民意思」が表明されるのだ、[14] というのであるから、無定形的な、いわば精神論としての直接民主主義による現存秩序のイデオロギー的正当化の典型的事例である。それに対し憲法院判決の論理構造にあっては、具体的に計測されうる人民投票が援用されるわけであるから、制度論としての直接民主主義[15]のイデオロギー的機能によって、人民投票提案者の政治的決断が正当化をうける。[16] そのようなちがいはあるが、精神論としておよび制度論としての直接民主主義のイデオロギー的機能を媒介として——しかもこの両者は論理的には両立しがたいはずであるにもかかわらず、実際には、ナチズムのばあいのように、前者の反多数決主義ロマンチズムと後者の機械的多数決主義との奇妙な結合が現出する——、「憲法制定権」のにない手として擬される「国民」の名において、実はその時その時の現存秩序したがって実力のにない手が、法の名によって正当化されるのである。そのさい現存秩序とは、成功した革命、とりわけ反革命をふくむのであり、[17] そのように「憲法制定権」が憲法制定後も実定法の世界のなかで発動することは、「規範的なるもの」の否定に帰着してしまう。ところで、菅野喜八郎氏の最近の労作は、そのことから、憲法改正権と区別された意味での「憲法制定権」の概念それ自体を、不用有害なものとして排除する。たしかに、一方で、解釈論・立法論という法実践の場面では、「憲法制定権」の発動を援用することがそのときどきの実力の正当化に帰着し、しかも今日の社会の実力のにない手はかつてとはちがい近代立憲主義の推進者ではなくなってきている以上、人権確保をめざす立場にたつかぎり、「憲法制定権」の観念にうったえることは有害であろう(18)。しかし他方で、「憲法制定権」の観念を、所与の憲法の正当性の所在を示す道具概念として洗練することは、現実分析にとって有用でありうると考えられる(19)。

（1）前出二五〇頁。

（2）たとえば M. Duverger, *Manuel de droit constitutionnel et de science politique*, 5 éd., Paris, 1948, p. 195.

（3）G. Burdeau, *Traité*, tome IV, 2 éd., op. cit., p. 257. ビュルドーの「憲法制定権」論全体については、同書 p. 181-295 を見よ。

（4）G. Burdeau, op. cit., p. 258-259 は西ドイツ諸州の憲法、ライン・プファルツ（一九四六年、第一二九条）、ヴュルテンブルグ＝バーデン（同、第八五条）、メクレンブルグ（一九四七年、第九九条）、などのほか、とりわけ、ボン基本法第七九条三項をあげる。

フランスでは共和政体改正禁止条項については本文先述のとおりであるが、そのほかに注目すべきこととして、憲法制定に先行して手続上ないし対象上の制約を定める法形式が現われた（本文後述）。

（5）G. Burdeau, op. cit., p. 259.

（6）普通選挙、執行権と立法権とのあいだの権力分立、政府の対議会責任制、基本的諸自由を確保しうるための司法権の独立、共和国とそれと連帯する諸国民とのあいだの関係を組織すること、の五点である。

（7）たとえば、M. Duverger, *Droit constitutionnel et institutions politiques*, 4 éd., 1959. p. 495. のとらえかたである。実際、

かなり以前にはなるがさきに下院（一九五五・五・二四）および上院（一九五五・七・一九）によって、憲法第九〇条のそれをふくむ憲法改正をおこなうべきだという決議が採択されていた。

（8） M. Duverger, op. cit., p. 463.

（9） この点につき、Guy Herraud, La conception du pouvoir constituant dans l'œuvre de Carré de Malberg, *Relation des journées d'études en l'honneur de Carré de Malberg 1861-1935*, Paris, 1966. p. 84, 89.

（10） G. Burdeau, op. cit., p. 257-258.

（11） ビュルドーは、「国民《プープル》も大統領も、制度化された憲法制定権の機関の資格においてこの手続に関与するのであって、完全な憲法制定の権力を行使すべく始源的権力にとってかわることはできぬ」（G. Burdeau, op. cit., p. 266.）といい、それゆえに、六二年憲法院判決に対しては、「主権者として行動するのか統治者として行動するかによってちがう国民《プープル》の二つの資格を混同するもの」（p. 423, note 138）として批判するのである。

（12） G. Herraud, op. cit., p. 82. かれの「憲法制定権」論自体にここで立入ることはできないが、参照、深瀬忠一「G・エロー教授の法理論の特質――フランスにおけるケルセニスムの批判的摂取と超克例」（北大法学論集一四巻二号）。

（13） C・シュミット、尾吹善人訳『憲法理論』一〇五―一〇六頁、一一八頁以下。なお、シュミットの「憲法制定権」論そのものに、ここで立入ることはできないが、とりわけ参照、菅野喜八郎「C・シュミットの憲法改正限界論についての一考察」（法学二四巻二号）、同「憲法改正の限界についての若干の省察」（近刊予定）の「大尾――限界論の諸前提の検討と問題の展望――」。なお、シュミットにおける「主権」の観念と「憲法制定権」の観念の関連については、前出二三三―二三四頁。

（14） 樋口訳「議会主義と現代の大衆民主主義との対立」（一九二六）〔現代思想第一巻、カール・シュミット『危機の政治理論』ダイヤモンド社一九七三年所収〕一三一頁。

（15） 「精神論としての直接民主主義」、「制度論としての直接民主主義」という私のカテゴリーについては、別稿「国民代表の実質化とその逆説」でのべる予定である。さしあたっては、私の「議会制民主主義と直接民主主義――その理念と現実」（『議会制の構造と動態』所収、二四七頁以下）でそのデッサンを示しておいた。

（16） 実質的機能の面を見るなら、人民投票は、その問題内容と提起の時期によって、提案者の欲する答をひき出しうるものであり、「適当な問題を適当な時期に提出すれば国民はつねにウイをもって答える」(G. Vedel, *Introduction aux études politiques*, Paris, 1962, p. 42.) のである以上――だからこそ、六九年ド・ゴールによって提案された人民投票は、答の不確かな賭をあえて試みたものとして、「政治的自殺」あるいは「ロシア式ルーレット」(J. Fauvet) と評されたのだった――、そこで正当化されているのは、人民投票提起者の政治的決断なのである。それゆえにこそ、とりわけフランスでは、人民投票のプレビシット的機能ということがやかましく警戒されてきたのであったはずである (前出二四五頁を参照)。

(17) 事態は「ほとんど永続的な革命」(A. Esmein, *Eléments*, 5 ed., p. 509.) にかぎらず、おそらくより一般的には反革命の法認を意味しよう。

(18) 菅野喜八郎「憲法改正の限界についての若干の省察」(前出) は、「憲法改正権と峻別された憲法制定権」についてそれを不用有害なものとするのであるが、憲法改正権と「憲法制定権」を同視する見解についても、シイエス流のそれは、「憲法制定権」を実定法の世界で無拘束的に発動させるものであるかぎり、同様な指摘がくわえられなければ片手落ちであろう。

(19) 「主権」の観念について同じ問題提起をしたものとして、後出補章第一節を参照されたい。

八五　現在のフランスは、かように、①「憲法制定権」によって憲法改正作用を規律する法形式――手続規定および対象限定規定――を基礎づけると同時に憲法改正の限界を導き出し、他方で「憲法制定権」そのものの発動は凍結する、という方向と、②「主権」――いいかえれば「憲法制定権」――の実定法の世界における発動としての憲法変更作用、という観念によってその作用への法的拘束を否定する方向 (この場合、「憲法制定権」が憲法所定の憲法改正権を拘束することはかならずしも否定されぬことに注意) とが、微妙に並存しているといえる。これら二つの立場がそれぞれはたす機能としては、つぎのことが認識される必要がある。

第一の立場は、そのようなたてまえの担保装置として裁判的機関を想定し、憲法改正作用をふくめて一切の国家作用、さらには社会生活全般に対する裁判的統制を設定する立場 (本書の問題設定としては、憲法の公権的解釈権の帰属の問題として、本来はつぎのⅡ項で論ぜられるべき事項であるが）とむすびついて、一切の国家機関、さらには国民自身の活動をも憲法の名において裁判的プロセスによって枠づけるという機能をはたすであろう。その典型はフランスの隣国西ドイツであり、まず、審査対象となる事項に関しては、国家行為のなかでは、現実社会的な対立状況をいちばん反映するところの議会がつくり出す法律の審査が出てくることはいうまでもないが、さらに最も特徴的なものとして、国民私人（基本法第一八条による「基本権喪失」手続）やその政治的組織体（同二一条二項による政党の違憲審査）に対する憲法忠誠の要求と制裁とがある。くわえて、六八年のいわゆる緊急事態憲法は、ボン基本法第二〇条に、「かような秩序〔＝憲法秩序〕の廃止をくわだてるすべての人に対して、あらゆるドイツ国民は、他の救済手段が不可能な場合には、抵抗の権利を有する」、という第四項を追加し、裁判所が公権的に認定するであろうところの憲法秩序の防衛を、国民私人にみずからの実力ででもおこなわせることを定めるにいたった。また、抽象的規範審査による判決の一般的効力性によって、裁判所が憲法の名において確定した価値の全社会過程への貫徹の徹底性が保障されている。さらに審査の開始について国家機関のがわのイニシャティヴに重心がおかれており、抽象的規範審査における連邦議会議員の三分の一以上の申立にしても、市民のがわの本当の少数者からのイニシャティヴを意味するものとはいえないし、基本権喪失や政党審査の際には、完全に多数派がわの手に、審査の開始がにぎられている（後者については連邦議会、連邦参議院、連邦政府、ラント政府。前者については連邦参議院をのぞく前記の三者）。

　そして、違憲審査制の運用上も、一方で、特定価値を憲法の名で否定・禁圧するという場面で――憲法裁判所によるネオ・ナチ違憲判決（五二・一〇・二三）やＫＰＤ違憲判決（五六・八・一七）があるほか、特に、フランス憲法院判決の方向とは反対に、人民投票の施行自体を憲法の名において制止していることが注目される(1)――、他方では、特定価値の実現を逆に推進するという場面で――一般的にいって基本法のいう「社会国家」性の貫徹であり、とりわけ

「基本権の第三者効力」の問題――、制度の基本性格をうらがきするような機能が見られている。ところでまた、そのような機能は、まさに連邦憲法裁判所が「これが憲法だ」と解釈したところの価値の貫徹という方式で実現されるのであり、そのさい、もろもろの形態での法創造的解釈が支配的であり、[2]法解釈の創造性は、一般条項――その役割は基本法みずからにおいても（「自由で民主的な基本秩序」）、ＢＶＧの判決のレヴェルでも（五六年ＫＰＤ違憲判決における《Ersatzorganisation》の観念）主要である――が一般化するにともなって一層高められる。そして、一方では、憲法改正法をも違憲審査の対象とする考えかたと関連して《verfassungswidrige Verfassungsnormen》という議論が出されたり、[3]「憲法制定者をも拘束する超実定的な法」の存在が憲法裁判所によって公権的に認定されている[4]ところに見られるように、憲法条項に上位する法規範の存在を擬制するというかたちの場合があり、他方では、《Gesetzmäßigkeit der Verfassung》という逆説的な定式に示されるように、下位規範としてすでに他者が設定した特定の価値を裁判官が憲法の名において追認するという形式がある。裁判官政治 gouvernement des juges という言葉は主として、現象形態として政治部門と対立する解釈が裁判部門によってとられた場合に用いられているようであるが、追認という方式がとられる場合にも、《juges》は《gouvernement》にかかわる重要な役割を演ずるのである。

　総じて、現代型憲法現象の特徴は、国家がかつての価値中立性をすてて一定の基本価値のにない手となり、それを憲法の名において全社会過程に貫徹させ、もろもろの異質の価値と利害を体制内にとりこみ（現代福祉国家）、あくまでとりこむことのできないものははじき出してゆく（「トロイの馬」の排除、「たたかう民主制」）、というところにあるが、西ドイツを典型とするあらわれかたは、裁判的機関を憲法の最終的な公権解釈権者としながら、「憲法の規範性」を国家が国民に対して貫徹させようとするものにほかならない。近代型違憲審査制というべき一九世紀以来のアメリカの前提的・具体的審査制は、市民が法によって国家をしばる近代立憲主義の一態様である人権保障機構だったといえる[5]が、現代型審査制の出現の歴史的性格は、近代立憲主義の貫徹にともなう違憲審査制の強化という観点からではなく、逆に、近代立憲主義の変容にともなうものだという観点から、とらえられなければならない[6]。そのさい西ドイツが典型となったのは、それが最も典型的なファシズムであるナチズムを体験し、しかも東西緊張の段階で分裂国家という現実におかれ、「自由な民主的基本秩序」をファシズムとコミュニズムに対して防衛するという形態をとる必要性がそれだけ切実であったこと、および、近代立憲主義段階における国家の価値中立性の原理が思想的にも法制度的にも十分に定着したという伝統を持たなかったこと(「外見的立憲主義」)、によるであろう。

それに対し第二の立場は、「主権者」あるいは「憲法制定権者」としての国民の絶対性ということによって、そのときどきの現実の実力のにない手を正当化し、国家機関のレベルでは、組織的強制力＝権力の中核の所在である行政権の優位を主張するものにほかならない。「憲法制定権」が憲法所定の憲法改正権に対しては法形式上はもとより内容上もその限界を画するとされるにもかかわらず、無定形的な憲法変更については内容上はもとより法形式上の拘束からも解放するとされる、という対照は、正規の憲法改正作用にあっては議会あるいは議会の構成員が——独占的にであれ、他の機関と競合的にであれ——重要な役割を演ずるのに対し、無定形的な憲法変更のさいには、国民のプレビシット的な直接の意思表示が——人民投票における多数という制度的なかたちであれ、acclamatio の秘蹟によってであれ——事を決する、という対照に対応している。この方向が貫徹するところでは、憲法の「規範性の凋落」について序章の最初に引用したビュルドーの指摘がたしかにあてはまる。しかし、そのような指摘は、今日のフランスについてこそ一面において——全面的にではない——あてはまるのであり、現代憲法現象の一般論としていうならば、西ドイツの場合の意味における「憲法の規範性」の強調もまた、すぐれて現代的な現象としての意味あいをもっている、ということに注意しなければならない。

なお、右にとり出した二つの方向は、そのイデオロギーとしては、それぞれ、①「憲法の規範性」（→正当性の所在を示す観念として凍結された「憲法制定権」の優位）および②「主権者」「憲法制定権」の意思の発動（→実体概念としての「憲法制定権」の優位）とをかかげながら、実質的には、それぞれ、①裁判的機関の優位（Justizstaat または Rechtsprechungsstaat）および②行政権の優位（Verwaltungsstaat）を意味するものであり、いずれにしても、近代立憲主義確立期における議会の優位（Rechtsstaat――より正確には Gesetzgebungsstaat）からの離背を示している。いいかえれば、近代立憲主義確立期における議会の優位が、今日、憲法の名における裁判的機関の優位と、国民意思の名における行政権の優位という二つの方向にむかって動揺しながらうごいている、ということができる。なお、これら二つの方向は、その現実のはたらきにおいては、必らずしも両立しえぬ矛盾関係にあるのではない、ということに注意を要する。一般には、裁判国家は「政治生活の硬化症」をもたらすと見られ(7)、現代国家のあるべきすがたとして行政国家を考える論者は、その点をとらえて裁判国家を批判するが(8)、前述のように、裁判国家的ありかたのもとで裁判官の法創造的解釈がつよくうち出され、また、違憲審査制が政治部門の憲法実例に対し必らずしも対立的でなく追認的に機能しうる場合があることに照らすとき、裁判国家と行政権強化は必らずしも矛盾しないことがわかるであろう。

（1）　連邦政府の申立による抽象的規範審査の結果、核武装についての人民投票に関する一九五八・五・九ハンブルグ州法律および同年五・二〇ブレーメン州法律を違憲無効とした判決や、連邦政府の提訴に基いて、ヘッセン州政府は同州の諸自治体が核武装についての人民投票実施のための決議を行なうのを中止させることを怠ったことによって連邦友好義務に違反した、とした判決（いずれも五八・七・三〇連邦憲法裁判所）などがある。なお、この種の諸例については、影山日出弥「『社会的法治国家』における『治安立法』の特質㈡」（愛知大学法経論集四三号）でなされている検討を参照。

（2）　一九六一年にハイデルベルクで開かれた違憲審査制についての国際コロキウムに私自身参加したときの印象でも、「裁判官と憲法」と題する討論のとき、ドイツの出席者たちの多くは、現状がそうなっているというにせよ（バッホーフ）、裁判部門による違憲審査制のもとではどうしても憲法解釈が私法的なものになってしまう（ショイナー）、あるいは「法律実証主義」にかわって「憲法実証主義」的解釈になるおそれがある（ウェルナー）という角度から論ずるにせよ、法創造的解釈の必要性を非常に強調する見解が多く、西ドイツの報告者フリーゼンハーンによって、「できるだけ自由な法創造的解釈を元気づける議論だけが聞かれる」といわれたほどであった。vgl. *Verfassungsgerichtbarkeit in der Gegenwart, Beiträge zum ausländischen öffentlichen Recht und Völkerrecht*, Bd. 36, Berlin und Köln, 1962, S. 824 ff.

（3） Otto Bachof, *Verfassungswidrige Verfassungsnormen ?*, Tübingen, 1951, S. 35 f. 同書は、そのほかに「違憲の憲法規範のさまざまの可能性」をとりあげているが、とりわけ、「不文憲法への違反」として、「不文の立憲的諸原理」、「憲法慣習法」、「実定化されていない超実定法的法」それぞれに対する違反をあげている（S. 43-46）。

（4） 一九五一・一〇・二五判決（*Entscheidungen des Bundesverfassungsgerichts*, Bd. I, S. 61）。

（5） アメリカで一八〇三年のマーシャル判決以来確立した前提的審査制は、その客観的機能の点で、経済的自由権わけても経済活動の自由の確保に核心があったことは前述した。適用法令の違憲性についての訴訟当事者の主張が審査権の発動をひき出しうるという意味で、権利主張者たる私人のイニシャティヴが存在すること、違憲とされた法令は当該事件への適用を排除されるにとどまり、違憲判決の効果がさしあたりは訴訟当事者の救済にとどまること、いわゆる「政治的問題」の議論があり憲法的秩序そのものの貫徹ということは必らずしも標榜されていないこと、しかも、人権問題にかかわるときは「政治的問題」論の構成が排除されねばならぬという議論があること、逆に人権を保護できればそのかぎりにおいて憲法判断をひかえてよいという議論もあること、これらのことにも、アメリカの制度の前記のような性格が示されているといえる。ちなみに、アメリカで違憲審査制によって追求された権利保障の目的は、他国ではちがった仕方で追求され、イギリスおよび第三共和制フランスにおいては、少なくとも人権の領域に関するかぎり議会制定法が最高法規であり、そのことを前提として、司法裁判所（英）あるいは行政裁判所（仏）による適法性審査制によって確保された。

（6） ドイツの学者たちが今日の事態を Rechtsstaat の貫徹でなく、Justizstaat あるいは Rechtsprechungsstaat への転換としてとらえるフォーミュラを、われわれは、そのような観点からうけとめることができる。たとえば、E. Horsthoff, Die Umbildung des Verfassungsgesetz, *Festschrift für Carl Schmitt*, Berlin, 1959, S. 58 ff. は、ザールラント共産党についてＫＰＤ違憲判決の執行を命じた一九五七年三月二一日決定における連邦憲法裁判所法三五条の理解をとりあげ、そこに、法治国家から裁判国家への転換を見てとる。この決定によれば、連邦憲法裁判所法三五条——「連邦憲法裁判所は、その裁判において、それを執行すべき者を指定する。連邦憲法裁判所はまた、執行の種類・仕方を個々の場合について定めうる」——は、「裁判所に完全な自由を与え、命ぜられたところのことをその時に最も時宜に適し最も速く最も単純で最も実効的な仕方で達成するため」のものであり、「憲法の擁護者の任を与えられた最高の裁判所の手に委ねられた執行は、この裁判所の本案裁判によって要求されているような状態が正しく導かれるための保証を提供し、連邦憲法裁判所の手に委ねられた執行は、同法三五条の包括的授権が濫用されないことを保証する」ものなのであった。

（7）　たとえば、ライスナーは、裁判国家のもとにおける《gouvernement des juges》を論じてそのようにいう（W. Leisner, La conception du《Politique》selon la jurisprudence constitutionnelle allemande, *Revue du droit public*, 1961, p. 793-794)。

（8）　たとえば、W・ウェーバーは、社会国家たる現代国家は望むと望まぬとにかかわらず行政国家であるのに、ボン基本法における裁判国家性の拡大は行政部の弱化をもたらすものだ、と批判する（W. Weber, *Spannungen und Kräfte im westdeutschen Verfassungssystem*, 2. Aufl., Stuttgart, 1958, s. 33 f.)。

Ⅱ　憲法運用の場面における規範性——憲法の公権的解釈権の最終的帰属

八六　第三共和制の後期になると、憲法の最高法規性の保障の問題として、前提的な法律違憲審査制が有力な学説によって主張され、あるいはすくなくとも問題提起されるようになる。そのなかでは憲法解釈論としての主張が多かったが、憲法改正論としての問題提起もあった。前者の例としては、第一次大戦前からの主張者であるモリス・オーリウ(1)のほか、デュギはかつての自説をあらためて法律違憲審査制の主張者となったし、(2)アンリ・ベルテルミも積極説を説いた。(3)これらの主張は、現行法の解釈論としての主張であると同時に、現に裁判所の実例もすくなくとも法律違憲審査制の承認の方向にむかっているとと主張している。後者の例としては、カレ・ド・マルベールが[4]、この制度はフランス公法の伝統的原理を修正するものだとしながらも、その導入の問題提起をしていた。そのさい、審査の規準となる「憲法」として、デュギやオーリウのように、一八七五年の三つの憲法的法律のほかに、実はそれと同位——および上位——の法規範をも包括する考えかたがうち出された（前述）のであったが、その反面、ベルテルミのように、一八七五年憲法の法条だけを考える立場もあった[5]。しかし、いずれにしても、そのような提唱に対する反論もまだつよくのこっていたし[6]、実際にも、法律違憲審査制は、憲法改正としても実現しなかったし、判例上も否定されていたと見られる[7]。

そのような事態の背景にあったものとして、フランス革命期以来の伝統的観念である議会制定法の優位と裁判的機関への警戒の念とが表裏一体となって第三共和制前半の近代立憲主義確立期に根づよく定着したことにくわえて、そのような革命的＝共和主義的伝統が[8]、アメリカにおける「裁判官政治」の保守的性格がフランスの学者によって指摘されたことによって強調されていたということを、あげておかなければならない[9]。実際、二つの大戦にはさまれた戦間期において、フランスの政界における法律違憲審査制の主張は、おおむね保守派 droite の標榜するところであった。審査制の主張への反論のなかでジェーズがのべていることは、そのような事態をうらがきしている。——「裁判所、あるいはただ一つの最高裁判所でも、社会的財政的な民主的諸改良に敵対する精神で鼓舞されていると仮定するなら、——この仮定は架空のものではないのだが——、法律内容の合憲性審査の名において、それらは、そうした種類の改良を実現する法律をすべて、屁理窟の法律でもって眠らせてしまうという、おそるべき至高の権力を得ることになろう。それは裁判官の政治、むしろ最高裁判所——それは、その起源や出身の社会層からして、持てる階級の特権の擁護者としてたち現われる嫌疑のある、終身で責任をおわない職員団である——の政治となろう」[10][11]。

(1) M. Hauriou, *Précis*, op. cit., p. 281. et s. なお、前出二四二頁註(2)を見よ。
　オーリウはさらに、立法権だけでなく pouvoir constituant ——オーリウにおけるこの観念については前述した——の作用に対する違憲審査をも示唆する(p. 266)。

(2) L. Duguit, *Traité*, III, op. cit., p. 659 et s.

(3) H. Berthélemy, Les limites du pouvoir législatif, *Revue politique et parlementaire*, décembre 1925 ; Les lois inconstitutionnelles devant les juges, *Revue pol. et parl.* nov. 1927.

(4) R. Carré de Malberg, La constitutionnalité des lois et la constitution de 1875, *Revue pol. et parl.*, sept. 1927 ; *La loi, expression de la volonté générale*, op. cit., p. 217-222.

(5) H. Berthélemy, Les limites……, op. cit., p. 369.

(6) たとえばラルノードは、議会政治の改革の必要を承認しながらも、「司法権による立法権の制約という処方よりはもっと実際的でもっと危険でない可能な処方がある」という (F. Larnaude, L'inconstitutionnalité des lois et le droit public français, *Revue pol. et parl.*, fév. 1926, p. 198)。ジェーズも、反対論であり、万一この制度が導入されるとしても、「違憲のゆえの法律の麻痺が起らぬよう、議会による遵守が要求される意味での憲法規範の観念を、きわめてせまく維持しておかなくてはならぬ」という (G. Jèze, Le contrôle juridictionnel des lois, *Revue du droit public*, 1924, p. 399 et s.)。なお、これらの見解は、同時に、解釈論としての審査制肯定論者の判例のよみかたを批判し、フランスの裁判所は審査権を肯定していない、という。

(7) 審査肯定論者によって、裁判所が審査権を肯定した例として援用されるものもあった (たとえば、Conseil d'Etat, 28 juin 1918, *Sirey* 1923, partie III, p. 49, note Hauriou) が、すくなくともそうは断定できないものであるのに反し、審査権を明示的に否定する判決がある (C. d'Etat, 6 nov. 1936, *Sirey* 1937, III, p. 33, note Eisenmann : なお、ヴィシー体制下におけるものとして、C. d'Etat, 22 mars 1944, *Sirey* 1945, III, p. 54, note Charlier)。

(8) 有名な E. Lambert, *Le gouvernement des juges et la lutte contre la législation sociale aux Etats-Unis*, Paris. は一九二一年刊行である。さらにその後、ニューディール立法にたいしてアメリカの最高裁判所がとった態度は、周知のとおりである。

(9) Charles Eisenmann, La juridiction constitutionnelle en Droit Français 1875-1961, *Verfassungsgerichtsbarkeit in der Gegenwart*, Köln u. Berlin, 1962, p. 238 et s.

(10) G. Jèze, op. cit., p. 421-422. かれはさらにつづけていう――「それはアンシァン・レジームのパリの高等法院の痛ましい歴史のくりかえしとなろう。その結果は？　社会・財政等の改革を欲する選挙人団によって支持された民主的議会と、法律家の偏狭な精神と乾いた心でもって階級的特権を利己的にかつスコラ的に擁護する最高裁判所とのあいだの対立は、裁判官の潰滅、裁判所の信用失墜、裁判機関に必要な威信と独立のあらたな減退に、みちびいてゆくだろう」。

(11) Ch. Eisenmann, Deux théoriciens du droit ; Duguit et Hauriou, *Revue philosophique*, 1930, p. 266 は、オーリウを評して、端的に、「政治的傾向の疑わしい議会に対抗して、ブルジョア的裁判官に訴えている」という（前出**九**を参照）。

八七　第二次大戦後の憲法をどうするかが議論されたとき、法律違憲審査制は、いっそうの時局性をもって問題提起された。しかしその場合にも、法律違憲審査権のにない手として、裁判的機関が手ばなしで信頼されていたのではなかった。たとえば、対ナチズム抵抗運動のなかから生み出されたアンドレ・フィリップの憲法試案は、法律違憲審査制をふくんでいたが、そのさい、何らかの機関に担当させる第一次判断をうけて最終的には人民投票をおこなうものとしており、選挙人団そのものを憲法保障機関としていた。「主権は国民《プーブル》に属するのであって裁判官に属するのではない。それゆえ、違憲審査をおこなうべきものは国民《プーブル》自身である」、とされていたのである[1]。

ここで注意すべきことは、当時のフランスで、隣国西ドイツにおいてナチズム体験の教訓から憲法忠誠↓違憲審査制が制度化されてくることに示されるような、ファシズム＝トロイの馬から憲法をまもるための違憲審査制という問題意識をまったく素通りして、この制度が頭から否定されていたわけではなかった、ということである。さきにあげたA・フィリップの憲法試案にも、権利宣言が国家機関によって遵守されねばならぬだけでなく、市民によっても遵守されなければならず、それを侵す場合には公務員の罷免、新聞の禁止、政党の解散がなされうる、という考えかたが展開されている。かように、まさしくフランスでもドイツと同じ問題がいったん意識的にとりあげられたうえで、なおかつそれとは反対の結論に到達したのであった。たとえば、大戦末期にド・ゴールの臨時政府に提出された憲法改正委員会報告は、解放後につくられるべき憲法の内容として、ファシズムがデモクラシーをもちいてデモクラシーを破壊したことにかんがみ、憲法への忠誠を議会の多数――すなわち法律――、さらに市民自体に対しても要求し、法律の違憲審査、さらには憲法に反する政党や新聞や結社の禁止解散、公務員の罷免というような制裁を司法機構によって課す、という考えかたがあることを検討し、にもかかわらず、「委員会の多数はこの主張をしりぞけた。それは、この主張が裁判官にあたえる権力を怖れる。そして、国民のなかのすべての市民に対し、すべての政治的教理に関し完全な思想と宣伝の自由をみとめることを、それに伴なう危険にもかかわらず、むしろ好ましいと考える」、と結論したのである。(2)

そのような過程を経てつくられた一九四六年の四月草案では、当初の段階では、委員会の肯定的意見をへたのちになされるべき人民投票による法律違憲審査の制度がふくまれていたが、草案ができあがる段階では否定された。四月草案に対する保守派がわからの批判として、議会の権力への抑制の機構がないという点が、一院制の問題とともに論点とされたのであったが、四月草案が人民投票で否決されたのち、あらためて起草され確定された憲法では、憲法委員会 Comité constitutionnel という制度がつくられたけれども、これは妥協の産物であった。それは、その構成において裁判所というより政治的機関であり(第九一条一項、二項)、審査をおこなう観点において、そもそも憲法委員会が憲法第一一篇「憲法改正」の中で規定されていることにも示されるとおり、本来の違憲審査というより間接的な憲法改正手続の一環であり(第九一条三項、第九三条)、その審査事項において前文――したがって、人権の問題――を排除するものであり（第九二条三項）、下院と上院の意思を合致させるための手続において訴訟的手続というより調停的手続であった。(3)

他方、法律の具体的・前提的審査権については、憲法には依然として規定がなく、裁判所自体も、それを肯定していない。(4) なお、行政裁判所によってサンクションされる「行政の適法性」は、行政の憲法適合性をふくむとされていたが、第三および第四共和制をつうじて、法律と同位の効力をもつ独立命令が一般的には存在せず（植民地事項については例外）、行政機関の行為はつねに法律にもとづくべきものとされ、しかもその行為が法律に適合しているかぎりはそれを違憲とはできなかったのであるから、(5) 法律という規範形式をとってなされる憲法解釈に対抗しうる公権的解釈は存在しなかった、といわなければならない。(6)(7)

(1) André Philip, Thèses pour servir à une discussion sur la future constitution, *Politique*, juillet-déc. 1959, p. 321. また、Georges Scelle et Georges Berlia, *La réforme constitutionnelle, sa préparation—ses bases*, Paris, 1945, p. 116-118 も、法律違憲審査制を提唱するさい、「裁判官政治」の危惧への「適切な矯正手段」として、義務的人民投票の制度を提案し、「主権者たる国民《プープル》が、憲法規定の意味についての終審的判定者である」といっていた。

(2) この委員会の報告については、Boris Mirkine-Guetzévitch, *Les Constitutions européennes*, I, Paris, 1951, p. 138-139 を見よ。

(3) G. Burdeau, *Traité*, IV, 2 éd., op. cit., p. 415 et s.

(4) Conseil d'Etat, 10 nov. 1950.

(5) G. Vedel, *Droit administratif*, 2 éd., op. cit., p. 182-183.

(6) さきにも簡単にふれたとおり（二四九頁）、法律同位の規範としてなら、実質的には人権宣言や憲法前文を「法の一般原理」として範疇づけることによって、コンセイユ・デタが適用していた。ところで、Francine Batailler, *Le Conseil d'Etat, juge constitutionnel*, Paris, 1966. は、標記の主題についての詳細な研究であるが、「法の一般原理」の名でよばれるものがおもに人権の領域にかかわるのに対し、同じ一七八九年宣言を基本的に素材とするが公権力の組織すなわち統治機構にかかわるものとして、「共和的憲法伝統 tradition constitutionnelle républicaine」という観念がつかわれていることを指摘する (p. 150–152)。彼女はそのさい、コンセイユ・デタが後者を法律の解釈のために使うことによって憲法の高みにおいている、として、それを philosophie constitutionnelle とよび、それに対して前者を philosophie législative とよんで区別をする (p. 152) が、そのような区別をすることは適当でないようにおもわれる。合法律性 légalité の審査をするということは、いずれにせよ、審査の規準とされている法律 loi の解釈という作業を必然的に伴なっているのであり、そのことをとおして、合法律性審査の規準となる「法律」の内容を確定しているのである。その操作が実は、法律を超える段階の規範を実質的に措定し「それに反するような法律の効果を極小化」(p. 152) するはたらきをする、というかぎりでは、たしかに、実質的違憲審査といえるであろう。そしてそのような意味では、「共和的憲法伝統」にかぎらず「法の一般原理」についても事態は同様なのである。その意味では、「裁判官は、法の一般原理に、法律それ自体に対するある種の優越性をみとめていた。というのは、裁判官はまさにそれに依拠して法律を解釈したのだから」(J. Rivero, *Droit administratif*, 3 éd., Paris, 1965, p. 71.)、ということがいえるとまったく同じことが、法の一般原理だけでなく憲法そのものについてもいえるであろう。その意味では、「不明確な法律を前にして、裁判官は、憲法に適合する解釈をその条文にあたえる。……〔法律の〕解釈を間接的手段として、裁判所は、意味の疑わしい法律を憲法の枠の中にひき入れることによって、その法律に一種のコントロールを及ぼす」(Henri, Leon et Jean Mazeaud, *Leçons de droit civil*, I, Paris, 1959, p. 139-140.) といえる。しかし、裁判官が実質的に措定する「憲法」(その他、法律より上位の規範) は、議会が法律のかたちで明示的にうち出す「憲法」解釈には正面から対抗することができない。その意味で、憲法の最終的な公権的解釈権はやはり議会に帰属しているのであり、法技術的フォーミュラとしては、やはり合法律性審査の問題であって合憲法性審査の問題ではないといわなければならないのである。

(7)　司法裁判所の判決としては、一九四七年一月二一日セーヌ民事裁判所判決がしばしば問題としてとりあげられるが、これは憲法前文に抵触する内容の遺言を無効としたものであり、私人間の関係についてのケースであることからしても、裁判所がそれまでも用いてきた「公序」ordre public の内容として前文が素材とされたにとどまる、と解すべきであろう。G. Burdeau, *Droit constitutionnel et institutions politiques*, 7 éd., Paris, 1957, p. 346. はそのことを指摘して、「前文の規定は、単に前文としての資格においては、法的に義務づけるものではない、と裁判所にみられている」といっているが、このビュルドーの指摘は、前文の効力自体ではなくそのサンクションの問題だとするなら（この二つの問題次元を区別すべきことについては、前出二五五—二五七頁を参照）、そのかぎりにおいて正当である。

八八　かような、第三共和制下の事態を基本的には継承していた第四共和制憲法下の事態にくらべて、第五共和制憲法のもとでのありかたは、まだ十分な展開を示してはいないが、ひとつの転換を見せつつあるようにおもわれる。

まず、具体的ないし前提的な法律違憲審査権についてはどうであろうか。憲法そのほか制定法には何らの規定がなく、裁判所自体もそれを行使するにいたっていない点では、これまでと同じである。しかし、これまでこの制度の否認を根拠づけてきた議会制定法律の優位という、カレ・ド・マルベールが指摘したフランス公法の伝統的原則は、実定法上すでにいちじるしく変わった。憲法第三四条によって、法律の規定対象とする事項が限定され、それ以外が憲法第三七条により命令の所管事項とされたことは、その何より集約的な表現である。また、憲法第三八条は、第三および第四共和制時代にその違憲性を難ぜられた委任立法の制度を明定し、そのうえに、いったん委任した事項について議会がみずから立法することを禁ずる規定がおかれている。法律優越観念のかような転換ということを論拠として、前提的な法律違憲審査が現行憲法のもとで可能になったとして、必要なのは「それをおこなう〔裁判官の〕政治的勇気だけ」だとする学説(1)が主張されているのである。

他方、独立命令の制度化にともなって、行政権を直接に拘束するものとしての憲法という観念がたちあらわれ、行政の適法性審査における違憲審査の固有の意味が生じてきた。そのような変化のなかで、かつては憲法前文がそれ自身の資格においてはコンセイユ・デタによって援用されなかったのに対し、今や前文が前文として合憲性審査の規準とされるようになったし(2)、「法の一般原理」も、法律同位ではなく憲法同位の効力のものとして、行政権にたいしてサンクションされることとなった(3)。第五共和制憲法のもとで行政権が法律の拘束からひろく解放されるのに比例して、憲法による拘束が裁判所によってそれだけひろくサンクションされる、という関係が成立することは注意しておくに値するであろう(4)。

他方、抽象的違憲審査の機関として、憲法院(5) Conseil constitutionnel が設けられた。これは、右にのべたところにもあらわれているもろもろの議会制約的な規定をおいた憲法が、議会への枠づけを実効的なものにすることを主要な目的として設けたところのものである。かつての憲法委員会とちがって、前文にかかわる問題を審査権限の範囲からはずす規定はおかれていないが、人権を市民のがわから能動的に獲得してゆくための手段としてつくられているのでないことは、提訴権が大統領、首相、各院議長という政治部門の多数派のがわに留保されており(6)、市民自身はもちろん、政治部門の少数派からも法律審査のイニシャティヴをとることができない、という点にもはっきり示されている。そしてそのような性格こそ、現代において違憲審査制が抽象的審査制というかたちで一般化してくるさいの性格（典型的なものとして西ドイツについて前述した）をまさしく共有しているのである(7)。

もっとも、これまでのところ、憲法院は、前節で見たように、人民投票によって採択された法をそれゆえに違憲審査の対象から除外するなど、憲法裁判の十全な拡大の方向にはかならずしも向っていない。フランスの場合、憲法院判決のような論理構成からすれば、議会制定法に対する違憲審査制を確立させることはかならずしも排除されていないし、さらに憲法第八九条所定の憲法改正権の作用についての違憲審査をおこなうことも、かならずしも排除されていないが、西ドイツの場合とちがって、人民投票の法的根拠を憲法の名において裁判所が否定するということは、決してでてこないであろう。フランスでは、かつての伝統的な議会制定法優位の思想の影響が、いまや人民投票制定法優位の思想というかたちでひきつがれて、西ドイツに見られるような憲法裁判の貫徹を抑制しているすがたを、見てとることができる。人権の領域についても、前述のように、第四共和制および第五共和制憲法では権利条項がともかくも憲法典に登場してきた点で、第三共和制憲法のありかたからの転換が見られるとはいえ、かつての議会制定法の優位が人民投票によって採択された法の優位に形をかえてひきつがれ、他方、制度をこえた「国民の精神」（エスマン）を拠点とする人権という思想は、依然、健在だといってよい。その間の事情は、抵抗権のありようにもはっきりと現われており、西ドイツでは現代段階において抵抗権が実定法上に登場し、それをめぐる争いについては裁判所が公権的判定を下すことになっているのであるが、[8] フランスでは、そうではなく、むしろ基本的には、依然として、思想としての抵抗精神が人権を支えてきているのだといえる。さきに、われわれは、Ⅰの問題にそくして、フランスの現状が二つの方向のあいだで動揺しながら、いずれにしても近代立憲主義確立期以来の伝統的ありかたからの離背を示していることを知った。Ⅱの問題についても、一方では、明確に議会を枠づけることを直接の目的として登場した違憲審査機関の優位、他方では、人民投票の優位――前述のように、憲法院判決の理由は人民投票の絶対性を援用しているのであるが、そのことをさし当りカッコに入れて判決の結論だけをとり出しても、少なくとも、人民投票を行なう選挙人団に憲法の公権的解釈が最終的に帰属することになる――、という二つの方向のあいだで動揺しながら、いずれにしても、かつて憲法の公権的解釈権を最終的に有していた議会が、その地位を失なってきているのである。

（1）M. Duverger, *Institutions politiques et droit constitutionnel*, 8 éd., 1965, p. 654.
（2）G. Vedel, *Droit administratif*, 2 éd., op. cit., p. 181. 判決として Conseil d'Etat, 12 fév. 1960, *Dalloz* 1960, p. 263.
――これについては、山本浩三「憲法前文の効力」（ジュリスト『フランス判例百選』所収）がある。
（3）Conseil d'Etat, 26 juin 1959, *Dalloz* 1959, p. 541.――この事件そのものは、一九五八年憲法施行前のものであったが、

事件にかかる植民地事項については、旧法においても、独立命令の制度がみとめられていた。判決が「とりわけ憲法前文からひき出され、すべての行政権を、法律の規定の不存在のさいにもまた拘束するところの法の一般原理」の存在を確認したことは、五八年憲法第三七条によって一般的にみとめられた「独立命令制定権についてのコンセイユ・デタの態度となるであろうところのものを、前法の状態に関連して予報する」ものとうけとられた (G. Vedel, op. cit., p. 190.)。

(4) F. Batailler, *Conseil d'Etat, juge constitutionnel*, op. cit., p. 70.

(5) この制度については、深瀬忠一「フランスの憲法審査院――その性格と実績――」(ジュリスト二四四号) がある。

(6) この点をとくに鋭く指摘するのはヴデルである。たとえば、G. Vedel, *Introduction aux études poitiques*, op. cit., p. 26.

(7) 一九七二年六月二七日に成立したフランス共産党および社会党による政権のための共同綱領は、「一九二〇年一二月三〇日のトゥール社会党大会での分裂以来、左翼にとって最も重要」なもの (*Le Monde*, le 29 juin 1972) といわれているが、「制度の民主化」のひとつとして違憲審査機関としての「最高法院」を構想し、その構成員の選任につき提唱を行なっている。これは、現行憲法院の制度に対する批判を意味するのであるが、それにしても、フランスの左翼が、永年の違憲審査制自体に対する反対の立場から態度を変えつつあることを示すものとして、興味ぶかい。

(8) この問題については、補章第二節を見よ。

八九　以上、われわれは、フランス憲法史の三つの段階に即して、また、憲法改正の場面と憲法運用の場面それぞれについて、「憲法の規範性」のありようを見てきた。憲法史における段階設定は、それ自身ひとつの観点にたつ憲法の歴史的類型学 (本書第一部第二章) を前提としているのであるが、最後に、さきに提示した歴史的類型学と、第二部で認識することができた「憲法の規範性」のありようとの対応関係を確認することによって、しめくくりとしたい。

まず、市民革命期においては、国家は、つぎの近代立憲主義確立期に開花するレッセ・フェールの場を、社会関係に強制する機能をはたすという意味で、また、さしあたっては、何よりも革命の成果を防衛する役割をはたさなければならないという意味で、価値のにない手としてたちあらわれ、そこでは、「憲法の規範性」は強調される。そのこでは、フランスの一七九一年憲法の場合、それが反革命からの防衛だけでなく、下からの革命の貫徹の抑止を課題としていたことによって、とりわけ明確にあらわれている。そして憲法改正の場面における規範性の要請にこたえるべく、革命前夜にはたえざる現状変更のイデオロギーとしてうち出されていた「憲法制定権」が、一方では観念的な「憲法制定権」として凍結され、他方では、複雑・周到な手続に服する（高度の硬憲法性）とともに憲法維持の義務を前提として部分改正のみを行ないうる（改正対象の限定）ところの憲法改正権として枠づけられた。また、憲法運用の場面でも、法律違憲審査制の否定にもかかわらず、「憲法の規範性」ということ自体は、まさしく議会を最終的なにない手としつつ、強調されていた。

ついで、近代立憲主義確立期においては、レッセ・フェールの社会関係の確立に対応して、国家は、消極国家となり、価値中立的となる。ここでは、人権保障＝法による国家権力の拘束とは、憲法内在的価値による立法権の拘束というよりは、何よりも、議会制定法による行政権の拘束およびそのための裁判的統制、一言でいえば議会制定法の規範性の強化であり、フランスでは、行政裁判所による行政の適法性審査を中心とするところの行政法の発達となってあらわれる。第三共和制フランスでは、実務上も学説上も、憲法の改正の場面であれ運用の場面であれ、議会の自由度が前面におし出され（立法国家）、端的にいえば「憲法の規範性」は軟化する。

さらに、近代立憲主義の現代的変容期に入ると、国家は積極国家となり、国家機能の積極化は、第一次的には行政権の機能の量的質的増大となってあらわれる。第五共和制フランスでは、人民投票によって成立した法を「国民主権の直接の表現」として憲法による拘束を解除するにまで導くような人民投票の絶対性の観念が、実は行政権の優位を基礎づけるイデオロギーとしてうち出されている（行政国家）。ところで、他方、積極国家は、かつての価値中立性をすて、みずから価値理念のにない手として、ふたたび実定法秩序の防衛の任にあたる。ここでは、憲法は、価値理念の化体としてみずからの規範性を主張し、憲法の最終的な公権的解釈権者として裁判所ないし裁判的機関が重要な役割をになうことになる（裁判国家）。そのさい特徴的なことは、憲法の規範性というときの名宛人として、――国家機関のなかでは何より立法権があることはいうまでもないが――、国民私人がふくまれることであり、私人ないしその組織体に対し憲法の名において特定価値の剝奪（基本権喪失や政党違憲審査）や貫徹（基本権の私人間効力）がなされる。そのような、すぐれて現代的な意味における「憲法の規範性」の強調は、西ドイツの場合に最も顕著であり、フランスでは、人民投票絶対化の方向のもとで、十分には展開を見せていない。ただし、前の段階と比較するかぎりにおいては、第四および第五共和制において硬憲法性が相対的に増大するとともに、憲法改正の内容的限界を主張する見解が学説上有力になりつつあり、法律違憲審査制についても、第三共和制後期以来、具体的・前提的審査制が学説上少なからず主張されてきたのにくわえて、第五共和制憲法で、一種の抽象的審査制が設けられるようになった。

かように見てくるならば、近代立憲主義とその現代的変容との対照を「憲法の規範性」とその凋落という対照でとらえることの不都合さは、フランス憲法史の事実によって示されるだけでなく、憲法の歴史的類型学――これはもとより、試行錯誤的に補正されるべきひとつの作業枠組にすぎないが、それでも、他の憲法諸現象についてこれまでなされた分析をふまえてつくられている――から導き出されるところの近代憲法と現代憲法の理念型的な像とのつきあわせによっても、裏づけられるといえるであろう。

補　章

第一節　「国民主権」と「直接民主主義」

九〇　私の報告の標題にある「国民」「主権」「直接民主主義」という三つのタームはいずれも、差当りカッコつきのものとしてうけとっていただきたく思います。なぜなら、以下の報告では、これら三つのタームのもつ、まさしく多義性ないし多面性を点検することをつうじて、「国民主権」と「直接民主主義」の観念へのイデオロギー批判をこころみることにいたしたいからであります。

ところで、私がここで「イデオロギー」と申しますのは、わが国の学界ではかつて宮沢先生がイデオロギー・クリティークを「法の科学」の課題として提起されたときと同じ趣旨においてであり、一言でいえば虚偽表象、現実陰蔽的観念ということでありまして、それと逆に、ある観念表象が現実と一致せず、到達すべき目標にほかならぬということが自覚されているとき、ここでは「理念」ということばをあてます。ある観念の理念性とイデオロギー性、ということばを私はそのような意味あいのものとして使うことにいたします。また、議論の素材としては主としてフランスをとりあげますが、それは、私が比較的くわしくフォローしている素材だということのほかに、テーマにとっていちばん適切な素材だと考えられるからであります。

Ⅰ　「国民主権」の二義性

九一　市民革命以後の資本主義国家の憲法について「国民主権」ということがいわれる場合、実は、フランス革命期に対抗しあった nation 主権と peuple 主権の二義があり、前者は直接民主主義を原理的に——便宜的技術的理由でなく——排斥するのにたいし、後者は直接民主主義と原理的にむすびつく、したがって「国民主権」と「直接民主主義」を議論するためには、その「国民主権」は peuple 主権でなければならぬ——これが、Iで申し上げたいことの要点であります。

「国民主権」のかような二義性は、nation 主権と peuple 主権が用語としてはすぐれてフランス的なものだということもあって、長谷川先生のずいぶん前の「思想」論文（一九五四・一〇）でふれられてはおりますが、これまでのわが国ではあまり意識されておりませんでした。そうであるだけに、さきほどの報告者の杉原さんによる詳細な研究（「国民主権の憲法史的展開(1)」一ッ橋大学法学研究6、のち『国民主権の研究』岩波一九七一年）は、今後の議論の共通の出発点をなすべき重要なものとしての意義をもっております。この杉原論文は、社会科学方法論の観点からみても、近代憲法史の起点である市民革命とは何か、ということを憲法学の内部からとりあげようとしたものとして、論争誘発的な問題提起を含むものであり（なお、同氏の「憲法学より見た市民革命の構造——高橋幸八郎教授の見解に関連して——」社会科学の方法二〇、二一号がその後出されている）、当面の課題である nation 主権と peuple 主権を現実の憲法史の過程のなかでどこに見出してゆくかについても、私見とちがいがあり、あらためて疑問を提出して教えを乞う機会を得たいと考えておりますが、ここではまずもって、ひとくちに「国民主権」といっても nation 主権と peuple 主権という、相互対抗的なものを意味しうるということを、杉原さんにしたがって確認することから出発したいとおもいます。

ところで、国民＝nation の主権のもとでは、直接民主主義、「国民」意思による直接的な国政決定は、原理上あるいはたてまえ上すでに否定されます。典型的には、一七九一年フランス憲法であり、そこでは、「国民」は権力の唯一の淵源」ではありますが「授権によってしかその権力を行使できない。フランスの憲法は代表制である」とされ、その授権関係においては「代表者」の意思を拘束する「国民」それ自身の意思なるものは存在せず、したがって「代表」と「被代表」のあいだの選任関係も不要であって、「代表者は国王および立法府である」とされ、立法府議員の選挙についても「能動市民」だけに選挙権を与える制限選挙で足り、選出された議員については、訓令委任が禁止されるばかりか、議員が選挙人に従属することを予防する目的で再選制限条項が設けられます。フランスの学者は、このようなシステムを称して「純粋代表」と申しますが、かような「代表」の観念については、外国ではケルゼン、わが国では宮沢先生によって、そのイデオロギー性の批判がすでになされているわけであります。

ところで、かような nation 主権は、かつて市民革命前における基本的対立であった国王主権——これは、より正しくは神の主権といったほうがよいと思いますが、それはともかく——と peuple 主権との両方を排除するために登場した観念であり、そのようなものとして一七九一年憲法の基本原理となったのでありますが、フランス革命の進行過程のなかで、一七九三年憲法の peuple 主権によって粉砕されることになります。後者にあっては、国民＝peuple 自身の意思による国政決定という意味での直接民主主義的要因は、原理的に肯定されます。憲法改正のイニシャティヴは第一次会に組織された「国民」に属し、法律についても、その最終的制定は直接民主主義的手続に服し、また、男子普通選挙制、共和制がとられると同時に、国家機関のなかでは、直接普通選挙によって選ばれる立法府が行政権に対する構造上の優位を占めるなど、いずれも一七九一年憲法とは対照的であります。この peuple 主権は、市民革命期に nation 主権をおしのけ、「上からの改革」の路線を粉砕して「下からの革命」の基線を敷くという歴史的使命をはたして、いったん舞台から姿を消しますが、私の理解するところでは、のちの、近代立憲主義確立の段階で、すなわち、消極国家に対応する近代憲法の原理体系のなかで、定着いたします。

さて、フランスで近代立憲主義が確立するのは第三共和制憲法の運用過程でありますが、この憲法は、その特殊ななりたちからして、主権の所在を明記していません。しかしながら、普通選挙がすでに確立しており、ヴデルの表現をかりるなら「議員や政府を……選挙人団の監視のもとにおく」という peuple 主権のたてまえが定着しているのであります（この点は杉原氏ととらえかたがちがう）。ここでは、直接民主主義的な具体的制度はおかれていないにせよ、「国民」による国政決定は原理的に肯定されたうえで、「国民」意思を代弁するものとして議会制が意味づけられることになり、いいかえれば、ここではじめて、議会制と民主主義という二つのタームが相互反発的でなく逆に相互結合的なものとなり、まさしく「議会制民主主義」の観念が成立したのだといえます。フランスの学者はこの事態を「半代表制」régime semi-représentatif とよびますが、ここでは、議会＝pays légal と「国民」＝pays réel とは類似性をもつべきだという建前が承認されます。むろん、これは差当り建前であって、現実がそうだとはかぎらず、「半代表」のイデオロギー性ということがこんどは問題にされなければなりません。にもかかわらず、現実が建前からずれたときは、議会は miroir cassé として批判されるのであり、それは、「純粋代表」観念のもとで議会が建前上すでに「国民」から独立であるべきだ――ケルゼンは「議会の独立宣言」と申します――とされ、pays légal のそとにある pays réel なるものの存在がそもそもみとめられていないのと、はっきり対照的なのであります。その後、第四および第五共和制憲法も、《La *souveraineté* nationale appartient au *peuple* français》というフォーミュラをもってでありますが、peuple 主権を採っています。

九二　フランス以外でも、事態は基本的に同様であり、たとえばイギリスでは、市民革命で勝利を収めた King in Parliament の主権がそれ以後、実質的には Parliament そのものの主権として定着し、さらに、普通選挙が確立する段階になると、「法的主権」は議会にあるが「政治的主権」は選挙民にある、とされるようになります。日本国憲法の「国民主権」も、フランス流にいえば nation 主権でなく peuple 主権、イギリス流にいえば議会主権でなく選挙民主権に、相当するものだと考えられます。

この段階では、沿革的にはかつての nation 主権と結びついていた憲法規定——たとえば訓令委任の排除——が存続し、peuple 主権のもとで「代表」者と「被代表」者とが類似性の関係にあるべきだという建前とのあいだに緊張関係が生じたり、さらには、ひとつの憲法典のなかで、nation 主権に対応的なものと peuple 主権に対応的なものとのあいだで——たとえばボン基本法の三八条一項と二一条一項のあいだなど——緊張関係が生じたりはしますけれども、「国民主権」によって peuple 主権が意味されているのだと見るべきであります。

ところで、peuple 主権確立の段階になりますと、国民＝peuple は、きわめて多種多様な統治機構および統治の正当性原理として援用されることになります。まさしく vox populi, vox dei であり、こうなりますと、peuple 主権論から導かれる「直接民主主義」論も、かつてフランス革命期には明白な意味と役割とをもっていたのが、さまざまの統治機構と統治の理念となりうるかわりに、まさしくイデオロギーとしてもはたらくことになります。議会制民主主義のイデオロギー的機能を正当に指摘する「直接民主主義」論者が、「直接民主主義」についてはまるごと、あるいは少なくとも牧歌的な不用意さで肯定的になる傾向が見られるのは奇妙なことでありますが、「直接民主主義」の機能の多面性についての実証的なフォローをすることが必要だとおもわれます。それがⅡの問題であります。

Ⅱ　「直接民主主義」の機能の多面性

九三　「直接民主主義」は、一方では統治機構の具体的制度の場面で、他方ではいわば無定形的な場面で、問題とすることができます。便宜上、前者を、制度論としての「直接民主主義」、後者を、精神論としての「直接民主主義」、と申しておきます。この問題についても、フランスは好個の憲法史上の考察対象を提供してくれています。以下では、近代立憲主義確立以後の段階をとりあげ、ナポレオンやブーランジェの例については、念頭におきながらも、歴史的段階がちがいますから直接にはとりあげないことにいたします。

(1)　制度論としての「直接民主主義」　制度の場面で国民＝peuple の意思による国政決定が問題となる次元として、①立法府の構成、②個別的政策形成、③行政府の構成、という三つのものを想定することができます。①の次元では、そもそも直接普通選挙制——政治的諸自由の保障を伴なうことを条件として——がそうでありますが、二〇世紀に入ってから、とくにケルゼンの議会制擁護論が、選挙民意思のパイプとしての政党の役割や、比例代表制の役割を重視し、それらを、人民投票や人民発案の制度化とともに、議会制と直接民主主義の結合として問題提起していたことが、想起されるべきであります。②の個別的政策形成の次元で問題になるのは、人民投票や人民発案の制度であり、③の行政府構成の次元では、行政府の長の、法制上であれ事実上であれ直接公選制があげられます。また議会解散の制度のように、これら三つの論理的次元にまたがって機能するものもあります。ここでは、問題の中心として、行政府首長の——事実上または法制上の——公選制、それと関連して、行政府の長の提案にかかる人民投票の制度をとりあげることにしたいと考えます。行政府の構成ないしその政策形成における「国民」の直接決定ということは、それが、権力の中枢——しかも、およそ物理的強制装置のにない手だという一般的意味においてだけでなく、とくに現代において、給付行政論や福祉国家論にみられるように質量ともに拡大する国家機能のにない手だという意味あいにおいて、権力中枢であります——までの「直接民主主義」でありますだけに、その理念性とイデオロギー性との二面性を明確にしておくことが、とりわけ大事であります。

もともと、フランス立憲主義の伝統においては、首長公選とか人民投票制は、端的にいってタブーでありまして、一九三〇年代に「国家改造論」などの形で議論が出たときも、大勢を占めるにはいたらず、それが公然と、しかも有力な憲法学者たちによって主張されるようになるのは、第四共和制末期であります。その時期に、議会制の院内主義的頽廃に対する批判として、首長公選制はデュヴェルジェやヴデル、人民投票制はR・カピタンなどによって、強力に主張されはじめます。これらの制度に期待されているはたらきは、私なりに整理すればつぎのようになります。

(a) 第一に、投票行動の政策選択機能の回復、ということです。第三共和制後半から第四共和制にかけての議員選挙では、しばしば、争点じたいが明確化されなかったのに対し、人民投票あるいは首長公選は、争点をそのにない手＝人というものに、ヴィジブルなヴィジョンとして凝集させる、というわけです。personnalisation による、争点の clarification であります。

(b) 第二に、二大ブロック形成への傾向を助長し、権力の責任性を明確化する bipolarisation ということがいわれます。フランスには、フランス特有の中道主義 centrisme の伝統があり、中道諸派グループが半固定的に政権を担当してその内部で政権が移動し——かつて「内閣の不安定と閣僚の安定」といわれたのはこのことであります——、あるいは、中道政党が選挙の時点では左とむすび——フランスで「左」というイメージはプラス・シンボルです——、院内ではやがて右と連立政権をつくってゆくという、「左の票による右の政治」という現象によって、政権の責任の所在自体があいまいだったのに対し、bipolarisation によって、行政府首長が直接に選挙民に責任をおい、選挙民からすればそれを直接に選択することを可能にしよう、というわけであります。

(c) 第三に、今申しましたフランス的中道主義は、中道諸派が左右を排除し——あるいは、左を選挙のときは利用したうえで院内レヴェルでそれを排除し——、さらにその反作用として左・右はますますレジームからいわば遠心的になれ、それを支持する選挙民層の意思は疎外される、というしくみのものでありましたが、bipolarisation ということによって、同じ中道主義でもイギリス流のもの、つまり、二大ブロックがそれぞれの左・右をかかえこんでおきながら中間の浮動票を求めていわば求心的に接近しあうような中道主義が、標榜されます。これは、浮動票の移動によって、世論の変化に敏感な政権交替がおこる可能性を、意味します。

ところで、以上のように標榜されているとおり制度がはたらくとはかぎらず、むしろ、それと正反対にはたらく可能性もある、ということをつぎに問題としなければなりません。つまり、

(a′) 第一に、personnalisation ということが実は政策選択の明確化でなく没政策的な喝采による決定を意味する可能性です。フランスで、人民投票について、これはレフェレンダムではなくてプレビシットだというときは、そのような事態をさすのでありますが、大衆社会的状況における dépolitisation あるいは apolitisme といわれる現象のもとで、電波マス・メディアによる大衆操作が télécratie とよばれるような効果をひき起すときは、とくにプレビシット化の傾向がつよくなります。(b′) また第二に、bipolarisation ということが、本来は二大ブロック化する社会的条件がないのに、それを制度のしくみによって技術的人工的につくり出すということとなる可能性があり、(c′) 第三の点についていえば、二大ブロックの求心的接近でなく、逆に少数ブロックをレジームから固定的にはじき出すものになる可能性があります。

現実の事態はこれら二つの極限の中間の形態をとるわけで、どちらの要因がより多く、あるいはより少なくあらわれるかは、もろもろの現実社会的要因によってちがってまいります。フランスについて概括的ないいかたをすれば、

(a) 第一の personnalisation の機能についていえば、ド・ゴールというそれこそ personnalité の存在が非常に大きな意味をもったのですが、一九五八年かれの政権復帰時の制憲人民投票がはっきり没政策的なものとしてはたらいたほかは、六一年(アルジェリ自決政策)、六二年四月(アルジェリ停戦)、六二年一〇月(大統領公選制を定める改憲)

の人民投票、六五年の大統領選挙は、たしかに争点を明確にするはたらきをしたといえます。

(b)　第二点の bipolarisation の機能は、かつての中道連合システムにかわる左よりブロックの統一 unité des gauches への傾向を助長したといえます。六五年大統領選はその最適例であり、六七年議会選にもその効果は反映して nouveau Front Populaire などとよばれる左派の選挙提携が広汎に機能しました。もっとも、六九年大統領選のさいのように中道連合方式への復帰もこころみられていますが、最近のJ・J・セルヴァン=シュレベールのこころみなどを見ますと、中道の旗あげも、むしろ、ド・ゴール以後の段階での右よりブロック再編という意味をもつものとも考えられます。そしてまた、そのような様相の反面として、権力の責任の所在も単純化され、六九年四月の人民投票の結果によってド・ゴール退陣となったことは、皆さんのご記憶にあたらしいところであります。

(c)　さらに、第三点も、今のところは二大ブロックの激突というより接近という傾向のほうがよりつよく出ているといえます。これは、たとえば六七年議会選挙のさい、ド・ゴール派と共産党との決選投票となった選挙区での中道派の票のわかれかたからも推論できるところであります。

かように、現在のところフランスで、直接民主主義の制度化は、標榜ないし期待されていたところにより近いはたらきを示していることは、みとめられます。その背後には、今のところ国内的には、いわゆる現代福祉国家的状況のもとで、これまで左・右の争点のひとつだった dirigisme がいちおうコンセンサスの対象となり、その土俵のうえにあがったうえでの対立になっていること、国際的には、これまた今のところでありますが、ヨーロッパ規模における緊張緩和のもとで、これまた争点のひとつ——ただしこれは、左・右それぞれの内部をも分断する対立です——だったアメリカ依存政策をめぐる論点についても、自主的外交のコンセンサスがいちおうできている、という事実があります。

ところで、直接民主主義の制度がその標榜するように機能するということは、議会制民主主義の前提理念である直接民主主義の要因を行政府の次元にまでおしあげることであり、その反面の効果として、国民＝peuple と結びつく行政府の機能的優越が確保されることになります。いいかえれば、行政府首長の選択過程から疎外されていた選挙民がそれに参加 participation することと、その反面としての政権安定であります。でありますから、その participation がより全般的な憲法政治の過程のなかでどういう意味づけをあたえられるかによって、選挙民の能動的な進出を意味するか、それとも受動的に包摂されることを意味するのかがわかれるでありましょう。たとえばデュヴェルジェは、dirigisme の積極国家観を前提として、行政府首長の直接公選による行政府の強化によって、行政府はよりよく圧力団体等に抵抗して公益適合的な経済生活への介入をなしうるのだ、と説いておりますが、参加ということのそのようなメリットが改良の手段だということを明確に自覚しているか否かが重要な点であり、そうでないと、権力と人権の緊張関係の意識——これは近代立憲主義成立のための大前提でありますが——が欠落した改良主義的福祉国家イデオロギーと化するだろうといわなければなりません。

それと反対に、直接民主主義の制度化が、標榜され期待されていたところと反対にはたらくときは、それは、選挙民多数派との直結を自己の正当性根拠として援用する行政府首長による独裁、それによる少数派のきりすて、すなわち、相互影響作用をきりすてた機械的多数決、そういうものを正当化するイデオロギーとなるのであります。

九四　(2)　精神論としての「直接民主主義」　さきほど申しましたように、peuple 主権の確立の段階になると、ほかならぬ「直接民主主義」は、議会制民主主義の前提となる理念として、議会制民主主義という制度を支える精神となり、制度の頽廃に際して顕在化し、それを批判する原点となるものであります。この、精神論としての「直接民主主義」が理念として生きていなければ、peuple 主権を援用しそれによって正当づけられているすべての制度は、形骸化してしまいます。議会の制度信仰にかぎらず、現代社会を支配する組織的なるもの――政党をはじめ――の組織寡頭制に対する解毒剤としても、これは不可欠であります。

ところがまた、他方で、精神論としての「直接民主主義」は、無定形的なものであるだけに、明確な歴史の洞察と政治責任の意識の欠けたところでは、ひとつのデマゴギーと化し、議会制民主主義を外からこわし、したがってまた、実は、議会制民主主義の論理的前提である直接民主主義そのものを破壊するという、逆説的な役割を演ずるイデオロギーと化してしまいます。ワイマール議会制民主主義の崩壊期に、「民族革命」のイデオローグたちは、周知のように、民主主義というタームと議会というタームを切りはなして、議会制を Liberalismus という bürgerlich＝ブルジョワ的な思考範疇に属するものとして攻撃し、独裁は自由主義に対する対立物であって、民主主義に対する対立物ではない、と主張したのでありました。そのことによって、ひとつには、制度論としての「直接民主主義」のイデオロギー的機能、すなわち相互作用をきりすてた機械的多数決主義がうち出されたのでありましたが、同時に、つぎのような意味で、精神論としての「直接民主主義」のイデオロギー的機能がうち出されていたことに、注意すべきであります。すなわち、「秘密個人投票による私的意思の集計」は「国民意思」でも öffentliche Meinung でもありえぬ、acclamatio によってこそそれが民主主義的に表明されるのだ、と主張し、また、「投票の機械的計算などにもとづかぬ真の民主主義」「日々くりかえされるプレビシット」などの呪文によって、民主主義を一種の不可視的な、常人には見ることのできぬ秘蹟としてしまう、反多数決主義のロマンチズムであります。これは、「直接民主主義」の名のもとに実は、前に申しました純粋代表制への復帰をはかる、アンチ直接民主主義論になっているのであり、「議会制にたいする闘いは実は民主制にたいする闘いである。それをそのようなものとして闘うことは誠実の要求するところに他ならぬ」という、あのケルゼンの言が想起されるべきでありましょう。かように、「直接民主主義」論は、制度論としては機械的多数決主義、精神論としては反多数決主義ロマンチズムとなることによって、その奇妙な結合のうえに独裁を基礎づけるイデオロギーとなったのであります。この点について、同じ時期のフランスでは、ドイツのような議論が主流になることはありませんでしたが、それは、両国が当面したそれぞれの危機の深刻さのちがいとならんで、それぞれの立憲主義の伝統のつよさのちがいによるものでありましょう。

以上のべた諸点について日本の場合をどう見るかについては、首相公選論、人民投票制、請願権、地方自治における首長公選制、六八—六九年の論壇をにぎわした「直接民主主義」論などの評価をはじめとする問題点がありますが、もし機会があれば討論のときに申しあげることにして、ここでは一切省略いたします。

Ⅲ　「国民主権」の多義性

九五　さて、これまで「国民主権」＝peuple 主権の問題からはいって「直接民主主義」の機能の二面性の実態分析へとすすんできたわけでありますが、「国民主権」と「直接民主主義」の関係をつぎにとりあげなければなりません。実際、「直接民主主義」がイデオロギー的に機能する場面で、それを援護し正当化する究極的な法イデオロギーとして、「主権者意思」が登場いたします。たとえばフランスで、具体的な直接民主主義の制度のひとつである人民投票について、六二年の憲法改正人民投票の手続的違憲の主張にたいし、憲法院は、憲法院が審査しうるのは議会によって採択された法律だけであり、「人民投票の結果……採択された国民主権の直接の表現をなすところの法律」は審査権のそとにある、と判断しました。これは、人民投票を法の拘束から解放し、それと同時に「主権者意思」の名においてー「主権」が quaeatio facti でなく quaestio juris としてあつかわれる以上、とりもなおさず法の名においてー正当化することを意味します。また、精神論としての「直接民主主義」の場面では、さまざまの法律論上の土俵のうえで、無定形的な「主権者意思」が援用されます。フランスの憲法慣習論――ドイツ流にいえば憲法変遷論ですが――は、「主権者」＝民衆によるコンセンサスという観念、「主権者によって直接つくられる慣習が制定法に優越する」という観念を援用して、国家機関によってつくられる憲法実例に憲法法源の改廃力をみとめます。わが国でも、統治行為論は「主権を有する国民の政治的批判」を援用して憲法判断を回避し、また、大学自治や裁判独立への攻撃は、しばしば、「主権者」である国民に「開かれた制度」という名においておこなわれています。そしておそらく、究極的には、クーデタの成功によってうちたてられるレジームも、「主権者意思」の名において正当化＝追認されることを要求するでありましょう。

　そのような事態をふまえて、このⅢでは、「国民＝peuple 主権」の観念のイデオロギー性批判という観点から、「主権」観念のしかたの問題を論ずることにいたします。

九六　(1)　「主権」の諸概念の論理的次元のちがい　まずもって、「国民＝peuple が主権をもつ」という命題における「主権」がどのような論理的次元でのことなのか、が問題であります。というのは、「主権」の所在とは「国家の最高意思」の所在だ、という場合にも、すくなくとも、三つのちがった論理的次元がありうるからであります。つまり、まず、(a)国民＝peuple の主権が君主主権および nation 主権とぶつかった、いわば主権論の本来の土俵があります。この点でひとこと注意をしておけば、nation 主権論はたしかに君主にも peuple にも主権を帰属させないために鋳造されたものでしたが、主権の帰属を問うことの回避を意味したわけではなく、主権論の本来の土俵のうえでの対抗的主権の主張だったというべきであります。ところが、そのような、主権論の本来の土俵のほかに、(b)一方では、「主権」の所在をいわば非人的なものとすることによって問題を回避しようとする「主権」論があり、一九世紀前半におけるフランスの「理性主権」論や「シャルト主権」論、一九世紀ドイツの「国家主権」論、さらには日本国憲法下における「ノモス主権」論などがそうであります。(c)他方ではまた、それとは逆に、具体的な国家機関の次元で「主権」の所在を論ずることがあります。美濃部憲法学においては、「統治権」をもつのは国家だとして、その下位の概念として、機関主権論的な概念構成がおこなわれました。これは、「主権」の帰属を pouvoirs constitués の次元であつかうことにほかならず、pouvoirs constitués のみを法学の問題とし pouvoir constituant を法学の領域外におくものであり、別のことばでいえば国体・政体二元論から区別される政体一元論であると申せます。それに対し、(a)の次元、「主権」論の本来の土俵で問われていたのは、まさしく pouvoir constituant の問題だったのであり、それは、(b)の次元での「国家主権」にも、最高機関の権限という意味での(c)の次元での「主権」にも、どちらにも吸収されぬ次元の問題だったのであります。

九七　(2)　「主権」＝「憲法制定権」の概念自体の多義性　「主権」「憲法制定権」といっても、なおかつ、そのいいかた自体一義的ではなく、どの場合にも quaestio facti ではなくて quaestio juris であることは共通なのでありますが、歴史的な段階に対応してつぎのようにちがった性格のものとしてあらわれてきました。元来、「主権」が中世的意味における法治主義的秩序をつきくずす polemischer Begriff として登場したとき、既存の実定法秩序をこわし新らしい実定法秩序をつくりあげ維持する実力を正当化するものであったといえますが、そのさい、新らしい実定法秩序は法治主義的には想定されておらず、君主の「主権」は公然と政治的なものであり、また、法治主義実定法秩序のわくから解放されているという意味で実定法超越的な論理構造をもつものでありました。それに対抗するpeupleの「主権」も同じような論理構造をもち、かつ、こちらの方は君主主権の実定法秩序に対する攻撃的地位にありましたから、市民革命にいたるまでその機能において実定法破壊的でありつづけました。そのようなゲネシスをもった「主権」概念がどのようなしかたで近代実定憲法のわくのなかにとりこまれるようになったか、ということは、「憲法制定権」の概念について、それが一七九一年フランス憲法第七篇制定の審議過程でどうあつかわれたかを見るとき、非常にはっきりとあらわれております。すなわち、かつてシイエスにおいて憲法の絶対的可変性の主張にみちびくほど万能だったはずの「憲法制定権」——「憲法制定権」者である国民は、自ら意欲しさえすれば、憲法自体の定める形式にも服することなしにつねに憲法を変更できる、とされます——に対して、まず、それをむこう三〇年間行使しないことという時間的拘束を設けることが議論され、結局のところは、憲法の全面変更＝souveraineté constituante と憲法の部分改正＝souveraineté réformatrice とが分離され、後者すなわち憲法改正権のほうは憲法による手続的および内容的拘束に服する機関権限としてわくづけられ、他方「憲法制定権」は何らの手続にも服さぬかわり、まさしくその反面として観念化され、いわば永久的に凍結されることになったのであります。こうして、「国民が憲法制定権者だ」という命題は、成立した実定憲法の正当性の所在を示すものとなります。今日のフランス憲法学で、たとえばデュヴェルジェが「主権」を正当性 légitimité、権力の淵源 source du pouvoir としてとらえるのも、そのような概念構成をひきついでいるのだと考えられます。

実際のところ、「国民＝peuple 主権」といっても、その「主権者」は、かならずしも法制度上ラスト・ワードをもっているとはかぎりませんし、まして政治的実力において最強のものでもありません。多くの場合、法制度上の最終決定権は議会にありますし、政治的実力ということになれば、官僚機構、軍、資本、さらには外国ということにすらなりましょう。そのような事実の卒直な認識をふまえるかぎり、「主権」＝「憲法制定権」は、直接には、あくまでも権力の正当性の所在の問題であって権力の実体の所在の問題ではない、というふうに概念構成されるべきでありましょう。その点があいまいにされると、建前＝到達すべき目標にほかならぬものが実体＝到達された成果であるかのように誤認されて、「主権」は、もっぱら、そのときどきの権力の現実を正当化するイデオロギーとなるようにおもわれます。

ところが、現代に特徴的な法イデオロギーのひとつとして、超実定法的「主権」概念への特殊なしかたでの回帰がみられます。なぜ特殊なのかといえば、かつては公然と超実定法的なものであった「主権」が今度は、形式上は近代憲法の体系のなかにある実定法上の概念として、しかし内容的には超実定法的な――そして機能において実定法破壊的な――概念として登場してくるからであります。これは、「国民の憲法制定権」あるいは「国民主権」が、実定憲法の正当性の所在を示すものとして凍結されていた状態から目をさまして、いわばエネルギー解放され、実定法秩序のなかにヌキ身で常駐し――あるいは、すくなくとも「非常的に」有事駐留し――、たえず――あるいは、すくなくとも「非常時に」――発動することによって、実定法の破壊を実定法上の概念の名において正当化することを、意味します。そのざい、あるときは人民投票における多数決が、あるときは「国民」による acclamatio や黙示の同意が、そのような「憲法制定権」、「主権」の発動態様とされるのであります。

概念構成はたしかに原則的に自由でありますが、科学の観点からの適否の問題はのこります。法の破壊という事実を法の名において正当化するにいたるような概念構成は、イデオロギー的であって反科学的だといわなければなりません。また、法学上の概念は、法現象の分析道具として使われると同時に、解釈論や立法論という法的実践の用語としても使われるという特殊性をもっていますが、後者の問題としても、統治の実力＝国家権力と統治の正当性＝「国民主権」との分裂――中村哲先生の言にしたがえば「つねに国家権力にとっては国民は他者である」ということであり、別のことばでいえば「支配はつねに少数者による」という少数者支配の鉄則でありますーーという基本的事実の認識を犠牲にしてまで、国家権力と「主権」者を同視し前者を後者によって正当化するような結果をもたらす「主権」概念は、今日の権力状況がかつての一時期とはちがい、国家権力――すくなくとも立法権――の志向そのものが近代憲法の原理の貫徹と見合っていた幸福な時代ではない以上、その実践的効果にくみすることができません。それにまた、もし、「直接民主主義」→「主権」を実定法の拘束から解除するまでに実定法の世界でエネルギー解放することによって「国民」の復権をはかるのだとしたら、それは容易に、大衆操作を媒介として国家権力の操作するシンボルに逆転するものでありますし、そのような危険を冒してまで「主権」の名を援用しようというのであれば、それは、端的にいって、革命にまで実定法の名を用意するひとつの法学的世界観につうずるものではないでしょうか。

このように考えてきますと、「国民主権の形骸化」といわれているような現実を明らかにするという科学の任務は、「国民主権」の概念を「実質化」あるいは「実体化」することによってではなく、逆に、「主権」が権力の実体でなく正当性の所在を示すものでしかないことを明らかにするような概念構成をすることによって現実を冷たく分析することなしには、はたされえないでありましょう。いいかえれば、統治の実力の所在と統治の正当性の所在との分裂を、概念構成のレヴェルで「克服」するのではなくて、逆に、そういう分裂を直視できるような概念構成でなければならないでありましょう。そしてさらに、解釈論・立法論という実践の場面では、「国民主権」という観念の使用をわれわれはむしろ避けるべきではないか、という問題提起をいたしたいと考えます。すなわち、「国民主権の貫徹」というかたちで主張されてきたところの実践的要求は、権力と国民との一体化を想定する「真の国民主権」の観念によってではなく、権力に対抗する人権という観念――これは、権力の実体と国民との分裂を前提とし、両者の緊張関係を前提とする観念です――によっておこなうべきではないか、と考えます。

九八　以上、Ⅰでは「国民主権」を単純に一義的なものとみるこれまでの一般的見解にたいするポレミークを、Ⅱでは、「国民＝peuple 主権」からひき出されてくる「直接民主主義」の理念性を正当に位置づける必要を前提にしたうえでもってでありますが、「直接民主主義」のイデオロギー性に無頓着な牧歌的「直接民主主義」論にたいするポレミークを、そしてⅢでは、「国民＝peuple主権」の概念を実体化しようとするゆきかたへのポレミークを、それぞれ試みたつもりであり、ご批判をいただければ幸であります。

第二節　抵抗権――その論理構造と歴史的性格

九九　抵抗権論にとっての不可欠の前提は、「抵抗権」という名のもとに論ずべき事がらとして実は二つのちがったものがある、ということの確認である。すなわち、(イ)ひとつは、現に強行性を持っている実定法秩序（憲法が最高の実定法であるかぎり「憲法秩序」といいかえることができる）上の義務を、実定法秩序以外に基く義務を根拠として拒否する権利があるかどうか、という問題と、(ロ)ひとつの実定法（憲法）秩序を前提としたうえで、憲法を擁護する義務を根拠として、公権力への服従を拒否する権利があるかどうか、という問題との区別である。

さしあたり実定法秩序以外で義務づけの根拠となりうるような秩序を自然法秩序とよぶなら、前者は自然法上の「権利」の問題である。それに反し後者は実定法上の権利として問題になりうる。ここで実定性とは妥当性をさし、したがって、実定法秩序とは、権力、すなわち、その社会で正当とされる組織的強制力の裏づけを得て現に強行性を持っているひとつの社会規範秩序をいう（そのような秩序内部で、どのような個々の規範が実定法とされるか、という問題については、前出七および一一註(5)を参照せよ）。それに対し、実定法秩序以外で義務づけの根拠となるような秩序を、さしあたり、ひろく自然法秩序とよぶ（この点は、宮沢俊義『憲法Ⅱ新版』有斐閣一九七一年、一五三頁の用法にしたがう）。なお、自然法論者は、自然法が人間の意思をこえて「自然」に内在し、それが同時に実定法であると主張するのだから、その立場からすれば、自然法はあくまで法であって、単なる道徳規範や宗教規範とちがうとされ、ここで用いるような自然法といういいかたは広きに失することになろう。しかし、ザッハリヒに見れば、自然法は、その主張者それぞれにとって実定法たるべきものにほかならず、必らずしも現にそうであるとはかぎらないから、右にのべたような用語は決して不当ではない。

いずれにしても、実定法上の権利と自然法上の権利の問題をはっきりと区別し、それぞれの論理構造と歴史的性格についての明確な認識を持つことから、抵抗権論は出発しなければならない（そのような仕事として、とりわけ、菅野喜八郎「抵抗権についての若干の考察」新潟大学法経論集一七巻三・四合併号が参照されるべきである）。なぜなら、一方で、「抵抗権」の実定法化・制度化を「無用で無意味な」こころみと評し、「抵抗権は自然法でのみありうる」、「許された抵抗は抵抗でない」、というふうに、右の第二の意味での抵抗権の存在理由そのものを認めない見解が現にあるからである。西ドイツのヘッセン州憲法の抵抗権規定に、西ドイツの学者たちはそのような批評をしている。宮沢氏も、「合法的抵抗権」と「本来の意味の抵抗権」とをいったんはっきり区別しながらも（前掲一四四頁）、そして、後者の意味での抵抗権の実定法化は「完全には成功しない」「すべて実定法化しつくすことが本質上不可能」だ（一六三頁）といっていながら、「抵抗権は少しも実定法化・制度化されることにはならない」（同上）と矛盾した叙述におちいっているのである。他方で逆に、二つの「抵抗権」を明確に区別しておかないと、実定法上の抵抗権の問題によって、「抵抗権」の問題がくみつくされたと考えられてしまうからである。つまり、今日、実定法上の権利だと、その争いは裁判所（あるいはその他なんらかの国家機関）の公権的判断によって法的に決着づけられることになるが、その公権的判断になお抵抗しようとするときにどうするか、という深刻な問い自体が欠落してしまうことになろう。少なくとも、最終的な公権的判断になお抵抗しようとするときの抵抗行為について、「要件」「効果」「態様」などを実定法上の権利になぞらえて構成することによって、本来の問題の所在を陰蔽するイデオロギー的効果が生ずるのである。

I　歴史の諸段階における二つの抵抗権

一〇〇　一般には、「抵抗権」をはじめからもっぱら自然法上の「権利」の問題として議論する傾向がつよい。それは、第一に、実定法上の権利として存在していた中世の抵抗権を不当に軽く扱うことと関連している。第二に、中世において実定法がある意味で同時に自然法だったことを超歴史的に一般化して、「抵抗権」といえば自然法上の「権利」としてしか考えない傾向がでてきたようにおもわれる（二つの抵抗権を区別したうえで思想史的分析を行なったものとして、野田良之「基本的人権の思想史的背景」〔『基本的人権の研究』第三巻所収〕が参照されるべきである）。

中世において、抵抗権はまさしく実定法上の権利であった。そこでは、法は「古きよき法」として観念され、国王がそのような現行実定法を破ろうとするとき、臣下は抵抗の権利を持つ。M・ウェーバーが「伝統主義的革命」とよんだとおり、この抵抗は主君のペルゾーンにむけられるのであって、体制そのものにむけられるものではなく、まさしく「古きよき法」――現存の実定法を維持するためのものであった（マックス・ウェーバー『支配の諸類型』世良晃志郎訳、創文社一九七〇年、三四頁、三六頁）。ところで、そのさい、いったい何が実定法であるのかという判断は実際には分裂しており、それを決定できたのは、「利害関係者全体の抱く支配的法意識」（世良「封建社会の法思想」『法哲学講座・第二巻』有斐閣一九五六年、一二三頁）であった。そのようなところで、抵抗権は実定法上の権利でありながら、かならずしも組織化されていなかった。そこではしばしば、抵抗する各人がみずから、抵抗を許容しうるような法侵犯があったかどうかの認定権を持った。ついで、組織化されてくる場合にも、まさしく抵抗する臣下のがわが、認定権を持つ機関のにない手であった。一二一五年にイギリスのバロンが連合して国王ジョンをしてマグナ・カルタに署名させたが、それは新しい立法でなく、既存の法の確認の文書であった。そして国王は、自分が法義務に反したときはバロンに抵抗の権利があることを認め、バロンたちによって選ばれた二五人の代表者に、国王を監視し、「朕が違反を改めなかった場合は、全国の人びととともに、あらゆる可能な手段によって……かれらの適当と判断するとおりに改められるまで、朕に苛責と強圧とを加うべきものとする」（六一条）ことに同意したのであった。

この点は、同じく実定法上の権利であっても、市民革命期や現代国家の憲法に登場してくる抵抗権の場合と決定的にちがっている。そこでは、中世社会とちがって、国家が権力を独占し、それを背景とする公権的判定機関は被治者（すなわち抵抗主体のがわ）と分離して構成され、そのような公権的判定機関の最終的判定になおも抵抗できるような「権利」は、実定法上の権利としては存在できない。それに反し中世においては、権力は国王の手に集中しているのでなく、多数の独立の権力主体に分散していた。西洋封建制の支配関係は封主封臣間の権利義務関係であり、「君、君たらざれば、臣、臣たらず」という双務的な誠実義務関係だったのであり、そのような勢力均衡的な権力状況を観念形態としてフォーミュレートしたものが、「古きよき法」の支配、という表現にほかならない。「古きよき法」という自然法が同時に実定法であった。より実体に即していえば、各自の自然法の総和として、実定法をなしていたのである。中世の抵抗権は実定法上の権利だったと同時に、自然法上の権利であった、と前にのべたのはこの意味においてである。かようにそれぞれの歴史社会における権力のありかたについて明確な認識をもって議論をすることが、「抵抗権」論の核心である。

ところで、中世の抵抗権が実定法上の権利だったにもかかわらず、抵抗権史上かならずしも多くの頁を割かれていない。それはひとつには、法・政治ドクトリンとしてそれほど明確なかたちで体系的に説かれていなかったからかもしれない。それに対し、近世絶対主義国家への展開のなかで、実定法上の抵抗権が後退・消滅する過程で、いろいろな立場からの——したがってその機能もいろいろであった——「抵抗権」思想が体系的ドクトリンとして主張された。聖トマスのカトリック自然法の立場からの「抵抗権」思想、宗教改革をへて、とくにカルヴィニズムの系譜のなかから展開される暴君放伐《モナルコマキ》思想などであり、そうして、近代市民革命の思想的先駆として、世俗化された自然法の立場からの「抵抗権」思想が登場する。たとえばロックであり、かれは、政府の存続を契約説によって根拠づけたのち、政府が信託にそむいて人民の自然権をうばうとき人民は抵抗の権利を持つ、と主張した。

　そのような「抵抗権」思想が主張されていた当時の社会では、集権的な国王権力によって支えられた法の秩序のみが実定法秩序たりえたのであり、自然法と実定法は分裂する。そして、自然法は、あるときは実定法秩序を正当づけるイデオロギー（王権神授説はその典型であるが、そのほか、君主が国民から主権を移譲されたという説や君主が時効によって取得したという説がある）としてはたらき、あるときは逆に実定法秩序を批判する武器（国民の主権が譲渡できず、かつ、時効によって消滅することがないという主張）として機能する。後者の場面であらわれる自然法上の「抵抗権」は、現存実定法秩序そのものを覆滅する革命の正当化までをも包括しうる「権利」であり、それが実定法上の権利の問題でないことは論理上すでに明らかであろう。それがアメリカ独立、フランス革命などに果たした歴史的な役割についてはいうまでもないが、それがあまりにはなばなしかったために、中世における実定法上の抵抗権の存在が後景におしやられ、また、近代市民革命の成功後制定された人権宣言や憲法に書きこまれた実定法上の「抵抗権」の法的性格が、誤認されることになったようにおもわれる。

一〇一　一七八九年フランス人権宣言は、「圧制に対する抵抗」を自然権のひとつとしてうたった（二条）。そして、一七九一年憲法の終節が「憲法制定国民議会は、この憲法を……すべてのフランス人の勇気に託する」と定めたとき、自然権思想に淵源をもつ抵抗権が実定法上の権利としてとりこまれたのである。そこでの抵抗は圧制に対するもの、具体的には旧体制＝反革命に対するものにほかならず、一般意思の表明として市民またはその代表者によって制定されるところの法律に対する抵抗は許されない。「法律によって呼び出され、または逮捕されたすべての市民は、直ちに服従しなければならない。その者は、抵抗によって有罪となる」（一七八九年宣言七条）。ここで抵抗権とは、自然法上の抵抗権の行使の所産として、すなわち革命の成果として成立した実定憲法秩序を擁護するための、実定法上の権利なのである。

一七九三年のジロンド憲法草案の権利宣言は、右と同じような規定をおいたうえで、「社会に結集する人々は圧制に抵抗する法的な手段を持たなければならない」（三一条）とし、三二条で圧制の要件と抵抗の態様に言及する。すなわち、法律が民事上および政治上の自然権を侵したとき、公務員が法律の適用にさいし法律を侵したとき、恣意的行為が法律の表現に反して市民の権利を侵したとき、圧制が存する。そして、「およそ自由な政体においては、これら種々の圧制行為に対する抵抗の態様は憲法により規定されなければならない」。その態様については、憲法の統治機構条項で定められ、法律からの保護としては憲法的法規の立法権が立法府でなく国民公会に留保され、法律の制定・改正のために人民発案制が設けられ、行政・司法からの保護についても具体的な制度がおかれる。ジロンド憲法草案における抵抗権の規定のしかたは、抵抗権実定法化の窮極的パターンである。そこでは抵抗は、圧制に対して法的手段をもってするものとして、実定法上の権利とされる。ジロンド草案流の考えかたは、当時として十分に理由のあるオプティミズムであった。実際それは、のちに見るように、近代立憲主義の確立期においてもろもろの実定法的な権利保障機構の整備のなかに吸収されてゆき、実定法上の抵抗権自体、それとしては語られない時期がくるのである。

それに対し、同じ時期にあいついで現われた一七九三年ジャコバン憲法では、抵抗権は、反乱への権利（および義務）というしかたで実定法のなかに位置づけられており、抵抗の態様は法的手段をもってするものとはかぎられていない。しかし、いずれにしても、抵抗権は、絶対主義に対する闘争のなかでは、当時の絶対主義実定法秩序をくつが

え し新たな秩序を要求する自然法上の革命権としてたちあらわれたが、市民革命による法体系の成立とともに、成立した実定法秩序を正当づける思想となると同時に、あらたな法秩序を防衛するための実定法上の権利となり、さらに、近代立憲主義確立期には、国家からの諸自由が実定法上整備されることによって、抵抗というかたちでの人権主張の必要自体が極小化すると考えられ、抵抗権は、抵抗権というかたちでは実定法上から姿を消し、また、ことさらに自然法上の権利として主張されることもなくなって、もっぱら、立憲主義実定法体系の全体を支える民衆のがわの権力批判的精神態度となって伏流する。

絶対主義期において抵抗権が実定法外の存在となったのは、実定法秩序の外からそれと対決する顕在的・攻撃的な思想となるためにであったが、ここでは、抵抗権は、近代立憲主義の実定法そのものを支える抵抗の精神、人びとのエタ・デスプリとなって伏流するために、ふたたび、独立した実定法上の権利となることをやめる。そこでは抵抗権は、市民の内奥にひめられたエートスとなる。近代国家は権力をみずからの手に独占していることにおいて絶対主義国家とちがわないだけでなく、そこでの強制力は技術的にはるかに強大なものになっており、近代立憲主義は、まさしくそのような国家を枠づけようとする主張であるから、強靱な抵抗精神による裏うちをもたなければ一日も存在できない。レッセ・フェールを要求する産業資本がいちばん順調な発達をとげたイギリスとならんで、典型的な下からの革命によってきたえられた抵抗のエタ・デスプリを持つフランスが近代立憲主義の母国であることは、それをものがたる。他方外見的立憲主義のドイツでは、ハノーヴァ憲法争議に関連してチュービンゲン法科大学意見（一八三九年）が抵抗権を主張したが、一八四八年革命の挫折によって、抵抗思想は根づくことなしに終わった。そのドイツで典型的なファシズムが出現したのは偶然でない。逆に、立憲主義実定法秩序の下を伏流する抵抗権思想は、立憲主義にとっての最大の危機であるファシズムにさいして、合法性を超える正当性への信念として顕在化するであろう（フランスの抵抗運動)。

それが実定法上に再生するのは、近代立憲主義の破綻＝ファシズム体験をへた第二次大戦後のことである。絶対主義に対する抵抗＝市民革命から生まれた人権宣言・憲法のなかに抵抗権が実定化されたとき、それは、現存する立憲主義擁護のための実定法上の権利となった。同じように、ファシズム体験をふまえてつくられた第二次大戦後の諸憲法にとりいれられた抵抗権は、現存憲法擁護のための実定法上の権利となったのである。ただし、「法をもってする不法」の悲劇を体験したこの時点では、ジロンド流のではなくジャコバン流の抵抗が主眼となる。すなわち、抵抗行為自体は法的手段をもってするのでない、違法なものこそが主眼となる。

現代憲法における抵抗権実定法化の典型は西ドイツであり、ヘッセン、ブレーメンなどの諸憲法が抵抗権を規定したほか、連邦基本法にははじめ明文がなかったけれども、連邦憲法裁判所は一九五六年、ドイツ共産党違憲判決のなかで、抵抗権の存在を前提としたうえで、共産党の主張する「人民抵抗」が抵抗権の行使にあたらないとのべている。この判決は「真正の抵抗権」という言葉をつかっているため、実定法上のでなく自然法上の抵抗権をかたっているのだとする読みかたもある。しかし、それは「保守的な意味で、すなわち法秩序の維持ないし再建のためにのみ」用いられるものであり、その「真正の抵抗権」の行使にあたるかどうかについて裁判所が公権的に決着をつけているのであって、それは実定法上の権利なのである。「真正」のものに対置された「政治的抵抗」とは、法的な手段によっておこなわれるものであり、ジロンド流のものであった。ところで、西ドイツでは、実定法上の抵抗権は、初発における反ファシズムの方向とともに、反コミュニズムの方向を含み、そのような二重の意味で「自由な民主的基本秩序」の防衛をはかるという客観的意義をもつようになり、のち一九六八年の基本法補充法は、「緊急事態憲法」の一環として、「かような秩序〔＝憲法秩序〕の廃止を企てるすべての人々に対し、あらゆるドイツ国民は、他の救済手段が不可能なとき、抵抗の権利を有する」と定めて、私人を対象とする抵抗の権利までをも実定法化するにいたっている。

Ⅱ　二つの抵抗権の意義と問題点

一〇二　実定憲法秩序擁護のためにする公権力への抵抗を実定法上の権利として規定することが論理的不能をおかすものでないことはもとより、格別奇異のことでもないことは、以上のごく簡単な歴史の素描からだけでも明らかであろう。ここであらためて強調すべきは、同じ実定法上の抵抗権といっても、近代→現代国家と中世社会におけるその存在構造のちがいである。すなわち、今日では権利についての公権的判定権が組織化された国家機関に集中し、その機関は抵抗権を行使する主体とは分離されており、マグナ・カルタのバロンとはちがって、彼はみずから公権的判定にあずかるのではなく、他者の判定に服さなければならないのである。

そのことから、つぎの重要な結果が生ずる。第一に、実定法上の抵抗権は、今日では、いってみれば平常的状況のなかでこそ機能できる。それは、ともかくも一国の憲法秩序というものが全体としては存在し、そこでの公権的判定者——裁判所——が存在していることを前提としてなりたつのであり、また、トータルな非法・不法の体制のもとでは機能できない。自然法上の抵抗権なら、実定秩序そのものを転覆するために、また、ナチズム体制のもとでのように、裁判所の判定に服すこと自体が無意味であるような極限状況にこそ、語りうるし語られなければならない。だからこそロックは、為政者の「不法な行為が人民の過半数にも及んだ」ような場合について抵抗権を語っている（『市民政府論』鵜飼信成訳、岩波書店一九六八年、第一八章二〇九項）。それに対し、実定法上の抵抗権になると、フランス一七九三年人権宣言のように、「一人が圧迫されているときでも社会への圧制があり、社会が圧迫されているとき各人に対する圧制がある」（三四条）というようなケースが、本来の活動舞台なのである。ヘッセン憲法に抵抗権が実定化されるとき、ある共産党議員は、「ある恐怖の時代がすぎてから、〝私はナチズムに反対する可能性を持っていなかった。それどころか私はともかくも拘束されていたし、そのうえ法により何も命ぜられていなかった〟と言い逃れできないように、明文をもって、憲法の存続を全力で擁護することが各人の義務だと確定されたのである」(C. Heyland, *Das Widerstandsrecht des Volkes*, S. 85) といったが、すでに確立されたファシズム体制のもとでの抵抗の権利をこれによって期待しようというのなら、過大な期待であろう。そのようなものとしてなら、抵抗権の実定法化はたしかに「むだな試み」であろう。実定憲法が少しずつ崩壊してゆくそのときに、個々の違憲行為に対抗する行動を期待するものとして、そのかぎりにおいて効果的なのであり、効果の射程を正確につかんでおかなければならない。

そのようなものとして、実定法上の抵抗権は有用・有意味でありうる。もっとも、ジロンド草案流に法的手段をもってするものまで抵抗権の名でよぶのは、今日の問題状況のなかではむしろ適当でないし、また、ジャコバン宣言流に実力行使による抵抗にかぎっても、多くの場合には、国家行為の違憲審査制でもって事が足りるだろう。実定法上の抵抗権の固有の意味は、今日では、憲法擁護のため「それ自体としては有効な国家行為への受忍・服従を拒否する権利」としてのはたらきのなかに見出される(菅野、前掲論文六五頁)。たとえば、違憲の国家行為がこれからなされようとしているときに、それに対する反対運動として行なわれたある行為に関連して、公務執行妨害の制裁がくわえられようとしているとき、裁判所がある具体的な国家行為を違憲と断定することを避けながらなおかつ、被告人の行為について違法性を阻却する一手段を見出そうとするとき、などである。

第二に、総じて実定法上の権利であるかぎりは、それについての公権的判定権の帰属いかんが問題となるが、今日の実定法上の抵抗権は、それについての公権的判定をおこなう国家機関の役割を格段に高める一面をもっている。ジロンド流にもっぱら法的手段をもってする抵抗の場合にはもちろんであるが、ジャコバン流にそれ自体は違法の実力行使による抵抗の場合もそうであり、抵抗権行使の要件・態様・効果などは、いずれにせよ多少とも不確定的な概念によって法定され、公権的判定機関、たとえば裁判所の裁定にゆだねられざるをえない。もちろん、だからといってそれをおよそ無用・無意味だとする論拠は出てこない。近代↓現代国家では、どの権利であれそれを援用する市民の行為は、裁判所によって権利行使として判定をうけてはじめて法的保護をあたえられる。表現の自由の行使だと主張しても、裁判所はかれの言論をわいせつ罪で処罰することはありうるのであるが、だからといって表現の自由が実定法上の権利であるのを無用・無意味だというひとはいない。権利というものは裁判所によって法的保護をうけ救済されるということもさることながら、たえず主体的に主張され、裁判過程での主張を通じて権利意識をひろく深く耕してゆく法実践の一環として、大きな意味をもっているのである。

しかし、それにしても、裁判所が抽象的違憲審査権をもつ西ドイツで、法治国家《レヒッシュタート》が裁判国家《ユスティッシュタート》に変貌したといわれるが、その傾向はいっそう強まるだろう。裁判所が「これが憲法だ」と考えるところの憲法秩序を擁護するために市民に憲法への忠誠を要求して抵抗を公権的判定のもとに服させ、あるものは法の保護のもとにとりこみ、あるものは逆にはじき出してゆく。市民が実定法上の抵抗権行使のつもりでおこなった行為が、そのまま権利行使として保護をうけるわけではない。裁判所がそう判定してはじめて保護をうけるのである。実際、西ドイツの共産党違憲判決は、そのような保護をあたえることを拒否したわけであった。それどころか、一九六八年に基本法に導入された抵抗権は、「憲法秩序」防衛のための実定法上の権利として、そのかぎりでの有効性をもつと同時に、その反面として、「すべての人」に対する抵抗が法認され、抵抗の対象が権力から私人へとひろがっているのである。これは、単なる拡大というよりは、権力への拘束から私人の枠づけへの逆転を示すものであり、「抵抗権の本来の概念からその核心を去勢し、他方では、抵抗権の概念を倒立させてしま」ったものにほかならない（影山日出弥『憲法の原理と国家の論理』勁草書房一九七一年、一二一頁)。それは、国家が特定価値のにない手となり私人にむけてそれを貫徹しようとすることにほかならず、「たたかう民主制」の特徴を如実にあらわしている。それにくらべて、フランスでは、戦後の憲法そのものが熾烈をきわめた反ファシズム抵抗運動から生みおとされたものであり、一九四六年の四月草案は、「人間を隷属させ堕落させようと試み、全世界を血まみれにした体制に対し自由な諸人民によってかちとられた勝利の翌日に、フランス人民は、すべての人間が譲りわたすことのできない神聖な権利を有することをふたたび宣言する……」として、「憲法によって保障された自由と権利を政府が侵すとき、すべての形態における抵抗が、最も神聖な権利であり義務である」とうたい、その趣旨は、成立した第四共和制憲法のなかに、一七八九年人権宣言の諸権利を厳粛に再確認するというしかたでとりこまれ、そのような規定のしかたは、現行第五共和制憲法にもひきつがれているが、にもかかわらず、西ドイツ流に裁判所の判定のもとにおかれる実定法上の抵抗権の整備というかたちはとられていない。それは、国家への拘束、国家からの自由を標榜する近代立憲主義の伝統がそれだけつよく、現代的特徴の全面化を妨げているからだとみることができよう。

抵抗権については、「アナーキーの危険」ということが、いつももち出される。しかし、実定法上の抵抗権に関するかぎり、警戒されるべきものは、むしろ、それへの期待過剰から生じうべきところの寄りかかりと幻想であり、さらに、場合によっては、それをとおして行なわれる国家による私人への枠づけの志向だというべきである。

実定法上の抵抗権については、前述のように、その成立可能性自体を否定する見解が少なくないが、それは論理的に成立しうると同時に歴史上も実在し、有用・有意味性と同時に危険性――近代立憲主義の立場から見た場合の危険性――を持つ、ということを強調しておきたい。そのことをあえて否定しようとするのは、実定法上の抵抗権に不当に多くのことをないものねだりする立場にせよ、不当に「アナーキー」をおそれる立場にせよ、ひとつのイデオロギーによって認識を曇らされているからである。

一〇三　現代国家における実定法上の抵抗権が前述のような構造のものであり、しかも、現代国家は、文字どおり史上最大の物理的強制力を独占し、そのうえ、利益配分機能とイデオロギー操作の手段を手中に収めている。そうである以上、公権的判定機関へのベッタリ依存的風土のもとでは、実定法上の抵抗権は、その限られた役割をすらはたすことができず、逆に、市民の自由な活動を国家の公権的判定のプロセスにのみこむものとなろうし、まして、全体制的な圧制のもとではその機能ははじめから期待できない。これが実定法だという公権的決定——その総体としての実定法秩序——になおも抵抗する「抵抗権」がよび出されてくる。抵抗権は実定法化されつくせぬものだ、ということは、この意味で正しい。

しかしながら、実定法化されつくせぬものとして実定法の世界の外にのこったはずの抵抗権——自然法上の抵抗権——を、何らか実定法上の存在になぞらえて構成しようとする議論がないではない。実定法上の抵抗権については、前述のように、その射程を十分承知したうえで、法技術的な構成を精密化してゆくべきである。しかし自然法上の「抵抗権」についてその「要件」とか「態様」とかを詮索するのは、どんな意味があろうか。一方で、それは、自然法上の「権利」があたかも実定法上の権利として保護されるかのような幻想にみちびくだろう。他方では、そのうえ、実定法上の権利でないかわりに本来、まったく枠のないはずのものを、幻想的擬似実定化によって不当に枠づけてしまうことになろう。実際、自然法上の抵抗権を論じながら、そのような「抵抗権」を「本質的に保守的」なものとして革命権から範疇的に切断しようとする傾向がある（宮沢・前掲一四四頁を見よ）。しかし実は、自然法上の「抵抗権」はしばしば革命権としてあらわれる。市民革命期のものはまさしくそうだったのである。われわれは、これら両面にわたるイデオロギー性を、はっきりと意識のもとにもたらす必要がある。

もとより、自然法上の「抵抗権」をあえて法廷で主張することの意味はありうる。ただし、実定法上の権利の主張として裁判所の保護を求めるのではなく、全実定法秩序への超越的批判のために法廷という場を借りるという意味にほかならない。一八四八年革命のさい、マルクスが、公務執行妨害教唆にかかる法廷で「抵抗権」を主張したとき、そのことは正しく自覚されていた。「……プロイセンの陪審員の全員、裁判所の全部をひとつに集めても、この問題を決定することはできない。この問題を解決できる力は一つ、歴史のみである」（「公務執行妨害教唆罪による巡回裁判」一八四八年）。

さらにいうなら、これまで用いてきた「自然法」という表現自体につきまとうイデオロギー性が批判されなければならない。国家による権力の独占のもとにある今日の社会では、自然法は、実定法から分裂した法思想にとどまっているという事実を、はっきりと自覚すべきである。自然法が同時に実定法でもある、という主張はいわゆる「自然法論」であるが、今日、実定法を実定法たらしめている権力が国家に集中しているかぎり、実は、実定法となりえぬものを実定法と呼ぶことにほかならず、そのようなものとして、それは、すぐれて実定法秩序を正当化するイデオロギーとしてはたらく。「抵抗権」は逆に、実定法秩序に抗する批判の武器であり、そのような立場を明確に自覚すべきであろう。抵抗の根拠が神への信仰であれ、歴史法則であれ、また、徹底的に醒めた人間の主体的信念であれ、それへの正当づけに自然「法」の名を用意するのは、ひとつの法学的世界観であろう（世良「法と権力」法律時報別冊一九五七・一二）。人間の尊厳のための課題に真にこたえうるのは、悪法＝不正の実定法秩序が強行されうるという事実を知りながらも、にもかかわらずそれはやぶられるべきだという自己の価値観に忠実でありうるような「人間」である。事実の無知のうえに立った勇敢さではなくて、「合法性に挑戦する正当性」のための決断しうる抵抗のエートスである。

＊　わが国の抵抗権論については、山内敏弘「抵抗権」（法律時報四一巻五号）による整理が参照されるべきである。ただし、同論文における「超実定法説」「実定法説」「折衷説」「マルクシズムの抵抗権」の四分法には、疑問がある。第一に、「マルクシズムの抵抗権」は、抵抗権の根拠づけが（たとえば「神」ではなくて）史的唯物論にあるということであって、抵抗権そのものを超実定法的なものと見るか実定法的なものと見るかの対立とは次元がちがうであろう。第二に、「折衷説」は「一方においては、抵抗権を制度化されざるものとして把えつつ、他方においては、実定憲法下における抵抗権の位置づけのためのすぐれて現実的な問題提起を行なっている」（一七二頁）とされているのであるが、それならば「超実定法説」と「実定法説」はそれぞれ抵抗権を「超実定法的」あるいは「実定法的」なものとしてのみ見る説として整理されているのであろうか。たしかに、「超実定法説」は、「抵抗権は自然法でのみありうる」と説いているとしても、「実定法説」は、「抵抗権は実定法上の権利でのみありうる」といっているわけではなくて、自然法上の抵抗権というものがこれまで主張されてきたという事実、および、実定法を超えたところでの抵抗という問題がつねにのこる――それを「自然法上の権利」とよぶことのイデオロギー性を批判するとしても――という問題意識を否定するものではないのである。少なくとも、「実定法説」のなかに数えられている私の見解は、そうである。

付論

比較憲法学における特殊日本的性格の位置づけ

——日本国憲法再評価の視点として——

I　比較憲法学の今日的課題

一〇四　戦後憲法学にとって、まず、憲法制定から一九五〇年代にかけては、憲法への自然法的帰依の時代——もっとも、自然法的な「人類普遍の原理」が制定法に内在させられていたために、形式的には法実証主義的な解釈態度の枠のなかでそれが主張されていたが——だったといえる。憲法制定当初は、占領軍権力をうしろ楯にして、「おくれた社会をすすんだ憲法に近づける」ため、憲法の基本原理にのっとった解釈主張を展開してみせるという、啓蒙的な役割が大きく、五〇年代にはいると、権力がわのうち出す憲法改正のうごきに反対し、また、権力による憲法適用の実態を批判するという権力批判の側面のほうが大きくなる、というちがいはあるが、いずれにしても、この第一期には、憲法学は護教の学であったといえる。つぎに、第二期というべき六〇年代にはいると、憲法学は、イデオロギー批判の観点をうち出してくることになる。日本国憲法は、イデオロギー的には、ワイマール憲法を原型とする社会民主主義的なものであるが、その実体は何なのか、ワイマール憲法——そして日本国憲法もそうなる可能性をふくんでいるものとして——はファシズムによって単に外から破壊されたというべきなのか、それとも、それ自体のなかにもファシズムへと展開してゆく要因を含んでいたのか、という問題を提起しつつ、現代憲法を国家独占資本主義憲法としてとらえる立場が、登場してくる。こうして、五〇年代から「社会科学としての憲法学」ということばでよばれていた漠然とした課題に、ひとつの方法的志向をもった回答の方向が出されたわけである。

ところで、そのような方向については、第一に、日本国憲法を国家独占資本主義憲法としてとらえることは、分析の結論ではなくて歴史認識・現状分析の導きの糸にほかならないのだ、という自覚が必要であり――もしそうでないと、日本国憲法が資本主義国の憲法であり、今日の資本主義社会が国家独占段階のものである以上、当り前のことのくりかえし、タウトロギーにすぎないことになる――、第二に、日本国憲法が国家独占資本主義憲法であるといっても、国家独占段階にある社会の基本法という点では西欧やアメリカと共通でありながら、憲法問題のあらわれかたが大きく様相を異にするという、比較憲法的視野からする特殊日本的性格の自覚が必要であり、また、第三に、そもそも、日本国憲法を国家独占資本主義憲法として認識するといっても、法の歴史的認識と法の実践的・実務的提言とが論理的に断絶したものだということの自覚――これは、「流れに抗しても主張しなければならぬことがらがある」ということである。なおここでは論理的断絶といっているわけで、法的実践にたずさわる実践者が歴史認識をふまえたうえで、それと実践的提言を主体的＝実践的に結合させるべきものであることは、いうまでもない――が必要である。これらの点がはっきりしていないと、日本国憲法およびそれに象徴される戦後民主主義を国家独占資本主義のイデオロギーとしてまるごと否定してしまうような立場、日本国憲法へのアンガジュマンがそれ自体「体制内化」することだというような主張に、帰着しやすいことになる。

そういう観点から、以下では前述の三つの点のうち、特殊に憲法学にかかわる問題をいちばん含んでいる第二の問題をとりあげることにしよう。最初にのべたように、憲法制定から一九五〇年代にかけての段階では、「すすんだ憲法」のシンボルとしての西欧の憲法をあげ、それにくらべて「おくれた」日本の社会をそれに近づけようとし、また、

「おくれた」憲法運用の実態を批判する、というやりかたがとられ、それに対し、六〇年代になると、西欧型憲法そのものを国家独占資本主義憲法として批判的検討の対象とするイデオロギー批判の観点がおし出されてきたのであった。今では、そのような二つの段階をふまえたうえでふたたび、そのようなイデオロギー批判の対象とされた西欧型の憲法のありかたが日本ではあらわれていない、という特殊日本的事情の分析をすることが必要となっている。すなわち、比較憲法学の仕事を、特殊日本的な憲法状況の位置づけという問題をくみこんだうえでさらに追求してゆくことが課題であり、そのうえではじめて、日本国憲法をめぐる法実践（憲法改正論や憲法解釈論をめぐる問題）の次元での適切な展望も可能になるだろうと思われる。これは、戦後第三期の憲法学の課題だといってよかろう。

一〇五 近代立憲主義の現代的変容というものは、世界史的にみて、消極国家から積極国家への転換の基礎のうえに、国家が憲法の名において当該社会の体制的価値というものを私人間の社会関係一般に貫徹させようとするところに、いちばん端的にあらわれる。そして、そのような事態は、今日の西欧諸国において、とりわけ、第一に、憲法の「規範性」ということを立法権、さらには国民私人に対する関係で強調し、「憲法への忠誠」Verfassungstreue を裁判所がにない手となって貫徹させようとするあらわれかたをし、第二に、積極国家の中枢である行政権を強化するために、主権者とされている国民と行政権との直結を大統領または首相の公選（制度上であれ事実上であれ）や、行政権のイニシャティヴによる人民投票によって確保し、あわせて、そのメカニズムの政治的効果をとおして政党対立を体制内対立の枠のなかに包摂しようとするあらわれかたをし、第三に、社会権の保障や、自由権についても私人間効力としてそれを適用しようとすることによって、「国家からの自由」の観念が「国家による自由の保障」へと逆転する、というあらわれかたをする。そしてまた、その反面では、こういう現代的傾向にもかかわらず、国家の価値中立性、思想の自由競争、国家からの自由、というふうな一連の近代的思想の伝統が多かれ少なかれ継承され、法による国家権力の拘束を核心とする近代立憲主義の伝統によって、現代的なるものの全面化が多かれ少なかれおしとどめられているのであり、そうであればこそ、現代憲法の傾向のなか自体に、被支配層の要求もまた、多かれ少なかれ実現している。こうして、国家権力による社会生活への介入による社会的弱者の権利の確保、国家権力への能動的な参加、という契機が多かれ少なかれあらわれることになるのである。

ところが、日本の場合は、現代の西欧世界で憲法が「体制」を内がわから支える不可欠の存在となっているという基本的問題状況とくらべて大きなちがいがあるし、また、その反面として、そのような現代憲法の傾向をチェックする近代的なるものの精神史的遺産が欠けていることもあって、現代憲法の傾向自体のなかに被支配層の要求がどれだけの地位を見出しているかの点でも、西欧とは格段の差がある。われわれは、そのことを十二分に自覚する必要があるのであって、だからこそ、日本では、憲法が、「体制」にとってはより強く桎梏として意識され、被支配層にとっては、これから獲得すべきところのもののシンボルとなっているのである。

ところで、国家独占資本主義憲法という点では西欧と共通性をもっているはずであるにもかかわらず、なぜそのような特殊日本的状況が見られるのか、ということを問題にするとき、安保問題に象徴されるような日本資本主義の対外的従属性という論点が出てくるであろうし、それをより包括的にとらえるなら、日本資本主義の非自立的性格——戦前は天皇制、戦後は安保をめぐる問題——という問題にゆきつくであろう。このような観点からは、自生的資本主義への途を方向づけるべきものとしての市民革命が日本では存在しなかったことを、あらためて問題にすべきことが要請される。それは、一方では、立憲主義をみずから産み落とした西欧資本主義の厚味が欠落しているという問題であり、他方で、市民革命を背景としてはじめて成立するであろうところの立憲的な精神史的伝統が民衆のがわに欠落しているという問題にほかならない。

総じて、日本の社会現象の特殊日本的性格の重視という観点は、戦後民主主義の建設期に提起された問題であった。日本資本主義の半封建的性格、精神風土の前近代的性格をめぐって、さまざまの議論がなされたことは、周知のとおりである。ところが、高度成長以来、そのような問題意識はいわば「時代おくれ」的にあつかわれ、日本をごく簡単に「高度に発達した資本主義国」というカテゴリーでくくってしまう傾向があるように思われる。[1] しかし、現在、「時代おくれ」的になっている日本の社会現象の特殊日本的性格という問題意識の再発掘を、あえてすべきではないであろうか。それをあいまいにしてしまうことは、ふたたび、あの「近代＝西欧の超克」論のあやまちをくりかえすことになるであろう。前述のとおり、西欧では、近代をふまえているからこそ現代の積極的側面が存在しえている、ということを考えるとき、この点はきわめて重要である。もちろん、敗戦直後にくらべると、社会主義国やアジア・アフリカ・ラテンアメリカの新興国が世界史の舞台に登場し、しだいに重要な役割を演じてきているし、その過程で、「西欧＝近代」の影の部分、すなわち植民地体制の問題も明らかになっている。また、かつては、「おくれた日本を西欧近代に近づける」ということが単純にいわれたのに対し、今では、反ファシズムの支点をそれによって探るというところにこそ焦点がある、というちがいがあり、その意味で、ここで問題とされるのは、西欧近代を人類の到達すべき目標として実体化する観点ではなく、いわば、「方法としての西欧」という観点だ、といってもよいであろう。

そして、そのような観点から、わが国の憲法のありかたの特殊日本的性格をはっきりした自覚のもとにもたらすならば、西欧的な憲法のありかた、すなわち立憲主義、別のことばでいえば「ブルジョワ民主主義」を今日のわが国で要求することが決して単純に「体制内化」を意味するのではなく――西欧自体でもそうであるが、日本ではいっそうこの点が強調されなければならない[2]――、反対に、日本の「体制」がそれに耐えられるかどうかの死活のテストをつきつけることだ、ということが明らかになるであろう。

そのような観点から、西欧における現代憲法のありかたを特徴的に示すいくつかの事例について、日本の憲法状況がどのような意味で特殊なものであるのかを、確認してゆきたい。

(1)　かつての軍事大国主義あるいは神がかり的大国主義にかわって、経済大国主義というものが、日本国民の物質的、精神的生活水準の貧しさをおおいかくす役割を果たしている現在、「欧米に追いつき追いこした」という宣伝は、支配層にとってきわめて有効なイデオロギーである。しかし、一般国民や論壇やさらには社会科学者の問題意識までがそれにまきこまれてしまうのはなぜであろうか。まず、実感として、過去があまりに貧困であったため、この程度で「ゆたかな社会」に到達したと思ってしまい、一九五〇年代のフランスや今日のイギリスを「過去にしがみついた衰弱途上の国」と見、それにひきかえ日本国民の生活水準を過大に測定してしまう、ということがあろう。現実に彼我の食・住生活、自然的文化的生活環境、通勤形態、休暇等を対照すれば、そのような見方は雲散霧消してしまうはずのものである。同じことは、精神生活についても見られ、「日本は自由だ」という現状肯定がびまんしつつあり、ドゴール体制のフランスの「不自由」を同情したりする論議があるが、これまた事実に即さないことは、警察官の団結権、一般公務員の争議権が保障され、一九七一年のトマジニ事件では裁判官の反与党「静粛なる示威」が行なわれている、ということだけを見ても明らかである。

(2)　これまでも、西欧の議論が輸入されると、それがわが国の実態でもあるかのように議論されることが、稀でなかった。明治憲法の帝国議会がまだ二〇年ほどの経験しかもたない明治四四年（一九一一年）に上杉慎吉が「第十九世紀ノ間ニ発達シタ国会制度ハ今ヤ末路ニ近ヅイタ」とのべているのもそうである。最近では、「憲法＝体制的」だとする憲法ナンセンス論の風潮が一部から出てきている。前述のように、西欧の憲法のありかたとして憲法が「体制」にとって不可欠のメカニズムとなりつつあることはたしかであるが、だからといって憲法による改良——少なくともファシズムへの抵抗——を否定して「憲法ナンセンス」というのは、西欧自体についても全く飛躍でしかない。まして、西欧のような事態があらわれていない日本では、前提となる事実そのものがちがうのである。事がらは、丸山真男氏が指摘したような、日本における思想の無構造性・非累積性ということにもかかわっている。問題がはっきりつきつめられる前に「新らしい」問題がむかえ入れられ、新体制とか革新官僚とか新左翼とかが、あたかも新らしい問題提起者であるかのように錯覚されるのである。

Ⅱ　現代憲法現象における日本の特殊性

一〇六　西欧における現代憲法のありかたの特徴を示すものとしてさきに一〇五であげた三つの事がらのうち、第一の、裁判的機関をにない手とする「憲法の規範性」の維持、「憲法忠誠」の確保という場面については、どうであろうか。これは、「憲法の優位」をイデオロギーとしてかかげ、実体的には、「これが憲法だ」ということを決定する公権的判定権を裁判所にあたえることによって、かつての議会中心主義＝「立法国家」にかわって「裁判国家」を登場させることである。そして、このような「裁判国家」的傾向は、さしあたっては、統合機能をもはやいちじるしく失った議会による立法過程に対し、裁判所が憲法の名において正当性を回復してやることを意味するのであり、そのさい、裁判所は、多くの場合は議会の産出する法律を合憲として議会多数派を支持するが、しばしば、違憲判決をも下すことによって少数派を支持し、体制内反対派としての役割をも演ずるのである。それはまた、窮極的には、国家が市民に対し「憲法忠誠」の名において公定的価値を貫徹するという、「たたかう民主制」の担保装置であって、そのはたらきは、西ドイツの基本権剥奪や政党違憲禁止などの制度におけるように、特定の価値を憲法の名において禁圧するというかたちにも、また、基本権の私人間効力の場合にみられるように、一定の価値を憲法の名において促進するというかたちにもなりうる。西ドイツでは、抵抗権すらもが裁判所の公権的判定のプロセスのなかに実定法上の権利として位置づけられ、「裁判官がこれが憲法だ」というところのものの防衛のために、すべての市民に対する抵抗——国家に対する抵抗権から力点が逆転していることに注意——の権利があたえられる。総じて、かような「憲法の規範性」、裁判的統制によるその確保というものは、「体制」がわによってうち出され、基本的には、「体制」がわの要求にこたえるものとして機能しているのである。

そのような、違憲審査制の肥大、「裁判国家」的傾向という世界史的傾向は、法によって国家権力をしばるという近代立憲主義の原理を逆転させ、国家が法によって社会関係に介入するということを意味するわけであって、そのようなものとして重大な問題性をふくんでいるのであるが、日本の事態はそれ以前の段階にあり、違憲審査制は、「体制」によって目の敵と目されている（もっとも、「違憲審査制は崩壊した」といういいかたはミスリーディングであり、わが最高裁は、政治部門の憲法実例を憲法の名において追認することによって、普通いわれているよりは以上に、違憲審査制の現代的機能を果たしている）のであって、われわれは、「裁判国家」的傾向の問題性というものを十分に自覚したうえでなおかつ、日本において違憲審査制の活用を求めることの特段の積極的意義をとらえるべきである。しかも、右述のような「裁判国家」的傾向の問題性といっても、西欧やアメリカの裁判所が政治部門の多数派と癒着してしまっていると考えては事実誤認であって、実は、裁判の独立が相当程度実質的であるからこそ、そのような威信の裏づけを得て、そこでは、裁判所が、立法過程の正当性の喪失を治癒し、憲法の名による統合機能を果たすことができているのであり、また、政治部門における反対派の衰退にかわる新らしい意味での体制内反対派として、破局的でない交替の可能性を用意することができているのである。そのような状況は今日の日本では見られていないことであり、その意味でも、わが国において、裁判の独立と違憲審査制の活用――もっとも、私は、抽象的審査制の導入には反対であり、具体的・前提的審査制のもとでも、単純かつ公式的な司法積極主義には反対であるが――を求めることが特殊に積極的な意義をもつのだといえる。

一〇七　つぎに第二の事例、すなわち、行政権と国民との直結をめぐる問題についても、同様なことがいえる。これは、かつての議会中心主義＝「立法国家」にかわる行政権優越＝「行政国家」を、「国民主権の貫徹」というイデオロギーのもとで促進するものにほかならないのであり、法制上（フランス）あるいは事実上（イギリスや西ドイツでは議会選挙が事実上の首相公選として機能する。アメリカの大統領選挙も、法制上は大統領選挙委員の選挙である）の首長公選のメカニズムによって選挙民と行政権とを議会をとびこして直結させ、「権力中枢たる行政権までの民主化」という直接民主主義の名において、行政権優越に正当性根拠をあたえるのである。そしてそのさい、ただひとつの首長の座を争うために、二大政党ないし二大ブロックの対立という傾向を助長し、さらにそのことによって、左右の二大ブロックがその中間にある浮動票を求めて中道化するという求心的傾向がみられ、右と左の政権交代の現実的可能性を前提として、諸政党の体制内統合と、それを拒否する分子のはじき出しがおこなわれる。アメリカの民主党と共和党との関係はもともと別格だとしても、この傾向は、イギリスの保守党と労働党、西ドイツのCDUとSPDの間について、よく指摘されるところである。かつてのフランスは、ド・ゴール派と共産党という二大勢力を排除する「第三勢力」＝中道連合による政権たらいまわしのもとで、行政権が選挙民との連結性を失ってしまい、慢性的な政局不安に悩んできたのであるが、大統領公選制の採用により、かつては政権選択のプロセスから疎外されていた選挙民がド・ゴール派と社共連合のあいだの選択という形でそれに参加（participation）してゆくことになり（典型的には六五年の大統領選挙）、選挙に対する政治的関心の回復、二大ブロックの接近という傾向のなかで、政局安定の方向が出てきたのであり、その反面、そのような《gauche》ないし《extrême-gauche》のありかたに対する《gauchistes》のがわからの反乱が起こっているのである（六八年事件）。ポンピドー政権になってから若干微妙で流動的であるが、ことにド・ゴール大統領時代は、共産党が「ド・ゴール外交の一定の積極的側面」といういいかたで支持をあたえていたこともあって、その傾向ははっきりしていた。

ところが、そのような傾向についても、日本ははるかにそれ以前であり、行政権の強化をむしろ天皇制の強化として考えようとするものすらあり（天皇元首化論）、政権交代の現実的可能性を前提とする国民との直結によって行政権を強化しようとするどころか（首相公選論はよかれ悪しかれ少数派である）、政権交代の可能性自体を選挙法の改定でつぶしてしまおうという動きがあり、政権のゆくえは与党内での派閥間の離合集散によって決定づけられている。そうであるからこそ、選挙民と行政権との直結と二大ブロック化といううゆきかたに伴なう重大な問題性にもかかわらず、それを自覚してなおかつ、たとえば現に革新自治体のための運動にみられるように、首長公選の制度と革新連合の方式とを結合させて追求することが、日本においては特段に積極的な意義をもつといえるのである。しかも、さきに見たような西欧の現代的傾向の問題性といっても、行政権の首長と選挙民との直結が行政権強化のイデオロギーとなりえているのは、それが「権力は選挙によってひっくりかえりうるものだ」という、権力担当者にとってリスクを伴なうからこそなのである。万年政権下の日本ではそのような状況がまるで見られないだけに、権力は選挙によってひっくりかえるべきものだ、ということを要求することが、すぐれて現状変革的意味をもつのであり、そのような観点から、具体的には、政治資金規制や議員定数改正、発案権を含む人民投票制の導入などを検討し、また、「三割自治」のありかたが利権を選挙のプロセスにひきこんでくるテコとなっているのにメスを入れるなどすべきであるし、制度論だけでなく政党の戦略としても、中道連合方式に対抗するものとしてあえて二大ブロック＝革新連合方式を採ることが提起されてよいと考えられる。

一〇八　第三に、人権の領域における現代的傾向についてはどうであろうか。これは、さきにあげた第一点の「憲法忠誠」の問題と関連するのであるが、国家による社会生活への系統的な介入に見合って、社会権という形において、あるいは自由権についても私人間効力という形において、私人間の社会関係における実質的自由を国家の介入によって回復する、ということが標榜されることとなる。かような「国家による自由」という観念は「国家からの自由」を核心としていた近代立憲主義から見れば形容矛盾であり、実際、国家を悪、少なくとも必要悪とみる立憲主義的伝統の稀薄なところでは、国家の公共的機能をもっぱらバラ色に描くことによって権利本位から義務本位への転換を正当化し、自由を保障する国家が必要に応じて自由を制限・剝奪することを承認するように傾いてゆくであろう。ともあれ、国家の公共的機能は、たとえばフランスの場合《dirigisme》の名でよばれ、かつては《gauche》の要求するところだったのであるが、いまでは、現代資本主義のメカニズムの不可欠の一環として機能しており、デュヴェルジェなどもその教科書でつぎのようにのべている。——「大企業は、自分たちにとって雇用の安定性を保障する組合組織と交渉することを利益とする……。社会保障は、現代資本主義の基礎そのものである巨大規模の販売を可能にするために必要な、賃銀生活者の収入の増大の政策の中に自然にくみ入れられる。非収益的サーヴィスは、今日の工業社会ではますます緊要となる。最後に、投資が厖大で経済危機が高くつくために、国家の介入と総体的計画化による経済の測定と規制が、資本主義の良き機能そのもののために不可欠となっている」(M. Duverger, *Institutions politiques et droit constitutionnel*, 11 éd., 1970, p. 95–96)。それはまた、よりグロバルには、「混合体制」の名のもとに、資本主義と社会主義の選択の問題を相対化してしまうイデオロギーとしてはたらいているのである。

ところが、この点でも日本の事態はやはり特殊であり、社会保障・生活権は、日本の資本主義にとっては、不可欠のメカニズムどころか重荷として意識されており(朝日訴訟の経過を見よ)、労働基本権も、労働運動や労働組織や労使関係を国家法の枠の中にとりこんでゆくという統合機能を「体制」のがわから期待されるというより、基本的にはまだその前段階にある(公務員法制を見よ)。それゆえここでも、西欧における「社会国家的」傾向の問題性を自覚しながらもそれを要求することが、日本において特段に積極的な役割を演ずるのである。そのうえ、「社会国家的」傾向の問題性といっても、西欧における国家の介入は、日本における端的な企業国家的ありかた(「日本株式会社」)とはかなりに様相を異にしており、介入する主体については、(前述の第二の問題と関連するが) 政権交代の実質的可能性を前提とする「行政権までの民主化」をその正当性原理として援用できるような状態であり、介入の内容についても、公害規制、土地や住宅問題についての対策、自然環境や文化財の保全など、市民の生活条件の維持・回復・向上に結びつくものを含んでいる。また、「混合体制」のイデオロギーにしても、ある意味では「仮面の効用」を発揮し、ヨーロッパ規模に限定して見るかぎりでは——いいかえれば、AAL諸国との国際的連帯という観点をさしあたりカッコに入れるならば——、東西緊張の緩和のために積極的にはたらいたという側面があることを否定できない。そして、そうであったからこそ、「社会国家」の観念が、西欧では体制統合的イデオロギーとしての機能を果たしえているのである。そのように見てくると、わが国で、国家に対し、市民の生活条件の回復・維持・向上のための積極的介入を要求することは、「体制内化」することを意味するどころか、逆に、「体制」に対し、そのような要求にどこまで耐えられるかの試練をつきつけることになりうるというべきである。たしかに、ひところのように、西欧における「真の福祉国家」と日本の現状とを素朴に比較し、日本はまだ駄目だから「真の福祉国家」をもっと真剣にめざすべきだ、というふうな議論から、西欧の「真の福祉国家」そのものについてのイデオロギー批判の観点への転換がなされたことは、重要な一段階だったといわなければならない。しかし、現在は、そのような段階を前提としてふまえたうえで、すなわち、西欧における現代的憲法の傾向の問題性を自覚したうえでなおかつ、西欧の「福祉国家」の状況が日本で見られていないことを改めて問題とすることが必要なのである。これは、まさに「方法としての西欧」という言葉でいおうとした意味あいにおいて、西欧的憲法のありかたを座標の原点におくということであるが、そのような意味で西欧的憲法のありかたを示すところのものが、ほかならぬ日本国憲法内在的原理としてフォーミュレートされているのである。

一〇九　以上の考察にくわえて、最後に、日本国憲法の平和主義の問題に簡単ながらふれておく必要がある。この問題に関しては、いままで見てきた三つの例とは様子がちがい、日本国憲法に内在せしめられた平和主義原理は、ある意味では現代西欧の憲法のありかたに対応する側面をもつとしても、他面では、いわばその二一世紀的ありかたの先どりという性格をもっている。前者の側面があるというのは、第二次大戦後の西欧で「憲法の国際化」「国際協調主義」という法イデオロギーが一般化してくるのと対応しているからであるが、西欧におけるかような傾向は、現代資本主義のために必要な国際的条件を確保する（ヨーロッパ統合を見よ）とともに、侵略戦争放棄条項にみられるような、酸鼻をきわめた第二次大戦とファシズムの体験をふまえた民衆の平和主義の熱望をくみこんでいる。日本国憲法の前文および第九条は、それと傾向を同じくしながらも、同時に、それをより一層貫徹させたものだといえよう。その意味で、わが憲法の平和主義の客観的意義は――主観的には、旧敵国の武装解除、日本の支配層から見れば「国体護持」のための「避雷針」だったとしても――、やはり、人類史の先どりというところにあるといえよう。なお、歯どめのない「国際協調主義」が国際的従属関係をおおいかくすイデオロギーとなりうることは、しばしば指摘されるとおりであるが、日本国憲法前文は「自国の主権を維持し、他国と対等関係に立とうとする」こととの重要性をうたっているのであり、第四共和制フランス憲法における主権制限の相互主義の留保条項と同じような積極的意味をもちうることにも、注意しておきたいと思う。

ところで、日本の憲法の現実の運用は、周知のような軍拡と、安保条約による特定外国軍隊との密着であり、特に西欧とちがいアジアではたえず軍事的緊張がつくり出されてきたなかでそのような状況が進行しているわけであり、そうであるだけに、日本国憲法の平和主義条項を生かしてゆくことによって、「体制」がわの軍事化政策にとって最大の桎梏、足かせをはめることが可能となっている。この問題を考慮にいれるならば一層、日本国憲法内在的原理を主張することがすぐれてミリタントな意義をもちうることを、確認できるというべきであろう。

著者略歴
1934年，仙台市に生まれる。東北大学教授，パリ大学客員教授，東京大学教授などを経て，現在，日本学士院会員。憲法学専攻。
近年の日本語著作のなかから
国法学——人権原論・補訂（有斐閣，2007）
憲法という作為（岩波書店，2009）
いま，憲法は「時代遅れ」か（平凡社，2011）
いま，「憲法改正」をどう考えるか（岩波書店，2013）
憲法　近代知の復権へ（平凡社，2013）
「日本国憲法」まっとうに議論するために〔改訂新版〕（みすず書房，2015）
六訂憲法入門（勁草書房，2017）
憲法（勁草書房，第四版，2021）

近代立憲主義と現代国家　新装版

1973年6月30日　第1版第1刷発行
2016年5月20日　新装版第1刷発行
2021年3月10日　新装版第2刷発行

著者　樋《ひ》口《ぐち》陽《よう》一《いち》
発行者　井村寿人

発行所　株式会社　勁《けい》草《そう》書房

112-0005　東京都文京区水道2-1-1　振替　00150-2-175253
（編集）電話 03-3815-5277／FAX 03-3814-6968
（営業）電話 03-3814-6861／FAX 03-3814-6854
総印・松岳社

ISBN978-4-326-40319-6　Printed in Japan